四川省哲学社会科学重点研究基地中国金融法研究中心科研资助项目

成渝地区双城经济圈
区域法治协同的路径选择

高晋康　沈冬军　赖虹宇 / 主编

西南财经大学出版社

中国·成都

图书在版编目(CIP)数据

成渝地区双城经济圈区域法治协同的路径选择/高晋康,沈冬军,赖虹宇主编.一成都:西南财经大学出版社,2023.8
ISBN 978-7-5504-5837-6

Ⅰ.①成…　Ⅱ.①高…②沈…③赖…　Ⅲ.①社会主义法治—建设—研究—成都、重庆　Ⅳ.①D927.711②D927.719

中国国家版本馆 CIP 数据核字(2023)第 123303 号

成渝地区双城经济圈区域法治协同的路径选择
CHENGYU DIQU SHUANGCHENG JINGJIQUAN QUYU FAZHI XIETONG DE LUJING XUANZE

高晋康　沈冬军　赖虹宇　主编

策划编辑:孙　婧
责任编辑:廖术涵
责任校对:周晓琬
封面设计:墨创文化
责任印制:朱曼丽

出版发行	西南财经大学出版社(四川省成都市光华村街 55 号)
网　址	http://cbs.swufe.edu.cn
电子邮件	bookcj@swufe.edu.cn
邮政编码	610074
电　话	028-87353785
照　排	四川胜翔数码印务设计有限公司
印　刷	四川五洲彩印有限责任公司
成品尺寸	170mm×240mm
印　张	11.5
字　数	302 千字
版　次	2023 年 8 月第 1 版
印　次	2023 年 8 月第 1 次印刷
书　号	ISBN 978-7-5504-5837-6
定　价	88.00 元

前 言

　　推动成渝地区双城经济圈建设、打造高质量发展重要增长极，是习近平总书记亲自谋划、亲自推动的重大决策部署①。2020 年 1 月 3 日，习近平总书记主持召开中央财经委员会第六次会议，会议决定大力推动成渝地区双城经济圈建设②。2020 年 10 月 16 日，中共中央政治局召开会议审议《成渝地区双城经济圈建设规划纲要》，会议强调要打造带动全国高质量发展的重要增长极和新的动力源③。在多方推动下，成渝地区双城经济圈建设初见成效④。成渝地区双城经济圈建设一方面需要在现行法律框架下依法进行，保证实践工作符合法治的基本要求；另一方面要将建设过程中的有益探索转化为具有普遍意义的制度框架，累积法治协同的创新经验。成渝地区双城经济圈的跨行政区划、跨行政层级共建等特点，都要求成渝地区双城经济圈法治的联动与协同。为了更好地找寻成渝地区双城经济圈法治协同的实践逻辑，为区域经济社会协同发展提供法治遵循，我们进行了文献综述，并撰写相关专题文章收录于本书，此外书中还收录了成渝地区双城经济圈建设中的法治协同等方面的代表性论文，力求为成渝地区双城经济圈经济社会发展和法治协同提供借鉴。

　　本书以成渝地区双城经济圈建设为现实背景，主题集中在跨区域法治协同的理论基础与实践探索两方面。在理论基础部分，分别讨论了跨行政区竞争和合作关系的法治保障、成渝地区双城经济圈协同发展的理论与路径等问题。在实践探索部分，则从更为具体的角度切入了法治协同的各个方面：①在立法协

---

　　① 深刻认识成渝地区双城经济圈建设重大意义 [N]. 重庆日报，2021-10-21（3）.

　　② 林治波，王斌来，崔佳，等. 成渝地区双城经济圈建设稳步推进 [N]. 人民日报，2022-08-05（1）.

　　③ 新华网. 中共中央政治局召开会议审议《成渝地区双城经济圈建设规划纲要》中共中央总书记习近平主持会议 [EB/OL].（2020-10-16）[2022-08-22]. http：//www. xinhuanet. com/politics/leaders/2020-10/16/c_ 1126620405. htm？baike.

　　④ 王成栋. 乘风破浪两年间 [N]. 四川日报，2022-01-03（1）.

同方面，既有区域协同立法现状与展望，也有聚焦成渝共建西部金融中心立法协同的具体建议；②在执法协同方面，两篇论文分别对警务合作机制与政法机关保障机制进行了针对性讨论；③在司法协同方面，当前的实践较为活跃，相关研究成果亦较为丰富。本书既有关于司法协同保障、司法协作运行检视与模式设计、司法协作实质维度等方面的论文，也有以"劳务代偿"为代表的微观司法制度协同研究；④在社会治理协同方面，则有关于人民法庭参与社会治理、社会稳定风险评估、省级行政边际地区社会治理实践等方面的研究成果。本书收集的论文是当前成渝地区双城经济圈法治协同领域的典型研究成果，覆盖了成渝区域法治化协同的多个维度，初步展现了现有研究对成渝地区双城经济圈法治协同的现状刻画与理论前瞻，可以为进一步优化成渝地区双城经济圈法治协同的制度实践提供有益参考，也可为进一步提炼跨行政区域法治协同的理论逻辑提供思路借鉴。

本书由高晋康、沈冬军、赖虹宇主编，高晋康、沈冬军、赖虹宇、郭静姝、吴潮、王坤林、党睿参与了本书整体框架的讨论及统稿、定稿工作。本书收集汇编的相关论文由作者各自完成，文责自负。其中部分论文已经在《重庆大学学报》《人大研究》等刊物上公开发表，部分论文获得相关征文奖励，部分论文作为决策咨询建议，报送中央部委及地方省级领导班子参阅。

推动成渝地区双城经济圈建设是新形势下促进区域协调发展，形成优势互补、高质量发展区域经济布局的重大战略支撑，也是构建以国内大循环为主体、国内国际双循环相互促进的新发展格局的一项重大举措①。京津冀、长江三角洲、粤港澳大湾区等区域的一体化发展同样是践行新发展理念、深化改革创新、扩大对内对外开放的重大决策部署。在此背景下编写本书，不仅希望为成渝地区双城经济圈的法治协同提出有益建议，以法治力量助力成渝地区双城经济圈建设；也希望为我国其他协同发展区域的法治一体化建设探索进路，进而为我国经济高质量发展和中国式现代化建设贡献绵薄之力。

高晋康　沈冬军　赖虹宇

2023 年 1 月

---

① 中共中央 国务院印发《成渝地区双城经济圈建设规划纲要》[J]. 中华人民共和国国务院公报，2021，1750（31）：13-33.

目 录

跨行政区竞争与合作关系的法治保障：一个文献

综述　沈冬军　李健智　李成龙　党　睿 / 1

成渝地区双城经济圈协同发展的理论逻辑与路径

探索——基于功能主义理论的视角　秦鹏　刘焕 / 17

区域协同立法研究：现状与展望　江林 / 32

政法机关保障服务万达开川渝统筹发展示范区建设

研究　魏雪峰 / 46

成渝地区双城经济圈警务合作机制的制度

构建　董小伍　叶瑞滢 / 58

成渝地区双城经济圈建设的区域司法协同保障

研究　四川天府新区人民法院课题组 / 70

成渝地区双城经济圈司法协作运行检视与模式

设计——以人民法院司法协作为切入点　张慧东　杨轩

刘盛彬 / 83

成渝跨自贸区司法协作的实质之维——以跨域法官联席会议

机制构建为视角　张小波　肖明明 / 96

成渝地区产业功能区高质量发展的司法保障——以天府新区法院的

　　实践为例　纪福和 / 111

成渝经济圈劳务代偿生态环境修复责任机制　薛清蓝 / 131

成渝地区双城经济圈背景下人民法庭参与基层治理的

　　路径　梁微 / 145

成渝地区社会稳定风险评估机制的实践探索与法治

　　路径——以 C 市 Z 区为考察样本　李佳林 / 155

省级行政边际地区开展社会治理的实践探索——川陕边际地区联创

　　共建"1+1>2"的"朝天模式"　安正永 / 165

关于成渝共建西部金融中心协同立法的

　　建议　高晋康　曹德骏　赖虹宇 / 174

跨行政区竞争与合作关系的法治保障：一个文献综述

沈冬军　李健智　李成龙　党　睿①

内容摘要：竞争与合作并存是跨行政区之间关系的常态，特定区域的行政区之间既有相互竞争的现实动力，也有合作共赢的客观需要。从实践的角度来看，竞争与合作都能在特定条件下推动特定区域经济社会发展。如何通过法治协同方式规范跨行政区有序竞争和推动有效合作是区域法治领域需要解决和应对的现实问题。本文主要以跨行政区竞争与合作关系、跨行政区法治保障的路径选择、成渝区域发展实践与法治保障为主要文献脉络，对涉及跨行政区竞争与合作关系法治保障的经济学、社会学、法学等跨学科文献进行梳理。通过文献综述一方面可以厘清跨行政区竞争与合作法治的理论脉络，为后续跨行政区法治协同理论研究提供文献基础，另一方面也可以为后续跨行政区竞争与合作关系法治保障理论研究阐明可能的路径。

关键词：区域发展；竞争—合作；法治保障

建设成渝地区双城经济圈是党中央、国务院作出的重大战略部署。成渝地区双城经济圈被称为新时代中国经济发展的"第四极"②。2021 年 10 月，中共中央、国务院印发的《成渝地区双城经济圈建设规划纲要》等一系列发展规划为成渝地区双城经济圈经济社会发展进行了引导和规范。京津冀、粤港澳大

---

① 沈冬军，成都大学法学院讲师，硕士生导师，法学博士；李健智，四川中烟工业有限责任公司法律与改革部（规范办）副部长，法律硕士；李成龙，成都市大邑县人民政府党组成员、副县长，法学硕士；党睿，西南财经大学法学院经济法学博士生。
② 林毅夫，付才辉. 中国第四极成渝地区双城经济圈的建设路线图［N］. 成都日报，2021-10-27（6）；吴景双. 成渝新格局点亮"第四极"［J］. 中国发展观察，2021（2）：56-59.

湾区、长江三角洲①等先行区域的发展实践，为成渝地区双城经济圈发展提供了实践参考。从法治体系的保障功能来看，区域法治是成渝地区双城经济圈经济社会发展的重要制度支撑和保障。建设成渝地区双城经济圈需要加强成渝地区双城经济圈区域法治建设，尤其是在行政区与经济区适度分离和区域一体化的背景下，加强区域法治协同与合作就显得十分必要。本文主要对区域法治协同的现有文献进行了梳理和述评，以期为成渝地区双城经济圈区域法治建设提供文献基础和理论参考。

一、经济区与行政区分离：跨行政区的竞争与合作

行政区与经济区分离是跨行政区竞争与合作问题产生的客观原因。对于行政区与经济区分离产生的问题的解决路径有不同的观点：有文献认为应实现由行政区经济到经济区经济的转变，最终实现区域治理②；有观点主张构建区域政府，如建立区域管理委员会、跨行政区的协调管理机构、区域政府间的协调机制等③；有文献主张通过跨行政区"复合行政"来推进区域发展④；还有文献以经济区与行政区适度分离为改革目标，讨论了两者适度分离的实践逻辑、典型模式等问题⑤，以及省际交界区域发展问题⑥。因此，现有文献对跨行政区合作机制的内在原因及其机制设计等问题进行了较多的讨论，但是对区域合作的法律规则体系问题还需要进一步分析。

基于行政区与经济区分离产生的"行政区经济"⑦是我国经济发展的一个

---

① 三个区域得到相应的发展规划指引，即《京津冀协同发展规划纲要》（中共中央政治局2015年4月审议通过）、《粤港澳大湾区发展规划纲要》（中共中央、国务院2019年2月印发）、《长江三角洲区域一体化发展规划纲要》（2019年5月中共中央政治局审议通过）。

② 马海龙. 论行政区经济向经济区经济过渡及二者的竞争与依赖 [J]. 现代财经（天津财经大学学报），2010，30（5）：14-20.

③ 张劲松. 区域政府：从行政区经济到经济区经济转变的路径选择 [J]. 河南大学学报（社会科学版），2008（3）：141-146.

④ 罗勇岐. 广西北部湾经济区科学发展的实践及其深化路径：基于跨行政区"复合行政"的视角 [J]. 社会科学家，2013（2）：151-153，158.

⑤ 蔡之兵，张可云. 经济区与行政区适度分离改革：实践逻辑、典型模式与取向选择 [J]. 改革，2021（11）：30-41.

⑥ 曾冰，张朝，龚征旗，等. 从行政区和经济区关系演化探析我国省际交界地区发展 [J]. 经济地理，2016，36（1）：27-32，52.

⑦ 刘小康. "行政区经济"概念再探讨 [J]. 中国行政管理，2010（3）：42-47；马学广，王爱民，闫小培. 从行政分权到跨区域治理：我国地方政府治理方式变革研究 [J]. 地理与地理信息科学，2008（1）：49-55；刘君德. 中国转型期"行政区经济"现象透视：兼论中国特色人文—经济地理学的发展 [J]. 经济地理，2006（6）：897-901.

显著特点，也是特定区域经济社会发展的显著特点①。从经济改革实践来看，行政分权、财政分权对我国经济发展和经济增长产生了积极的作用②。但是由于行政分权③、财政分权④和官员晋升⑤等多种因素的影响，行政区之间面临着较为激烈的竞争，从而导致在经济领域出现"行政壁垒"⑥"重复建设"⑦"恶性竞争"⑧等阻碍区域经济社会高质量发展的现象。因此，行政区之间的竞争对我国经济发展实践既产生了积极的效应，也存在消极的情况：行政区竞争一方面促进了经济社会发展，推动了经济较高效率地增长；另一方面也产生了一系列负面效应。现有文献对跨行政区竞争关系的分析主要是从经济学的角度进行的，对竞争关系产生的内在机理进行了较为充分的解释，对行政区竞争的积极效应和消极效应都有较多的分析。但是现有文献对如何确定跨行政区竞争关系的边界以及如何对跨行政区竞争关系进行法治调控等问题缺乏相关文献论证。

有效竞争可以提升区域经济发展的效率，合作在特定条件下也可以促进经济协调和平衡发展。行政区之间既面临着激烈竞争，又需要通过跨区域合作来提升合作效率⑨，有文献称之为"合作悖论"⑩。跨行政区合作关系理论构建

---

① 李荣娟. 行政区与经济区的冲突与张力整合：区域公共治理的视角 [J]. 国家行政学院学报，2007（3）：57-60.

② 沈坤荣，付文林. 中国的财政分权制度与地区经济增长 [J]. 管理世界，2005（1）：31-39，171-172；路瑶，张国林. 财政分权、行政分权改革与经济增长实证研究：来自省级面板数据的证据 [J]. 制度经济学研究，2014（1）：106-124.

③ 朱丘祥. 中央与地方行政分权的转型特征及其法治走向 [J]. 政治与法律，2009（11）：10-18；叶贵仁，欧阳航. 地方政府间分权的逻辑：一个制度变迁的分析框架 [J]. 公共管理学报，2021，18（1）：21-32，167.

④ 林毅夫，刘志强. 中国的财政分权与经济增长 [J]. 北京大学学报（哲学社会科学版），2000（4）：5-17.

⑤ 周黎安. 中国地方官员的晋升锦标赛模式研究 [J]. 经济研究，2007（7）：36-50；王贤彬. 地方官员治理与区域协调发展 [J]. 重庆大学学报（社会科学版），2013，19（5）：13-21.

⑥ 操世元，姚莉. 论区域经济合作中的行政壁垒 [J]. 嘉兴学院学报，2006（5）：102-106.

⑦ 沈立人，戴园晨. 我国"诸侯经济"的形成及其弊端和根源 [J]. 经济研究，1990（3）：12-19，67.

⑧ 周黎安. 晋升博弈中政府官员的激励与合作：兼论我国地方保护主义和重复建设问题长期存在的原因 [J]. 经济研究，2004（6）：33-40.

⑨ 邢华. 我国区域合作治理困境与纵向嵌入式治理机制选择 [J]. 政治学研究，2014（5）：37-50；陈剩勇，马斌. 区域间政府合作：区域经济一体化的路径选择 [J]. 政治学研究，2004（1）：24-34；曲亮，郝云宏. 竞争与合作：区域经济协调发展研究综述 [J]. 重庆与世界，2011，28（1）：48-52，63.

⑩ 白晔，黄涛，鲜龙. 区域协调发展的"合作悖论"与有效性增进路径 [J]. 经济学家，2018（12）：64-70.

是既有理论应对行政区竞争消极作用的理论进路。区域合作包括"纵向"的央地协同①和"横向"的地方政府合作②，其中地方政府之间的"府际合作"是区域经济合作的重要内容③。现有文献重点对地方政府间合作机制④、区域协同治理的实现机制⑤、府际合作治理⑥、府际契约⑦及契约治理模式⑧、府际治理的法律逻辑⑨、府际治理的实践⑩、区域合作的制度基础⑪等进行了分析和讨论。通过文献梳理我们可以发现，现有文献对府际合作问题进行了较多的讨论，着重从行政机构合作的角度对"府际合作"问题进行了分析，但是在行政区竞争格局下如何增强跨行政区合作的内生动力以及如何通过法律形式保障跨行政区合作的稳定性等问题还需要进一步讨论。

与区域合作类似的一个问题是区域协调，现有文献对区域协调问题从经济

---

① 李楠楠. 央地协同治理：应急财政事权与支出责任划分的法治进路 [J]. 地方财政研究，2021（9）：21-30.

② 何精华. 府际合作治理：生成逻辑、理论含义与政策工具 [J]. 上海师范大学学报（哲学社会科学版），2011，40（6）：41-48.

③ 刘祖云. 政府间关系：合作博弈与府际治理 [J]. 学海，2007（1）：79-87.

④ 李文星，朱凤霞. 论区域协调互动中地方政府间合作的科学机制构建 [J]. 经济体制改革，2007（6）：128-131.

⑤ 叶必丰. 区域经济一体化的法律治理 [J]. 中国社会科学，2012（8）：107-130，205-206；金太军. 从行政区行政到区域公共管理：政府治理形态嬗变的博弈分析 [J]. 中国社会科学，2007（6）：53-65，205.

⑥ 何精华. 府际合作治理：生成逻辑、理论含义与政策工具 [J]. 上海师范大学学报（哲学社会科学版），2011，40（6）：41-48.

⑦ 杨爱平. 区域合作中的府际契约：概念与分类 [J]. 中国行政管理，2011（6）：100-104；俞祺. 从区域协作到区域性规范：兼论区域合作文件的性质与效力 [J]. 中国行政管理，2021（9）：64-70.

⑧ 于立深. 区域协调发展的契约治理模式 [J]. 浙江学刊，2006（5）：138-145.

⑨ 朱最新. 区域合作视野下府际合作治理的法理界说 [J]. 学术研究，2012（9）：62-65，160；石佑启，朱最新. 论区域府际合作治理与公法变革 [J]. 江海学刊，2013（1）：116-123；刘云甫，朱最新. 论区域府际合作治理与区域行政法 [J]. 南京社会科学，2016（8）：82-87；杨治坤. 府际合作纠纷的法理阐释与解决路径 [J]. 学术研究，2019（11）：60-66；等等.

⑩ 马捷，锁利铭，陈斌. 从合作区到区域合作网络：结构、路径与演进：来自"9+2"合作区191项府际协议的网络分析 [J]. 中国软科学，2014（12）：79-92；傅永超，徐晓林. 长株潭一体化政府合作模式研究：基于府际管理和复合行政理论 [J]. 软科学，2006（6）：69-72；王薇，邱成梅，李燕凌. 流域水污染府际合作治理机制研究：基于"黄浦江浮猪事件"的跟踪调查 [J]. 中国行政管理，2014（11）：48-51；锁利铭，张朱峰. 科技创新、府际协议与合作区地方政府间合作：基于成都平原经济区的案例研究 [J]. 上海交通大学学报（哲学社会科学版），2016，24（4）：61-71；等等.

⑪ 卓凯，殷存毅. 区域合作的制度基础：跨界治理理论与欧盟经验 [J]. 财经研究，2007（1）：55-65.

学、政治学、法学等多视角进行了分析和讨论。早在2005年就有文献以长三角为例，从理论和实证的角度证实了区域协调机制可以有效地消除地方市场分割①，进一步有文献论证了政府合作促进市场一体化②，长三角城市经济协调会对区域经济效率有提升作用③，区域经济政策对城市群整体增长有明显的促进作用④。此外，还有文献指出了区域市场整合的路径及方法⑤、区域协调发展的逻辑框架⑥和内在机制⑦等区域协调的经济逻辑；在政治学领域，有文献分析了域外区域协调发展的经验⑧、政府协同治理理论和范式等⑨、区域协调机制的类型等⑩；在法学领域，现有文献讨论了区域协调发展立法的必要性⑪、

---

① 徐现祥，李郇. 市场一体化与区域协调发展 [J]. 经济研究，2005（12）：57-67.

② 高达，李格. 政府合作与城市群能源效率：基于长三角城市经济协调会的准自然实验 [J]. 软科学，2022，36（2）：78-85.

③ 张学良，李培鑫，李丽霞. 政府合作、市场整合与城市群经济绩效：基于长三角城市经济协调会的实证检验 [J]. 经济学（季刊），2017，16（4）：1563-1582.

④ 赵璟. 区域经济政策促进城市群经济平衡增长研究进展述评 [J]. 未来与发展，2014，37（4）：22-28，16.

⑤ 皮建才. 中国地方政府间竞争下的区域市场整合 [J]. 经济研究，2008（3）：115-124.

⑥ 李兰冰. 中国区域协调发展的逻辑框架与理论解释 [J]. 经济学动态，2020（1）：69-82.

⑦ 皮建才. 中国区域经济协调发展的内在机制研究 [J]. 经济学家，2011（12）：15-22.

⑧ 欧盟非常重视成员之间以及成员各地区之间的协调发展问题，并积累了丰富的经验：一是形成了多层次、网络状的区域协调体系；二是构建了问题区域治理模式、创新区域模式、跨境合作模式和流域治理模式等多样化的区域协调模式；三是完善了法制、经济和行政等多管齐下的区域协调手段。陈瑞莲. 欧盟国家的区域协调发展：经验与启示 [J]. 政治学研究，2006（3）：118-128.

⑨ 姬兆亮，戴永翔，胡伟. 政府协同治理：中国区域协调发展协同治理的实现路径 [J]. 西北大学学报（哲学社会科学版），2013，43（2）：122-126；杜运泉. 区域协同治理：区域协调发展的新机制 [J]. 探索与争鸣，2020（10）：4，143.

⑩ 现有文献把区域协调机制分为四种典型类型：中央政府主导型的区域协调机制——以京津冀为例，省内政府引导——市场主导型的区域协调机制——以广东省为例，省际市场主导——地方参与型的区域协调机制——以长三角为例，省际地级市间政府主导型的区域协调机制——以黄河金三角为例。寇大伟. 我国区域协调机制的四种类型：基于府际关系视角的分析 [J]. 技术经济与管理研究，2015（4）：99-103.

⑪ 刘水林，雷兴虎. 区域协调发展立法的观念转换与制度创新 [J]. 法商研究，2005（4）：3-11；丁宇航. 区域协调发展立法的国际经验及其启示 [J]. 学术交流，2009（12）：73-75；刘银. 区域协调互动发展：国际经验与法律规制 [J]. 学术界，2014（10）：227-237.

区域协调立法基础与原则①、区域规划法治化②、区域协调发展的法制框架③、区域协调发展的宪法逻辑④、中央在区域协调发展中的地位与职责⑤、区域协调发展合作机制的内部规则⑥等。从对现有文献的梳理来看，区域协调机制与区域合作机制还有较大的差异，区域协调机制更加强调跨区域协同机制，跨区域之间的协同是区域协调机制重点关注的内容。但是，未来的研究工作还需要结合跨区域协调实践和法律框架对区域协调机制进行进一步的制度构建和优化。

二、区域法治保障的路径：地方立法、执法与司法的协同

无论是行政区之间的竞争还是区域合作，均需要区域法治体系进行保障⑦。区域法治是区域经济社会发展的制度保障，为区域经济社会发展提供稳定性的制度安排⑧。区域法治建设涉及特定区域立法、执法、司法和守法等多个方面。"区域法治"概念和研究领域在法学理论和实践推动下正在逐步形成。"区域法治"涉及多个学科领域⑨，并随着区域发展需要而逐渐成为一个理论问题⑩，成为一个普遍接受的法律概念⑪。现有文献对区域法治的本体论、

---

① 张瑞萍. 区域协调发展促进法的立法基础与原则 [J]. 经济体制改革, 2010 (2): 128-132.

② 李煜兴. 我国区域规划法治化的途径与机制研究 [J]. 河北法学, 2009, 27 (10): 73-76; 周素红, 陈慧玮. 美国大都市区规划组织的区域协调机制及其对中国的启示 [J]. 国际城市规划, 2008, 23 (6): 93-98.

③ 现有文献指出, 要构建政府主导与市场机制分工相协调、行政区域划分稳定性与适应性相协调、地方执行中央事权的协调、地方自主权行使的区域协调四位一体的法制协调机制。参见周叶中, 刘诗琪. 地方制度视域下区域协调发展法制框架研究 [J]. 法学评论, 2019, 37 (1): 28-35; 周叶中, 张彪. 促进区域协调发展法律机制的系统论分析 [J]. 湖北社会科学, 2012 (5): 142-147.

④ 张震. 区域协调发展的宪法逻辑与制度完善建议 [J]. 法学杂志, 2022, 43 (3): 28-40.

⑤ 王建学. 论中央在区域协调发展中的地位与职责 [J]. 法学杂志, 2022, 43 (3): 41-56.

⑥ 于文豪. 区域协调发展合作机制的内部规则 [J]. 法学杂志, 2022, 43 (3): 57-70.

⑦ 文正邦. 区域法治: 深化依法治国方略中崭新的法治形态 [J]. 甘肃社会科学, 2008 (6): 106-111.

⑧ 叶必丰. 长三角经济一体化背景下的法制协调 [J]. 上海交通大学学报 (哲学社会科学版), 2004 (6): 5-13.

⑨ 戴小明. 区域法治: 一个跨学科的新概念 [J]. 行政管理改革, 2020 (5): 65-73.

⑩ 公丕祥. 法治中国进程中的区域法治发展 [J]. 法学, 2015 (1): 3-11.

⑪ 公丕祥. 区域法治发展的概念意义: 一种法哲学方法论上的初步分析 [J]. 南京师大学报 (社会科学版), 2014 (1): 57-72.

价值论、方法论等基础问题①，区域法治文化②，区域法治绩效评估体系③，区域法治动力机制④，区域类案检索机制⑤，区域法治的域外经验⑥，区域一体化评价指标⑦等领域都有涉及。从对现有文献的梳理来看，区域法治作为一个法学领域正在形成之中，较多的文献已经对该领域进行了关注并对相关问题进行了初步的分析。因此，从区域法治理论路径出发为区域经济社会发展提供法治保障具有较为迫切的现实需要，应当进一步加强对区域法治的深入研究，从而构建较为完善的区域法治理论体系⑧。

跨区域法治竞争是区域法治建设的一个显著特点，也是跨行政区之间竞争的一种表现形式。地方法治竞争⑨在一定程度上与区域法治竞争具有较大的相似性，区域法治竞争被认为是地方法治竞争的一种有益升级⑩。有文献认为，

① 夏锦文. 区域法治发展的法理学思考：一个初步的研究构架 [J]. 南京师大学报（社会科学版），2014 (1)：73-88.

② 夏锦文，陈小洁. 区域法治文化：意义阐释、运行机理与发展路径 [J]. 法律科学（西北政法大学学报），2015, 33 (1)：3-12；公丕祥. 区域法治发展与文化传统 [J]. 法律科学（西北政法大学学报），2014, 32 (5)：3-13.

③ 刘爱龙. 我国区域法治绩效评估体系建构运行的特征、困境和出路 [J]. 法学评论，2016, 34 (6)：24-33；郑方辉，王正，柳洁. 区域法治评价：主观评价何以低于客观评价？：以"珠三角"城市为例 [J]. 广东社会科学，2022 (2)：230-240, 288.

④ 公丕祥. 当代中国区域法治发展的动力机理：纪念中国改革开放四十周年 [J]. 江苏社会科学，2018 (4)：20-32；倪斐. 地方法治：解决区域发展不平衡问题的内生型路径 [J]. 江海学刊，2020 (4)：248-253.

⑤ 梁平. 基于裁判文书大数据应用的区域法治化治理进路：以京津冀类案检索机制的构建为例 [J]. 法学杂志，2020, 41 (12)：32-43.

⑥ 何渊. 美国的区域法制协调：从州际协定到行政协议的制度变迁 [J]. 环球法律评论，2009, 31 (6)：87-94；高薇. 德国的区域治理：组织及其法制保障 [J]. 环球法律评论，2014, 36 (2)：177-192；夏路. 区域治理结构与国家统一模式：对越南、德国与也门的比较 [J]. 国外社会科学，2016 (2)：20-27.

⑦ 李世奇，朱平芳. 长三角一体化评价的指标探索及其新发现 [J]. 南京社会科学，2017 (7)：33-40.

⑧ 金太军. 从行政区行政到区域公共管理：政府治理形态嬗变的博弈分析 [J]. 中国社会科学，2007 (6)：53-65, 205.

⑨ 有文献认为，地方法治竞争作为制度竞争的一个重要表现形式，主要是指通过立法、司法、执法和社会治理活动，实现以产权切实保障、市场监管规范、司法独立公正和执法高效文明为基本特征的地方制度供给机制和制度环境的改善，实现地方与地方之间以比较制度优势而胜出的竞争范式。参见周尚君. 地方法治竞争范式及其制度约束 [J]. 中国法学，2017 (3)：87-101.

⑩ 陈光. 论区域法治竞争视角下的地方立法协调 [J]. 东方法学，2019 (5)：100-108.

区域法治竞争目前已经进入以"规则型治理"为核心的法治竞争阶段①。在区域法治竞争产生的原因方面，有文献认为区域地方政府基于招商引资、经济发展等原因会通过法治建设改善营商环境，从而使地方政府在区域法治建设方面产生竞争②。在区域法治竞争的效果分析方面，有文献认为法治竞争在优化法治环境方面具有积极的作用，但是也有一定的弊端③。与之相对，也有观点认为"法治建设不仅不会以地方法治竞争的形式表现出来，还会减弱地方竞争"④。从现有文献来看，区域法治竞争是客观存在的，跨行政区之间的法治竞争是在多种原因的基础上产生的。但是现有文献对跨区域法治竞争与其他领域（经济、社会领域等）竞争之间的关系缺乏深入分析，对区域法治竞争给跨行政区竞争与合作造成的影响也缺乏分析。

与区域法治竞争相对，跨区域法治合作也是目前较多文献讨论的一个问题。跨区域法治合作或协同主要涉及跨区域协同立法、协同行政、协同司法等问题。区域协同立法是地方法治协作的一个重要方式。一般认为，东北三省协同立法是区域地方横向协作立法的开始⑤，随后关于区域立法协作或协同问题的文献便逐步增加，从而开始了对区域立法协作问题的理论探讨⑥。但是也有文献认为"一些地方开展的区域协同立法实践，取得了积极经验，但是否符合宪法的规定，值得怀疑"⑦。故区域协同立法面临合法性困境⑧。现有文献指出，要确立区域协同立法的法律地位和法律依据⑨。虽然区域协同立法的合法性存在疑问，但是现有文献还是对区域协同立法的理论逻辑与模式选择⑩以及

---

① 该文献还认为，可通过中央层面的纵向激励与约束规则、地方层面的"自我技术"以及市场主体层面的"用脚投票"三种机制之间的相互配合，发挥地方法治竞争的优势，降低其产生的负面效应。参见苟学珍. 地方法治竞争：营商环境法治化的地方经验 [J]. 甘肃行政学院学报，2020（4）：114-123，128.

② 万江. 中国的地方法治建设竞争 [J]. 中外法学，2013，25（4）：817-830.

③ 韩业斌. 当代中国地方法治竞争的现状与动力 [J]. 法学，2017（10）：129-139.

④ 李晟. "地方法治竞争"的可能性：关于晋升锦标赛理论的经验反思与法理学分析 [J]. 中外法学，2014，26（5）：1290-1309.

⑤ 钱昊平. 立法协作：东北三省的尝试 [J]. 人大建设，2006（10）：41-42.

⑥ 丁祖年. 关于我国地区间立法协作问题的几点思考 [J]. 人大研究，2008（1）：36-38.

⑦ 刘松山. 区域协同立法的宪法法律问题 [J]. 中国法律评论，2019（4）：62-75.

⑧ 韩业斌. 区域协同立法的合法性困境与出路：基于辅助性原则的视角分析 [J]. 法学，2021（2）：146-159.

⑨ 陈建平. 国家治理现代化视域下的区域协同立法：问题、成因及路径选择 [J]. 重庆社会科学，2020（12）：108-118.

⑩ 林珊珊. 区域协同立法的理论逻辑与模式选择 [J]. 理论学刊，2021（3）：116-124.

行政协议、信息公开、协调机构等配套机制①建设问题进行了探讨。也有文献指出区域地方立法需要采取紧密型地方立法协作方式②。因此，区域立法协同还需要在地方协同立法的实践基础上从理论层面对区域立法协同面临的问题进行探讨，解决区域协同立法面临的合法性等问题。

目前关于区域协同立法的实践探索也较多③。在区域立法协作实践方面，现有文献以特定区域为例讨论了区域立法协作的经验并提出了相应的建议④，如长江经济带地方立法协作⑤、长三角区域协作立法⑥、京津冀协同立法⑦、黄河流域协同立法等⑧。但是从现有文献来看，较多的文献对京津冀区域协同立法和环境协同立法问题进行了讨论。具体而言，包括京津冀区域协同立法存

---

① 饶常林，常健. 我国区域行政立法协作：现实问题与制度完善［J］. 行政法学研究，2009（3）：53-59.

② 这种方式包括共同制定"区域规章"来实现地方规章间的紧密协作，引入示范法方法来加强地方性法规间的紧密协作，赋予一定级别的政府协议以法律效力来创新地方立法协作形式，建立交叉备案制度来加强地方立法完成后的相互监督，最终实现区域法制的和谐、统一、协调，加速实现区域间的一体化。参见王春业. 自组织理论视角下的区域立法协作［J］. 法商研究，2015，32（6）：3-12.

③ 周洁，郑晨曦，边翠萍. 京津冀晋四省市协同协作 依法保障白洋淀碧波安澜［N］. 河北日报，2022-04-15（8）；周洁，柴丽飞. 首次全面推进协同防治 开创三地协同立法先河［N］. 河北日报，2022-04-15（8）；郑新钰. 推动跨省（市）域轨道交通立法 加快都市圈协同发展［N］. 中国城市报，2022-03-07（5）；蓉讯. 成德眉资出台《决定》探索区域协同立法新模式［N］. 四川经济日报，2021-12-02（1）；朱凯. 专家建议立法提升金融监管协同性［N］. 证券时报，2010-11-06（A02）.

④ 贺海仁. 我国区域协同立法的实践样态及其法理思考［J］. 法律适用，2020（21）：69-78.

⑤ 黎桦. 长江经济带地方立法协作研究［J］. 西南民族大学学报（人文社科版），2020，41（7）：87-94.

⑥ 叶纯. 长三角区域协作立法研究［J］. 东南大学学报（哲学社会科学版），2020，22（S2）：63-66. 除此之外，在长三角协同立法方面，现有文献认为，长三角区域协同立法应重点建构一种"协商互补型"模式，并以之作为其他区域协同立法的参考。参见宋保振，陈金钊. 区域协同立法模式探究：以长三角为例［J］. 江海学刊，2019（6）：165-171.

⑦ 现有文献指出，建立刚性联合立法模式，消除协商立法机制不可避免的"扯皮"和"拖耗"现象，降低重复立法产生的资源浪费和成本支出，使相关立法更有力、更到位，在实施环节更加有效。参见肖辉. 关于京津冀协同发展联合立法的构想［J］. 河北学刊，2015，35（6）：166-170.

⑧ 刘康磊. 黄河流域协同立法的背景、模式及问题面向［J］. 宁夏社会科学，2020（5）：67-72；廖建凯，杜群. 黄河流域协同治理：现实要求、实现路径与立法保障［J］. 中国人口·资源与环境，2021，31（10）：39-46.

在的问题、① 立法交叉备案与立法后评估、② 协同立法模式③等内容。因此，现有文献对区域立法实践进行了初步的理论总结，但还需要从区域协同立法的法律保障、争议解决、法律执行等方面对相关问题进行进一步的讨论。

区域行政法治是区域法治的重要组成部分之一④，区域行政合作是跨行政区政府合作的重要内容⑤。有文献对日本跨区域行政协调制度进行了介绍⑥，也有文献以法国为例介绍了"复合行政"理论如何指导跨区域、跨层级区域合作⑦，还有文献指出了美国州际协定和行政协议之间的互补关系⑧。也有文献对长江三角洲区域政府合作模式进行了分析和归纳⑨。还有文献指出，区域府际合作治理不是一种组织结构，而是一种行政行为的协同治理，并提出了"区域行政行为"的概念⑩。除此之外，区域协同行为还包括"区域性职务协助行为"和"链条式行政行为"⑪。在规范性法律文件的制定方面，有文献指

---

① 现有文献认为，三地协同立法整体上还面临着立法节奏不合理、内容不协调、立法主体不明确等问题，这是三地发展不平衡、立法协作机制不深入、体制空间狭窄等矛盾交织的结果。参见杨晖，贾海丽. 京津冀协同立法存在的问题及对策思考：以环境立法为视角 [J]. 河北法学，2017，35（7）：107-119.

② 焦洪昌，席志文. 京津冀人大协同立法的路径 [J]. 法学，2016（3）：40-48；冯汝. 京津冀区域环境保护立法协同性评估体系的构建 [J]. 社会科学家，2018（7）：111-116.

③ 现有文献认为，基于京津冀协同立法的实际需要和模式创新，应该选择中央专门立法、地方协作立法和地方单行立法相结合的立法模式。参见孟庆瑜. 论京津冀协同发展的立法保障 [J]. 学习与探索，2017（10）：54-64.

④ 李煜兴. 区域行政的兴起与行政法的发展变迁 [J]. 武汉大学学报（哲学社会科学版），2018，71（4）：138-144.

⑤ 杨桦. 论区域行政执法合作：以珠三角地区执法合作为例 [J]. 暨南学报（哲学社会科学版），2012，34（4）：26-32，163.

⑥ 傅钧文. 日本跨区域行政协调制度安排及其启示 [J]. 日本学刊，2005（5）：23-36.

⑦ 李宜强. 区域合作的基础：复合行政与法国经验 [J]. 湖北社会科学，2011（10）：47-50；范巧，郭爱君. 从"复合行政"到"复合治理"：区域经济一体化与行政区经济矛盾解决的新视角 [J]. 南方经济，2009（6）：61-69.

⑧ 何渊. 美国的区域法制协调：从州际协定到行政协议的制度变迁 [J]. 环球法律评论，2009，31（6）：87-94.

⑨ 唐亚林. 从行政分割到区域善治：长江三角洲区域政府合作模式的创新 [J]. 政治与法律，2008（12）：7-13.

⑩ 刘云甫. 区域行政行为的内涵及其法律规制初探 [J]. 南京社会科学，2019（4）：87-93.

⑪ 叶必丰. 区域协同的行政行为理论资源及其挑战 [J]. 法学杂志，2017，38（3）：79-89.

出了跨区域行政规范性文件协作制定存在的问题及完善路径①。因此，现有文献主要从跨区域行政组织和行政行为两个方面进行了分析，较多的文献从理论层面对跨区域行政组织和行政行为进行了应然分析或制度比较，但是后续研究更加需要从跨区域行政组织和行政行为实践的角度进行深入分析。

在涉及跨区域行政协同的具体行政行为文献方面，现有文献关注的重点是行政协议，有上百多篇文献对行政协议相关问题进行了讨论。早在 2006 年，叶必丰教授就在《我国区域经济一体化背景下的行政协议》一文中对行政协议的理论基础（区域平等）、缔结、履行及纠纷解决等问题进行了讨论。其后有更多的文献对行政协议涉及的具体问题进行了讨论。如区域行政协议的合法性②、行政协议的维护地方政府竞争与合作的功能③、行政协议制度的立法及法律效力④、行政协议争端解决机制⑤，还有文献指出要确定行政协议优于政府规章的适用效力及司法配套制度⑥等。因此，对于跨区域行政协议相关问题还需要从行政协议在实践中的履行、行政协议纠纷的解决等方面进行更加深入的分析。此外，在行政协助方面，有文献主张以行政协议约束行政协助当事人⑦，也有文献主张通过执法协调机制来推进跨区域政府合作⑧，还有文献称之为"行政执法协同"⑨。

---

① 该文献指出，在路径选择上，包括由区域内各行政区相关行政机关联合制定、由区域管理机构与各行政区相关行政机关联合制定、授权区域管理机构直接制定三种模式。参见李幸祥. 区域合作中的行政规范性文件协作制定机制研究：以长三角生态绿色一体化发展示范区为例［J］. 行政法学研究，2021（5）：113-123.

② 荣利颖，孟静怡. 京津冀教育协同治理的行政协议研究［J］. 国家教育行政学院学报，2020（1）：57-63.

③ 巩丽娟. 长三角区域合作中的行政协议演进［J］. 行政论坛，2016，23（1）：16-21.

④ 何渊. 论行政协议［J］. 行政法学研究，2006（3）：43-50，104；何渊. 行政协议：行政程序法的新疆域［J］. 华东政法大学学报，2008（1）：22-29；何渊. 区域协调发展背景下行政协议的法律效力［J］. 上海行政学院学报，2010，11（4）：34-41.

⑤ 王宝治，张伟英. 京津冀行政协议争端解决机制的基础理论研究［J］. 河北法学，2017，35（4）：93-101.

⑥ 吴伟达. 政府间行政协议：一种长三角区域主要治理机制的选择和完善［J］. 宏观经济研究，2020（7）：153-164.

⑦ 徐键. 论行政协助的协议化：跨区域行政执法的视角［J］. 浙江社会科学，2008（9）：43-49，124-125；王麟. 比较行政协助制度研究［J］. 法律科学. 西北政法学院学报，2005（5）：76-81.

⑧ 石佑启，潘高峰. 论区域经济一体化中政府合作的执法协调［J］. 武汉大学学报（哲学社会科学版），2014，67（1）：45-51.

⑨ 周悦丽. 整体政府视角下的京津冀区域执法协同机制研究［J］. 首都师范大学学报（社会科学版），2017（4）：65-72.

跨区域司法协同是一个值得探讨的问题。从区域法治协同实践来看，在区域经济社会发展过程中部分人民法院参与了司法实践，主要通过签订司法协同协议、司法互助、跨区域案件处理等方式开展司法协同。现有文献主要从区域司法协同治理①、区域司法协同的路径②、区域司法管辖协同③、区域司法统一④等方面对区域司法协同治理等问题进行了分析和讨论。除此之外，较多的文献主要对具体司法领域的协作问题进行了分析，如跨区域环境司法协作⑤、海事司法协作⑥等。此外，作为特定行政区治理主体之一的司法机构虽然更多的是推动司法协作，但是地方法院之间的竞争也是难以避免的⑦，有文献从竞争与合作的视角对人民法院区域协作进行了分析⑧。因此，跨区域司法机构之间在相互竞争客观存在的现实背景下，需要在区域法治框架下形成司法协作机制，推动跨区域司法协作机制的构建和完善。跨区域司法协同更多地需要形成区域统一的裁判规则和裁判尺度，形成良好的跨区域司法合作环境。

① 张丽艳，夏锦文. 国家治理视域下的区域司法协同治理 [J]. 南京社会科学，2016 (5)：83-90；陈焘，刘宇琼. 区域协同治理的司法促进：基于京津冀司法协同的考察 [J]. 河北法学，2020, 38 (6)：110-120.

② 梁平. 京津冀协同发展司法保障的理论探讨与实践路径：基于司法功能的视角 [J]. 政法论坛，2020, 38 (1)：170-176；梁平. 区域协同治理的现实张力与司法应对：以京津冀为例 [J]. 江西社会科学，2020, 40 (3)：168-175.

③ 李雷，李庆保，张勇. 京津冀协同环境司法中的集中管辖问题研究 [J]. 河北法学，2017, 35 (11)：89-98.

④ 陈焘，刘宇琼. "同案同判"的涵摄与超越：兼论区域法律统一适用与司法协同治理 [J]. 山东社会科学，2020 (3)：184-188；天津市第二中级人民法院课题组. 京津冀区域司法裁量标准化的路径探索：以天津法院的司法实践为样本 [J]. 天津法学，2018, 34 (1)：75-81.

⑤ 李华琪，曹奕阳. 区域环境司法协作的理论溯源与制度回应：以长三角地区为例 [J]. 中国环境管理，2021, 13 (6)：140-146.

⑥ 王蕴，朱少雄，王晨阳. 长三角区域一体化发展背景下海事司法协作的探索 [J]. 人民司法，2022 (1)：53-58.

⑦ 徐亚文，童海超. 当代中国地方法院竞争研究 [J]. 法学评论，2012, 30 (1)：22-28；朱子桐，徐亚文. 论完善中国特色社会主义法律体系的司法路径选择：以地方法院竞争为视角 [J]. 湖北社会科学，2012 (8)：147-151；高翔. 中国地方法院竞争的实践与逻辑 [J]. 法制与社会发展，2015, 21 (1)：80-94.

⑧ 张小波，肖明明. 由竞争走向合作：中国地方法院区域协作的实践与改革 [J]. 法律适用，2021 (2)：148-154.

三、成渝区域发展的实践与法治保障

成渝地区双城经济圈涉及上百个地级市、区（县）等行政区域①。跨区域合作机制的构建是区域经济社会发展的客观需要，也是区域经济社会发展的重要支撑和保障。从成渝区域发展历程来看，成渝地区双城经济圈经历了成渝经济带②、成渝经济走廊③、四川核心经济区④、成渝经济区⑤、成渝经济圈⑥、成渝统筹城乡发展试验区⑦、中国经济增长第四极⑧、成渝城市群⑨等理论和政策发展目标模式。经济学、管理学、法学等多学科文献都对成渝区域经济社会发展做了分析和探讨，如对成渝区域与其他区域发展的比较⑩、成渝区域的比较优势和圈层结构⑪、成渝区域经济差异⑫、成渝区域合作治理⑬、成渝区

---

① 具体包括重庆市的中心城区及万州、涪陵、綦江、大足、黔江、长寿、江津、合川、永川、南川、璧山、铜梁、潼南、荣昌、梁平、丰都、垫江、忠县等27个区（县）以及开州、云阳的部分地区，四川省的成都、自贡、泸州、德阳、绵阳（除平武县、北川县）、遂宁、内江、乐山、南充、眉山、宜宾、广安、达州（除万源市）、雅安（除天全县、宝兴县）、资阳15个市，总面积18.5万平方千米，2019年常住人口9 600万人，地区生产总值近6.3万亿元，分别占全国的1.9%、6.9%、6.3%。

② 李昌泽. 成渝经济带在四川经济发展中的地位 [J]. 资源开发与市场, 1994 (3)：123.

③ 罗开忠, 胡先春. 加快成渝经济走廊开发提高对外开放水平 [J]. 经济体制改革, 1994 (4)：56-60, 128.

④ 孟奇. 以成渝城镇密集区为基础构建四川核心经济区 [J]. 经济体制改革, 1996 (6)：6-11.

⑤ 刘世庆. 中国区域增长新格局与西部大开发：关于川渝合作与成渝经济区发展战略的思考 [J]. 理论前沿, 2004 (10)：23-25；林凌, 刘世庆. 成渝经济区发展战略思考 [J]. 西南金融, 2006 (1)：6-9.

⑥ 宋军, 杨运哲. 成渝经济圈：竞争优势与发展障碍 [J]. 西南金融, 2006 (5)：35-37.

⑦ 刘世庆. 成渝"试验区"建设比较研究：兼论四川推进全省统筹城乡发展的机遇 [J]. 开放导报, 2007 (6)：23-28；程必定. 统筹城乡协调发展的新型城市化道路：兼论成渝试验区的发展思路 [J]. 西南民族大学学报（人文社科版）, 2008 (1)：98-102.

⑧ 汪倩雯, 张明举. 中国未来经济增长第四极：成渝经济区分析 [J]. 理论前沿, 2008 (12)：46-47.

⑨ 张婷, 张恒. 发展成渝城市群的战略思考 [J]. 广东农业科学, 2010, 37 (4)：383-385, 389.

⑩ 张建升, 冉建宇. 成渝经济区与三大经济区区域差距比较 [J]. 经济体制改革, 2011 (4)：56-59.

⑪ 潘旭明, 吴雪晖. 比较优势、圈层结构与成渝经济区的协调发展 [J]. 宏观经济研究, 2011 (8)：72-79.

⑫ 白斌飞. 成渝经济区区域经济差异研究 [J]. 统计与决策, 2011 (24)：114-116.

⑬ 罗若愚, 邹玲. 区域经济发展中区域合作治理的形成及影响因素分析：以长株潭和成渝经济区为例 [J]. 经济问题探索, 2012 (1)：126-131.

域金融中心①、成渝区域产业发展②、成渝区域次级中心建设③、成渝都市圈建设④等。因此，从现有文献来看，成渝区域发展问题受到了比较多的关注，较多的文献对成渝区域发展的多个领域都给予了广泛的关注，未来关于成渝区域发展的文献还应当密切联系成渝区域发展实践，对成渝区域发展的经验进行总结并从理论层面进行深化。

从成渝经济圈经济社会发展现状来看，成渝之间跨区域竞争与合作始终是区域发展的现实背景⑤，产业同质化依然是一个需要应对的问题⑥，成渝经济

① 马德功，杨陈晨，刘林昕. 成渝构建区域金融中心比较研究 [J]. 社会科学研究，2012 (4)：14-18；向宇，余晓羽，袁锦芝. 金融资源的城乡间流动与跨区域流动研究：基于成渝经济区的视角 [J]. 西南民族大学学报（人文社会科学版），2012, 33 (7)：114-118；薛昶，李嵩然. 区域金融中心研究：以成渝经济区为例 [J]. 经济体制改革，2013 (3)：62-65；崔庆五. 推进成渝金融一体化：机制选择与路径研究 [J]. 西南民族大学学报（人文社会科学版），2013, 34 (3)：114-117；尹丽. 成渝经济区金融合作与发展的战略思考 [J]. 财经科学，2013 (2)：65-71；薛昶. 论成渝经济区区域金融中心建设 [J]. 探索，2012 (5)：96-100；马天禄. 推动成渝金融一体化合作发展 [J]. 中国金融，2020 (11)：60-61；杨钒. 成渝共建西部金融中心路径 [J]. 中国金融，2021 (8)：82-84；杨力，朱国龙，魏奇锋. 金融创新、技术创新与经济增长的嵌合驱动研究：基于成渝地区双城经济圈的数据实证 [J]. 经济体制改革，2021 (4)：195-200；张静静. 成渝西部金融中心的六大看点 [J]. 中国金融，2022 (2)：78-79；施小琳. 为成渝共建西部金融中心贡献成都力量 [J]. 中国金融，2022 (8)：9-12；严宝玉. 高质量推动成渝共建西部金融中心 [J]. 中国金融，2022 (8)：13-15；陈晋祥，李恩付. 成渝双城金融营商环境的建设 [J]. 中国金融，2022 (10)：30-31.

② 钱霞，刘峥，李小平. 成渝经济区现代产业体系构建 [J]. 天府新论，2012 (6)：58-61；张海霞. 成渝经济区城乡产业发展的瓶颈与对策 [J]. 宏观经济管理，2012 (11)：61-62；罗若愚，赵洁. 成渝地区产业结构趋同探析与政策选择 [J]. 地域研究与开发，2013, 32 (5)：41-45；吴芳，何小勤，杨洋，等. 成渝工业分工合作及其空间联系效应分析 [J]. 软科学，2014, 28 (7)：122-125, 135.

③ 杨晓波，孙继琼. 成渝经济区次级中心双城一体化构建：基于共生理论的视角 [J]. 财经科学，2014 (4)：91-99.

④ 王彪，黄华枫. 以"协商制"推动都市圈一体化 [N]. 南方日报，2022-08-26 (A06)；李力可. 成都都市圈：落子成渝经济圈"先手棋" [N]. 经济参考报，2022-04-18 (8)；周蓥鸿，陈泳. 成都都市圈加速"画圈成网" [N]. 成都日报，2022-01-04 (2)；邓涵予，李天锐. 广安全域纳入重庆都市圈发展规划 [N]. 四川日报，2022-08-25 (2)；陈宪. 多地都市圈规划获批复 都市圈将优化空间结构 [N]. 每日经济新闻，2021-12-08 (3).

⑤ 杨继瑞，周莉. 基于合作之竞争博弈的成渝双城经济圈良性关系重构 [J]. 社会科学研究，2021 (4)：100-109；康钰，何丹. 分与合：历史视角下的成渝地区发展演变 [J]. 现代城市研究，2015 (7)：45-51；高宁. 竞争与合作：成渝"哑铃共同体"发展模式 [J]. 经济体制改革，2008 (3)：162-164.

⑥ 方行明，许辰迪，杨继瑞. 成渝同质化竞争与化解 [J]. 经济体制改革，2022 (2)：73-78；罗若愚，赵洁. 成渝地区产业结构趋同探析与政策选择 [J]. 地域研究与开发，2013, 32 (5)：41-45.

圈内城市发展不平衡问题需要进一步加以应对①。除此之外，成渝区域在多个领域推进了一体化并开展了合作，如成渝劳动力市场一体化②、成渝区域协同治理③、区域合作创新④、财税制度优化⑤、空间格局优化⑥、双循环框架⑦、科技创新合作⑧、跨域卫生资源合作治理⑨等。在成渝区域法治协同方面，现有文献指出成渝区域府际合作对经济增长有促进作用⑩、成渝经济圈应当构筑法治导向型府际协同机制⑪等。但是，从文献梳理结果来看，以成渝地区双城经济圈法治协同机制为研究对象的较少，为了更好地通过区域法治建设保障成渝区域发展，还需要进一步强化对区域法治协同体制机制的理论研究。

四、结论

综上所述，通过对相关文献的梳理我们可以发现，现有文献从经济学、政治学、公共管理学等多学科视角对行政区竞争、区域合作、区域治理等问题进行了较为深入的分析和思考。同时，现有文献初步确立了区域法治领域的理论框架，作为区域法治支柱性领域的司法协同问题也有较多文献进行了讨论。但

---

① 王亮，张芳芳. 一体化是否加剧了城市群内部发展不平衡？：基于京津冀与成渝城市群的比较研究 [J]. 城市发展研究，2022，29（2）：41-47，2.

② 刘昊，祝志勇. 成渝地区双城经济圈劳动力市场一体化及其影响因素研究 [J]. 软科学，2020，34（10）：90-96.

③ 单学鹏，罗哲. 成渝地区双城经济圈协同治理的结构特征与演进逻辑：基于制度性集体行动的社会网络分析 [J]. 重庆大学学报（社会科学版），2021，27（2）：55-66.

④ 宋潇. 成渝双城经济圈区域合作创新特征与网络结构演化 [J]. 软科学，2021，35（4）：61-67.

⑤ 刘蓉，晋晓姝. 支持成渝地区双城经济圈建设的财税制度优化 [J]. 税务研究，2021（3）：21-25.

⑥ 史育龙，潘昭宇. 成渝地区双城经济圈空间结构特征与空间格局优化 [J]. 宏观经济管理，2021（7）：21-27；史育龙，潘昭宇. 成渝地区双城经济圈空间格局优化研究 [J]. 区域经济评论，2021（4）：127-134.

⑦ 屈晓东，范巧. 成渝地区双城经济圈双循环框架及其体制机制变革研究 [J]. 经济体制改革，2021（5）：41-47.

⑧ 曹晨，罗强胜，黄俊，眭大亮，肖子涵. 成渝地区双城经济圈科技创新合作现状分析：基于社会网络与 LDA 主题模型 [J]. 软科学，2022，36（1）：98-107.

⑨ 岷怡，刘克. "嵌入式协同"：一个跨域卫生资源合作治理的解释性框架：基于成渝地区双城经济圈的案例研究 [J]. 中国卫生政策研究，2021，14（10）：8-16.

⑩ 崔晶，汪星熹. 制度性集体行动、府际协作与经济增长：以成渝城市群为例 [J]. 公共管理与政策评论，2020，9（4）：27-39；陈井安，池瑞瑞. 新发展格局下成渝府际协同研究：演进过程、面临挑战与实现路径 [J]. 软科学 2022：12.

⑪ 李月起. 新发展理念下成渝城市群府际合作治理模式探索 [J]. 中国行政管理，2018（5）：153-155.

是，区域经济社会发展实践在不断前行，尤其是成渝地区双城经济圈成为国家战略和第四个区域性城市群，实践的发展要求法治进行回应并提供制度保障。此外，"区域法治"作为一个学科领域也在逐步完善的过程中，区域法治实践也需要进一步深化理论研究。因此，以成渝区域发展为实践背景并以法学理论为支撑，推动成渝区域法治协同理论和制度创新有利于为成渝区域经济社会发展提供重要保障。

成渝地区双城经济圈协同发展的理论逻辑与路径探索①
——基于功能主义理论的视角

秦　鹏　刘　焕②

摘要： 成渝地区双城经济圈建设是党和国家的重大区域发展战略，是推动形成以国内大循环为主体、国内国际双循环相互促进的新发展格局的重要举措。双城经济圈建设的关键在于推动成渝地区协同发展，优化区域经济布局，形成高质量增长极。基于充实区域协同发展理论支撑的初衷，文章通过文献梳理引入功能主义系列理论，并运用其中的经典学说阐释了成渝地区双城经济圈协同发展的内在逻辑和路径策略。研究表明：成渝地区双城经济圈建设应当以经济协同和社会协同为目标，依托扩展原理启动原始动力，充分发挥功能性、诱发性和养成性外溢的持续动能，注重调动政府、关键人士、大型公司和协同发展机构参与的积极性，构建结构化系统化的区域协同发展组织架构。结合实际建议：成渝地区双城经济圈全方位高标准协同发展，需要经历拆除壁垒、畅通联系、形成联盟、区域认同、协同深化五个演进阶段，充分发掘协同发展动力，尽量维持区域利益均衡，统筹推动政策、经济、社会、法治四大领域协调联动。文章借助功能主义系列理论对成渝地区双城经济圈协同发展问题展开了研究，对丰富国内区域协同发展理论、指导成渝地区双城经济圈建设具有参考意义。

关键词： 成渝地区双城经济圈；协同发展；经济协同；社会协同；一体化发展；功能主义

当今世界的经济发展有两种主流趋势：一种是经济全球化，另一种是区域

---

① 秦鹏，刘焕. 成渝地区双城经济圈协同发展的理论逻辑与路径探索：基于功能主义理论的视角 [J]. 重庆大学学报（社会科学版），2021, 27（2）：44-54.

② 秦鹏，重庆大学法学院教授，博士生导师；刘焕，重庆大学法学院博士研究生。

一体化。但近年来两种发展趋势均受到了不同程度的挑战。特朗普上台以来提出"美国优先"政策，积极推动逆全球化；英国开启脱欧进程，欧洲一体化也面临危机。实质上，美英两国并非寻求孤立，而是意图打破现有的国际贸易体系和产业链布局，构建更加符合自身利益的区域性多边贸易体系和产业分工格局。因此，经济全球化将面临趋势性拐点，而以个别国家为核心的区域性协同发展将在未来世界扮演愈发重要的角色。面对中华民族伟大复兴战略全局和世界百年未有之大变局，党和国家统筹推进国内国际双循环，把加强区域经济布局、促进区域协调发展作为重大战略。2020年1月，习近平总书记在中央财经委员会第六次会议上发表重要讲话，强调要推动成渝地区双城经济圈建设。2020年10月，中共中央政治局审议《成渝地区双城经济圈建设规划纲要》，指出成渝地区双城经济圈要坚持一体化发展理念，完善区域合作机制，打造协同发展的高水平样板。本文从成渝地区双城经济圈的研究现状入手，通过引入功能主义系列理论，探析了成渝地区双城经济圈协同发展的理论逻辑，提出了协同发展的路径和策略，以期对成渝地区双城经济圈建设有所启示。

一、文献综述

当前，成渝地区双城经济圈已经成为我国区域发展的重要增长极，关于成渝地区双城经济圈的研究也由区域性发展研究上升为国家战略研究。通过文献检索发现，关于成渝地区双城经济圈的研究涉及范围较广，依据研究对象和研究方法不同可以进行适当分类。

其一，根据研究对象不同，可以分为宏观研究和微观研究。宏观研究是关于成渝地区双城经济圈发展历程、总体战略、空间结构等方面的研究，这部分研究综合性较强，一般不涉及特定领域。康钰、何丹从历史角度梳理了成渝地区2 000多年的发展脉络[1]；钟海燕、冷玉婷基于知识图谱对成渝地区双城经济圈的现有研究进行了综述[2]；国家发改委国土地区所课题组从区位分析角度探讨了成渝城市群的战略定位和规划方向[3]；姚作林等运用成渝地区147个区县

---

① 康钰，何丹. 分与合：历史视角下的成渝地区发展演变 [J]. 现代城市研究，2015，30（7）：45-51.

② 钟海燕，冷玉婷. 基于知识图谱的成渝地区双城经济圈研究综述 [J]. 重庆大学学报（社会科学版），2020，26（4）：13-26.

③ 国家发改委国土地区所课题组. 成渝城市群的战略定位与规划目标 [J]. 中国发展观察，2016（13）：53-56.

级行政单位的数据分三个层级刻画了成渝城市群的空间结构①。微观研究是关于成渝经济圈不同产业和不同领域的研究，这部分研究相对比较具体，一般是针对特定领域的特定问题提出解决办法。王崇举对成渝地区双城经济圈的产业协同问题进行了系统分析②；蒋华林对成渝地区双城经济圈的高等教育一体化展开了研究③；刘世庆以川渝毗邻地区为考察对象指出了存在的发展差距及其合作策略④；王佳宁等以行政审批制度改革为视角评估了成渝城市群政府转型的效能⑤。

其二，根据研究方法不同，又可以分为实证研究、比较研究和理论研究。实证研究主要基于占有的数据通过建模展开分析，或者针对现实问题进行剖析提出对策。杨占峰、段小梅运用扩展 MRW 模型，对成渝地区经济增长、人力资本、产业结构之间的关系进行了模拟⑥；张学良等利用第五次和第六次人口普查数据，描述了成渝城市群收缩的空间格局与形成机制⑦；李启宇、张文秀根据成渝地区的农地经营权流转情况，借助 Logistic 模型对农户流转意愿的影响因素进行了分析⑧。比较研究主要通过对比国内外发达经济圈的成功经验给出发展建议。李凯等通过比较成渝城市群与武汉城市群、长三角城市群，得出城市群空间集聚和扩散的特征⑨；张建升、冉建宇对成渝地区与长三角、珠三角、环渤海湾地区的区域差距进行了测度⑩；曹清尧借鉴东京城市群和伦敦城

① 姚作林，涂建军，牛慧敏，等.成渝经济区城市群空间结构要素特征分析 [J].经济地理，2017 (1)：82-89.

② 王崇举.对成渝经济区产业协同的思考 [J].重庆工商大学学报（西部论坛），2008 (2)：1-5.

③ 蒋华林.推动"成渝地区双城经济圈"高等教育一体化发展的思考 [J].重庆高教研究，2020，8 (4)：58-70.

④ 刘世庆.成渝经济区建设研究：川渝毗邻地区的发展差距与合作策略 [J].经济体制改革，2008 (1)：137-141.

⑤ 王佳宁，罗重谱，何培育.成渝城市群政府转型效能评估 [J].改革，2016 (4)：6-26.

⑥ 杨占锋，段小梅.成渝城市群经济增长的结构分析：基于扩展 MRW 模型的实证研究 [J].西部论坛，2018，28 (5)：81-90.

⑦ 张学良，张明斗，肖航.成渝城市群城市收缩的空间格局与形成机制研究 [J].重庆大学学报（社会科学版），2018，24 (6)：1-14.

⑧ 李启宇，张文秀.城乡统筹背景下农户农地经营权流转意愿及其影响因素分析：基于成渝地区 428 户农户的调查数据 [J].农业技术经济，2010 (5)：47-54.

⑨ 李凯，刘涛，曹广忠.城市群空间集聚和扩散的特征与机制：以长三角城市群、武汉城市群和成渝城市群为例 [J].城市规划，2016，40 (2)：18-26，60.

⑩ 张建升，冉建宇.成渝经济区与三大经济区区域差距比较 [J].经济体制改革，2011 (4)：56-59.

市群经验，提出了成渝城市群的发展战略①。理论研究主要通过引入国内外区域发展理论，分析成渝地区双城经济圈发展中的现象和问题。杨晓波、孙继琼基于共生理论阐述了成渝双城的空间共生关系并提出了一体化发展战略②；王钰兰、魏景赋基于空间交互理论对成渝地区双城经济圈的空间范围进行了定量分析③。

区域协同发展是城市群发展的客观规律和世界潮流，也是近年来国内区域经济学和区域治理研究的热点，呈现出许多有价值的成果。魏丽华比较了京津冀与长三角城市群协同发展的内在因素④；孙久文、原倩划分出京津冀协同发展的三大时空演化阶段，提出打造扁平化的城市体系和多元化的动力机制⑤；李国平、罗心然借助地理集中度、重心分析等方法，探究了京津冀地区人口与经济协调发展的关系⑥；杨开忠提出了地方品质驱动型的区域协同发展新逻辑⑦；曹小曙指出粤港澳大湾区应当以追求均质化来推动区域一体化⑧。

当前，虽然针对成渝地区双城经济圈的研究有一定基础，但与成渝地区双城经济圈作为国家第四增长极的战略定位还不匹配，可以从三个方面努力改进：一是在研究方法上应避免重实证、轻理论。现有研究主要集中在实证方面，一般按照现状分析、找出问题、提出建议的规律来谋篇布局。实证研究虽然可以描述成渝地区双城经济圈协同发展现状如何、存在什么问题，但却不能解释成渝地区双城经济圈为什么会产生协同发展、协同发展的动力来源于哪里。二是在理论选择上应避免重经济学理论、轻一体化理论。现有研究往往将区域协同发展问题等同于经济学问题，习惯于"不假思索"地套用经济学模型，而对专注于区域发展问题的一体化理论却鲜有涉猎。三是在学术视野上应

① 曹清尧. 成渝城市群一体化发展的战略思考 [J]. 经济，2018 (14)：74-81.

② 杨晓波，孙继琼. 成渝经济区次级中心双城一体化构建：基于共生理论的视角 [J]. 财经科学，2014 (4)：91-99.

③ 王钰兰，魏景赋. 基于空间交互理论的成渝经济区范围界定的研究 [J]. 特区经济，2008 (12)：194-195.

④ 魏丽华. 城市群协同发展的内在因素比较：京津冀与长三角 [J]. 改革，2017 (7)：86-96.

⑤ 孙久文，原倩. 京津冀协同发展战略的比较和演进重点 [J]. 经济社会体制比较，2014 (5)：1-11.

⑥ 李国平，罗心然. 京津冀地区人口与经济协调发展关系研究 [J]. 地理科学进展，2017，36 (1)：25-33.

⑦ 杨开忠. 京津冀协同发展的新逻辑：地方品质驱动型发展 [J]. 经济与管理，2019，33 (1)：1-3.

⑧ 曹小曙. 粤港澳大湾区区域经济一体化的理论与实践进展 [J]. 上海交通大学学报（哲学社会科学版），2019，27 (5)：120-130.

避免重两端、轻中间。关于成渝地区双城经济圈协同发展的现有研究要么是对总体战略的宏观思考，要么是对特定领域的微观认识，但却缺乏从中观角度对成渝地区双城经济圈协同发展提出具有适应性和可行性的实操框架和可行路径。基于此，本文将一体化理论中的功能主义系列理论引入区域协同发展研究中，希望为成渝地区双城经济圈协同发展研究提供一种新的思路。

二、区域协同发展的理论新路：功能主义系列理论

（一）功能主义系列理论

第二次世界大战后，欧洲开始以一体化为目标推进区域协同发展，迄今为止欧洲已经成为国际上开始最早、历时最长、程度最高的区域合作发展典范。为了给欧洲协同发展提供理论支撑，功能主义、联邦主义、政府间主义、新制度主义等理论流派纷纷出现，其中功能主义、新功能主义、后功能主义等系列理论是影响最大、解释力最强、最具生命力的理论，为欧洲一体化进程做出了重要贡献，也为我国区域协同发展打开了一扇视窗。

1. 功能主义

功能主义是在继承和延续英国自由主义思想的基础上，为谋求世界和平而做出的理论探索。戴维·米特兰尼是功能主义的创始人，被尊称为"功能主义之父"①。他在出版的《有效的和平体制》（1943 年）一书中阐述了世界共同体思想，认为可以根据社会的功能性需要构建跨区域的合作机构，从而实现"永久和平"②。

功能主义有两个基本主张：一是对"低级政治"和"高级政治"的划分。功能主义认为可以对国家事务进行分类，工业、农业、教育、卫生等具有技术性和非争议性的经济或社会事务可被称为"低级政治"；外交、国防、安全等具有政治性和争议性的政治或军事事务可被称为"高级政治"。其中，"低级政治"被视为功能性合作要素，其目标是在不影响自身利益的前提下找到最优实现路径，可以根据具体功能和需要，通过跨区域合作组建专业技能团队解决问题。二是扩展（ramification）原理。扩展是功能主义的核心概念，它指一个领域内的成功合作将刺激其他领域内的合作需求。具体来说，就是一个领域内认识到合作的必要而开始进行合作，将会推动合作态度的转变，激发其他领

---

① 郭海峰，崔文奎. 功能主义与永久和平：试析戴维·米特兰尼的世界共同体思想［J］. 国际论坛，2017，19（2）：53-57，81.

② MITRANY D. The making of the functional theory：A memoir［J］. The Functional Theory of Politics，1975（2）：89-90.

域的合作意愿，从而使合作在更大范围和更深层次上展开。米特兰尼强调扩展是自动生成的，即一个领域内的合作会自动扩展到其他领域，也就是说扩展是一体化的动力而非结果①。欧洲一体化历程是扩展原理的最好例证，正如罗伯特·舒曼在《舒曼宣言》（1950 年）中所说："欧洲共同体不会立刻实现或按照单一计划完成，它将通过首先创立一种事实上的团结的具体成就来建设。"②

2. 新功能主义

20 世纪 80 年代，新功能主义在批判性继承功能主义思想的基础上开始兴起。新功能主义的主要理论家有厄恩斯特·哈斯、列昂·林德伯格、约瑟夫·奈、卡尔·多伊奇等。新功能主义对功能主义的修正主要体现在三个方面：第一，认为大众对国家的效忠是可以发生转移的，这是超国家机构产生的前提。第二，认为政党与大型公司在一体化进程中的作用不亚于技术专家。第三，认为一体化不是不受限制或者全球推行的，而是应当聚焦于区域一体化范畴。

新功能主义包含三个核心观点：一是外溢（spillover）。哈斯在《欧洲的统一》（1958 年）中指出，外溢是一个地区组织的任务将随着该组织从已经完成和正在执行的各种任务中获得的经验而不断扩展的过程③。新功能主义强调将一体化看作一种过程④，随着一体化机构的建立，外溢效应将得到发挥，并逐渐外溢到尽可能多的领域，从而使一体化成为无意为之的必然结果。二是超国家机构。新功能主义认为一部分国家主权可以拿出来与其他国家"共享"，这些"共享"出来的主权可以放置在一个"凌驾"于主权国家之上的超国家机构进行"托管"，必要时主权国家可以"回收"主权。林德伯格指出一体化需要建立一个解决冲突的合法系统，为整个团体制定权威性决策。三是过程机制和一体化潜力。约瑟夫·奈在《分散的和平》（1971 年）等著作中指出，一体化进程包含任务联系、交往增多、联盟形成、精英社会化、地区性集团形成、区域认同和外部参与七个过程机制，并用一体化潜力描述了一体化发生所需具备的必要条件。

3. 后功能主义

后功能主义由莉丝柏特·霍克和加里·马科斯两位学者于 2009 年提出。

① 多尔蒂，普法尔茨格拉夫. 争论中的国际关系理论 [M]. 阎学通，陈寒溪，等译. 北京：世界知识出版社，2018：540-543.

② WEIGALL D，STIRK P. The origins and development of the European Community [J]. London Pinter，1992，4：58-59.

③ 房乐宪. 新功能主义理论与欧洲一体化 [J]. 欧洲，2001，19（1）：13-20，107.

④ 郭志俊. 走向欧盟共同能源政策：新功能主义理论的视角 [M]. 济南：山东人民出版社，2016.

后功能主义对新功能主义做了三个方面的改进：第一，认为一体化问题在国内已经被"政治化"。新功能主义者曾经以为超国家机构的出现可以不断满足大众的功能性需求，从而换取大众对一体化的支持。但是，近年来的欧洲全民公决显示，一旦一体化问题被"政治化"，大众的意见可能是消极的，并且成为一体化推进的制约因素。第二，认为大众在一体化进程中扮演着不可忽视的角色。新功能主义者是精英决定论，认为一体化的钥匙掌握在政府和大型集团的精英手中，大众只是盲目的跟随者。然而，后功能主义认为大众的选票决定执政党的产生，大众的意见也将影响执政党的决策。第三，提出"认同"是一体化的重要变量①。后功能主义认为若想持续推进一体化进程，必须在一体化的同时增进大众对一体化的"认同"，否则一体化进程将面临越来越大的阻力。后功能主义的核心观点主要有三个方面：一是认为一体化议题在国内日趋"政治化"；二是认为大众意见是影响一体化进程的重要因素，且大众意见由利益和"认同"决定；三是认为如果大众意见相对温和，那么利益集团将发挥重大影响。

（二）功能主义系列理论与区域协同发展

功能主义系列理论深刻影响了欧洲的一体化进程，有一体化的官方理论之称。但是，能否将其引入国内的区域协同发展研究，还需要回答三个问题：为什么引入？能不能引入？如何引入？

首先，理论上有需求。当前区域发展研究中广泛使用的"协同发展"一词更多的是作为一个概念或理念，并不具备系统性的理论基础。大部分学者借助博弈论、增长极理论、产业联动理论等经济学理论或模型展开研究，但是区域协同发展问题不是单纯的经济学问题，而是涉及政治、经济、社会、文化等多个方面的复合性问题，仅使用经济学理论很难对区域协同发展的全貌进行准确描述。还有一些研究将协同理论作为协同发展的基础理论，但是协同理论要求研究对象（如电子、原子、光子乃至人类等）必须具备复杂性、开放性、非线性、非平衡态、随机涨落等条件②，而协同发展的研究对象并不总能满足这些条件。因此，国内区域协同发展理论的稀缺性决定了引入功能主义系列理论的必要性。

其次，功能上能契合。区域协同发展作为我国的特有概念，对标国际上的区域发展理论较为契合的就是一体化理论。区域协同与一体化的本质都是区域

---

① 李明明. 后功能主义理论与欧洲一体化 [J]. 欧洲研究, 2009, 27 (4): 33-45, 3, 2.

② 张立荣, 冷向明. 协同治理与我国公共危机管理模式创新: 基于协同理论的视角 [J]. 华中师范大学学报 (人文社会科学版), 2008, 47 (2): 11-19.

发展问题，两者的目标都是打破阻隔、共同发展，两者的手段都是协调不同主体的关系，前者强调过程，后者强调结果。因此，很多学者将一体化作为区域协同发展的最高阶段或最终形态。与此同时，随着一体化理论的发展，对一体化的界定也不局限于国与国之间。如，美国经济学家弗里茨指出一体化研究不应只限于各国之间，一国内部各地区之间的一体化同样值得关注①。功能主义系列理论是一体化的主流理论，自创立以来既经受了激烈的理论论战，又经历了丰富的实践检验，对国内区域协同发展研究具有重要的借鉴意义。近年来，一些学者已经在进行相关探索。如，丁启玉将新功能主义应用于发展中国家区域合作研究②；李红、张平宇认为新功能主义对辽中城市群一体化有指导作用等③。

最后，运用上需扬弃。功能主义系列理论作为研究欧洲协同发展的一体化理论，其研究对象是国与国之间，而成渝地区双城经济圈建设是一国内部的跨区域协同发展问题。因此，要将功能主义系列理论运用于国内区域协同发展研究上，并不能"拿来即用"，需要在吸收中扬弃。一是要在运用中摒弃有关"国家性"的内容，比如功能主义对国家事务的划分中有关"高级政治"的内容显然不适用于国内区域发展研究。二是要在运用中摒弃"政党政治"的内容，比如新功能主义强调政党在一体化发展中的作用，后功能主义也认为大众可以通过选举或全民公决影响一体化进程，这些内容显然不适合我国国情。三是要在运用中选择性吸收有价值的观点，比如"超国家机构"在我国并不存在，但类似性质的跨区域协调机构却普遍存在，这就需要在借鉴时有所选择和变通。

三、成渝地区双城经济圈协同发展的理论逻辑：目标、动力与结构

（一）成渝地区双城经济圈协同发展的目标

目标决定方向。多伊奇认为一体化的目标是在地区或全球层面上建立一体化功能性的体系④。一体化肩负着四个方面的任务，即维持和平、获得更大收益、促进社会进步、建立新的自我形象，其主要形式是政治一体化和经济一体

---

① MACHLUP F. A history of thought on economic integration ［M］. London：Palgrave Macmillan UK，1977.

② 丁启玉. 新功能主义对发展中国家区域一体化的适用性 ［J］. 河南社会科学，2004，12（4）：42-46.

③ 李红，张平宇. 辽中城市群一体化发展构想：基于新功能主义的视角 ［J］. 城市问题，2009（12）：23-26.

④ 倪世雄. 当代西方国际关系理论 ［M］. 上海：复旦大学出版社，2004.

化①。成渝两地属于同一个主权国家，成渝地区双城经济圈协同发展问题，既不会涉及维持和平的目标任务，也不会寻求政治一体化。除此之外，多伊奇提出的获得更大收益、促进社会进步、建立新的自我形象三大目标对成渝地区双城经济圈协同发展的目标设定具有较强的参考价值。

习近平总书记指出成渝地区双城经济圈建设的目标定位是：具有全国影响力的重要经济中心、科技创新中心，改革开放新高地、高品质生活宜居地，在西部形成高质量发展的重要增长极。从习近平总书记对成渝地区双城经济圈的目标定位中也可以看出，重要经济中心意味着获得更大收益，科技创新中心意味着促进社会进步，改革开放新高地和高品质生活宜居地意味着新的自我形象。因为经济发展与扩大开放紧密相连，所以重要经济中心和改革开放新高地两项目标可以概括为经济协同；而科技创新与居民生活同属于社会治理范畴，所以科技创新中心和高品质生活宜居地两项目标又可以概括为社会协同。因此，成渝地区双城经济圈协同发展的主要目标是通过在成渝地区层面搭建功能性的机制体系，实现成渝地区双城经济圈的更大经济利益、更优社会进步、更新地区形象，其主要形式是经济协同和社会协同。

（二）成渝地区双城经济圈协同发展的动力

动力问题是协同发展的根本性问题，主要回答为什么会产生协同，以及是什么力量在推动协同。功能主义系列理论中的扩展学说解释了动力的来源问题，外溢原理描述了动力的传导机制。

根据扩展学说，解决问题的功能性需要和"迫于形势"的结构性压力构成了推动协同发展的原始动力。对于成渝地区双城经济圈来说，基础设施需要进一步互联互通，产业同质化竞争需要有效规避，科技创新需要联袂攻关，区域环境治理需要联防联治，等等，合力破解这些问题的强烈诉求构成了两地协同发展的功能性需要。同时，成渝地区双城经济圈发展已经上升为国家战略，京津冀、长三角、粤港澳三大城市群协同发展深入推进，周边的武汉、关中、长株潭、中原、滇中等城市群也在加速建设，对成渝地区双城经济圈建设的国家要求和国内城市群迅猛发展的竞争压力带来了成渝地区双城经济圈"抱团"发展的结构性压力。由此形成的原始动力将推动成渝两地在基础设施建设、产业协作发展、科学技术创新、城市综合治理、深入开发开放、生态环境保护、社会公共服务等领域深度合作。

---

① DEUTSCH K. The analysis of international relations [M]. Upper Saddle River: Prentice Hall Inc, 1978: 198.

根据外溢原理，由于生成机理不同，可以从三个方面描述动力传导。一是功能性外溢，指最初的目标只有通过采取进一步的行动才能实现，从而创造了一种新的条件和对更多行动的需要①，即一个领域内的协同只有在其他领域也同样实施协同策略时才会起作用。如，为了实现成渝地区双城经济圈生态环境协同保护，也需要在产业环保政策、环境执法力度、公益诉讼标准等领域同步协同。二是诱发性外溢，指一旦一体化进程开始，参与者无论自愿与否都将被迫采取相对于非参与第三方的共同政策，即协同发展的参与者必须调整自身的政策取向以适应共同政策。如，成渝两地企业如果形成长江上游地区内河航运联盟，那么联盟内的任何企业在面对联盟外企业的挑战时，无论愿意与否都必须采取与其他联盟成员一致的行动。三是养成性外溢，指高级权威机构为提高处于新制度背景下的各方共同利益而采取的行动②，即协同发展机构建立后会通过制定制度来维系和加强自身的权力和作用。如，各层级各领域相继成立的成渝地区双城经济圈协调领导小组将出于对自身权力和利益的考虑，推动形成更有利于协同发展的制度机制，从而成为协同发展的策动者和带动者。

此外，功能主义系列理论还认为个人精英、大型公司、政府和超国家机构是协同发展动力的主要来源。在协同发展初期，政府的推动作用具有决定意义，而政府中的关键人士则是主引擎，因此政府及其关键人士是成渝地区协同发展初期的核心动力。在协同发展中期，各级各类协调领导小组是区域协同发展的方案制定者、实质推动者、统筹部署者，具有推动协同发展的强烈愿望，但是从长期来看可能因授权不够充分而作用有限。在协同发展远期，基于对更广阔的市场空间、更便利的投资准入和更丰厚的经济收益的渴求，大型公司及其关键人士将成为最重要和最持久的动力。由此可见，从协同发展的初期和长远来看，政府和企业的关键人士至关重要，正如哈斯所说，"一体化得以推进与有关精英在政府部门和民间部门所做的努力密切相关"③。但问题的关键是，如何在成渝地区双城经济圈协同发展初期，在政府及其关键人士的推动下，成功唤起大型企业及其关键人士的协同发展动力。

（三）成渝地区双城经济圈协同发展的结构

结构问题用于说明从动力输出到达至目标所需要的架构，协同发展的结构

---

① LINDBERG L. The political dynamics of European Integration［M］. Princeton：Princeton University Press, 1963：10.

② ROSAMOND B. Theories of European Integration［M］. London：Macmillam Press Ltd, 2000：61.

③ 刘颖. 论一体化进程研究中的"奈模型"［J］. 新疆社科论坛, 2005（3）：11-17.

主要是指区域协同发展组织的内部架构。功能主义预设的结构更类似于"政府间合作"模式，是基于功能性需求以协调组织为形式，通过制定一系列制度和机制形成的一种组织架构；而新功能主义更加强调对权威和效忠的转移，涉及建立一个新的集体决策中心。成渝地区双城经济圈协同发展属于主权国家内部的区域发展问题，在其协同发展结构的建构中既要发挥功能主义"政府间合作"的自主性和相对独立性，又要运用好新功能主义"超国家机构"的推动作用。

根据我国行政体制特点和国内发达经济圈的协同发展架构，成渝地区双城经济圈协同发展的结构可以划分为三个层级。首先是顶层架构，主要包含国家层面上由国务院各部门和四川省、重庆市组成的成渝地区双城经济圈建设领导小组，以及省级层面上由四川省和重庆市组成的四川重庆党政联席会议制度。结合我国的实际，这种顶层架构应该更倾向于功能主义的政府间或部际间合作，主要起指导、沟通、协调和规划的作用。其次是中层架构，主要由四川省和重庆市各部门、各行业、各领域建立的协调领导小组组成。中层架构一种可能的模式是建立介于功能主义与新功能主义之间的结构。在政府部门间可能相对偏重于功能主义，更多地采用部际间合作，在政策层面采取协同策略；在行业间可能相对偏重新功能主义，成立跨区域的行业或领域决策机构，对行业领域内的协同发展问题实施统一领导；在成渝两地毗邻地区，可以推动当地政府或行业成立"悬浮"于行政区划之上的综合议事机构，适当打破行政区划限制，统筹推进局部区域同城化。最后是底层架构，由各类企事业单位成立的协作组织或合资公司组成。底层架构拥有数量庞大的参与者，是整个地区协同发展的基石，应更倾向于新功能主义，采取成立新决策机构、公司合并或相互参股等方式达到共享市场、共同决策、共担风险的目的。

构建区域协同发展的结构并不困难，难点在于实现结构与动力的科学匹配。区域协同发展的结构一般是金字塔形，越向上越倾向于功能主义，协同发展组织机构越少则被授予的权力越少；越向下越倾向于新功能主义，协同发展组织机构越多则被授予的权力越多。而区域协同发展在初期往往是自上而下的推动过程，其动力结构一般是倒金字塔形，即越向上推动力越强，越向下推动力越弱。这种授权少而动力强、授权多却动力弱的情况，就是协同发展中结构与动力的悖论。当前，成渝地区双城经济圈协同发展中也出现了中央高度重视，四川和重庆省级层面走在前列，各部门各地区积极响应，而实操层面的社会、企业和个人行动并不那么迅速的情况。因此，在成渝地区双城经济圈协同发展的结构设计中，要通过构建动力传导和反馈机制打破这种悖论，使上层协同发展的引导动力能够充分传达到下层并唤起下层的基础动力，同时通过下层协同发展的广泛深入开展，将成效向上反馈并巩固加强上层的协同发展意识。而打造这种协同发展结构的关键在于授权和获利，越是上层的协同发展组织机构越要充分授权，使其最大限度发挥推动作用；越是下层的社会、企业和群众越要使其获利，让协同发展的每一步真正惠及他们的利益。唯有如此，成渝地区的协同发展之路才能越走越宽阔、越走越坚实。

四、成渝地区双城经济圈协同发展的路径探索：路径推演与实施策略

（一）成渝地区双城经济圈协同发展的路径推演

路径问题主要研究成渝地区双城经济圈协同发展将经历哪些过程，在相应的过程中应当采取什么样的策略和行动。功能主义通常将一体化进程划分为三个阶段，而新功能主义则将一体化进程描述为七个过程，以此为基础可以将成渝地区双城经济圈的协同发展路径划分为五个步骤。

一是拆除壁垒。成渝地区协同发展首先应从清除壁垒开始，这类似于功能主义的取消关税阶段，但涉及范围更广，既包括清除统一市场的壁垒，也包括清除社会生活的壁垒，如地方保护政策、差异化技术标准、地域隐性惯例、不平等待遇、歧视性措施等。成渝地区双城经济圈内各地应当在自查和交叉检查的基础上，拟定各自区域内妨碍市场一体化和居民生活一体化的障碍清单，然后在协商一致的前提下召开联席会议制定清除方案，限时完成拆除壁垒任务，为协同发展奠定基础。

二是畅通联系。交往联系量是可量化的一体化程度衡量指标。成渝地区在协同发展初期应当构建以畅通联系为导向的协同发展实施策略，全面提升区域内人员、物资、资本、技术、信息、思想等交往交流的畅通性、便利性和廉价性。探索提供不受行政区划和户籍身份限制的公共服务，实施部分公共服务跨区域财政平衡机制，方便群众在区域内宜居宜业宜学；提高区域内交通基础设施通达性，畅通"卡脖子"和"肠梗阻"路段，增加路网密度，增开高铁班列，降低通行成本；协调区域内水、电、气、邮、信息等基础设施建设和服务，取消跨省通信漫游费，促使居民日常生活提质降费。

三是形成联盟。这是成渝地区双城经济圈协同发展的标志性阶段，联盟的建立将推动协同发展产生自发动力。成渝两地政府应当选择可行性较大的领域优先建立联盟，进而推动整个地区的协同发展进程。比如，借鉴欧洲经验建立能源领域共同体，解决四川能源就近销售和重庆能源价格较高的问题。探索毗邻区域协同发展新机制，推动"永川—荣昌—泸州—内江"共建川渝合作示

范区、"合川—潼南—遂宁—广安"实施一体化发展、"万州—达州—开州"协同建设川渝统筹发展示范区等。提高产业经济融合度，推动共建共享合作园区，实施西部科学城"一城多园"模式建设，打造具有全国影响力的环成渝高校创新生态圈。成立成渝地区生态环境保护协调领导小组，加大区域内空气污染联防联控，开展重点流域联合执法行动，提升区域环境污染综合防治能力。

四是区域认同。区域认同是协同发展的重要变量。成渝两地本属一家，而且同是西南地区的经济中心，因此两地民意既有团结合作的一面，也有竞争博弈的一面。成渝地区双城经济圈在发展过程中需要高度重视培养区域内关键人士和群众对协同发展的认同感，形成协同发展的长久推动力。在政府层面，增强协调领导小组的统筹能力和沟通频次，推动成渝两地官员交流任职、交叉任职、互派挂职，全面提升政府人士的区域认同性和行动协同性。在专家层面，鼓励人员双向自由流动，资格资质互通互认，跨区域多点执业执教，实现区域内无差别工作生活，提高专家学者的区域认同感。在群众层面，促进区域内产业发展，拓宽就业渠道，增加居民收入，加强正面宣传，引导社会舆情，为成渝地区双城经济圈协同发展营造良好氛围。

五是协同深化。这是协同发展向不同领域、不同区域、不同层级的拓展。成渝地区双城经济圈协同深化的重点在于向下层拓展，使协同全面深入各类市场主体和社会成员，使协同进程真正惠及企业发展和群众生活。注重用市场规律调动资源配置，用法治方式保障市场公平，用国际标准衡量政务服务，让企业敢于"法无禁止即可为"，让政府严守"法无授权不可为"，让群众实现"办事最多跑一趟"。打造成渝地区双城经济圈政务服务一体化，促进"渝快办""蓉易办"联网互认。加大对民营企业的政策支持和金融扶持，鼓励其参与国有企业混改。助推区域内医疗机构融合发展，推动医师跨区多点执业，畅通医保异地结算。支持老年人区域内异地养老，实现居民服务一卡通通用通办。

（二）成渝地区双城经济圈协同发展的实施策略

一是充分发掘协同发展动力。动力问题是促使成渝地区协同发展的决定性因素。首先，要准确找到并顺利启动初始动力。在成渝地区协同发展初期，需要找到通过两地单独行动无法获得的共同利益，而且双方合作带来的利益要超过单独行动的利益，同时这种利益是看得见的低代价或者可转嫁，这样才能顺利启动初始动力。其次，要充分发挥跨区域协同发展机构的内生动力。跨区域协同发展机构具有推动区域协同发展的强大冲动和外溢效应，但作用发挥的前提是获得相对充分的政府授权。这对任何政府来说都是难以"割舍"的事情，虽然在省市级层面获得相应授权并不容易，但在基础层面仍有可操作空间。比如，可以考虑统筹"渝新欧"和"蓉新欧"货运班列，成立统一运营的中欧班列合资公司，避免竞相压价、内部竞争。最后，要深入挖掘持续动力。哈斯曾经指出，如果仅仅是基于利益考虑，那么协同动力可能并不长久。因此，成渝地区协同发展不能只是建立在现实利益之上，必须在意识形态和哲学信念层面得到广大群众的充分认同，以此维持协同发展稳定而持续的动力。

二是尽量维持区域利益均衡。协同发展将改变参与者在区域中的地位、权力和利益，再分配的发生将使某些区域比其他区域获益更多，由此可能产生虹吸效应和排斥效应。在协同发展初期，由于区域内的城市在中低端功能方面有重叠现象①，而成渝双城基础条件较好，成渝双城的虹吸效应可能进一步加大，推动各类资源要素进一步向成渝双核集聚。在极端情况下，成渝双核中具有优势的一方在虹吸效应下可能将优势持续扩大，甚至出现由双核向单核发展的可能。与此同时，在协同发展尚未达到各城市之间实力均衡的情况下，城市之间的竞争关系可能大于合作关系，相互排斥作用甚至可能相对明显。因此，成渝地区双城经济圈协同发展进程中要把握好利益分配，在协同发展初期尽可能保持相对较快的经济增长速度，使协同发展给各城市带来的收益大于因虹吸效应和排斥效应而产生的损失；要注意营造成渝双核的发展均势，以及成渝双核与周边城市、周边城市相互之间的相对均势，避免造成成渝地区双城经济圈中部塌陷或者中心城市沙文主义。

三是大力推动区域全面协同。成渝地区双城经济圈协同发展是一项系统性工程，需要在政策、经济、社会、法治四个领域同步实施。第一，政策协同。完善政策协同制定机制，尽早建立健全政策制定前会商、制定中沟通、制定后统一颁布执行的体制机制，严格政策执行，确保"一把尺子量到底"。实施标准互采互信，探索建立区域内标准联合组织。推动检验检测结果互通互认，加快区域内检验检测机构整合。第二，经济协同。发挥传统优势，打造现代制造业产业集群，聚焦"芯屏器核网"，打造电子信息产业集群。推动汽车产业向高端化、电动化、智能化方向转型，提升能源化工、装备制造、生物医药等产业的聚集度和竞争力。着力培养大数据、云计算、物联网、5G 通信和集成电路等新业态新经济，建设若干具有全国影响力的产业体系。第三，社会协同。加强人力资源协作，开放劳动力要素市场，推动就业信息共享、劳动保障互

---

① 杨勇. 都市圈经济一体化理论与实践 [M]. 北京：经济科学出版社，2013：38-39.

通、政务服务互联，确保人力资源高效便捷流动。创新人才协同管理模式，搭建统一的高层次人才信息库，创建人才异地交流便捷通道。推动公共服务均等化同城化，探索城乡居民社会保障体系有机衔接，分步推动基本医疗保险政策和基本医疗服务目录统一，实施公共文化服务体系均衡发展。第四，法治协同。加强区域内立法、执法、司法、普法协调联动，尝试人大协同立法，探索区域内交叉执法，完善司法合作机制，统筹普法宣传教育，构建公正高效权威的区域法治环境。

五、结语

成渝地区联结"一带一路"和长江经济带，是西部陆海新通道的战略起点，是国家统筹区域协调发展的重要增长极，是国家维护安全稳定的战略后方。推动成渝地区双城经济圈协同发展、高标准启动成渝地区双城经济圈建设是党中央国务院赋予川渝两地的重大使命，是新时代推进西部大开发形成新格局的重大战略举措，也是成渝地区开创合作发展新局面的客观现实需要。成渝地区双城经济圈协同发展既需要对现实问题的思考，也需要科学理论的指导。本文通过引入功能主义系列理论，结合成渝地区实际展开了剖析，从目标、动力和结构三个维度阐释了成渝地区双城经济圈协同发展的理论逻辑，并据此预设演进路径、提出实施策略。如此分析的目的，不在于提出宏大的战略构想，也不想对具体问题给出答案，而是希望能够从中观层面为成渝地区双城经济圈协同发展提供一种理论解读和架构支持，并借以回答成渝地区双城经济圈协同发展为什么会产生、动力来自哪里、需要何种结构、经历哪些过程、储备什么策略等基本问题。功能主义系列理论博大精深，成渝地区双城经济圈发展也是瞬息万变，基于此的分析不能不说是管中窥豹，还需要进一步挖掘功能主义系列理论的思想观点以期为"我"所用，也尤须建立适合我国国情的协同发展理论并用于指导我国的区域协同发展实践。

区域协同立法研究：现状与展望[①]

江　林[②]

内容摘要： 区域协同立法是我国地方立法的创新实践，已从实践探索进入理论研究场域。区域协同立法研究论者从协同深度和范围、协同主体等视角阐释了区域协同立法的内涵；从政策驱动、利益诱导、社会需要三个维度解读了区域协同立法的出场理由；从国内与域外两个方面总结了区域协同立法的实践经验；分析了开展区域协同立法应遵循的基本原则和可采取的具体举措。总的看来，区域协同立法研究仍是一个极具探索空间的理论议题。可进一步拓展研究的议题有：精细化地阐释区域协同立法的内涵；深入评估区域协同立法的出场理由；扩宽对区域协同立法应用领域的研究；理性借鉴域外区域协同立法经验；细化对区域协同立法可操作性举措的思考；评估区域协同立法的可能困境。

关键词： 区域协同立法；区域协同立法研究；区域协调发展；地方立法

自十六届三中全会部署区域协调发展战略以来，我国已实施"一带一路"建设、京津冀协同发展、长江经济带发展、粤港澳大湾区建设等重大区域发展战略，形成了东部率先、西部开发、东北振兴、中部崛起四大区域发展板块。随着区域协调发展实践的深入，作为保障机制的区域协同立法也随之出现：从较早时期的东北三省政府立法协作，到近年来京津冀人大协同立法，实践中已产生了诸如湖北省恩施州人大常委会和湖南省湘西州人大常委会协同制定的《酉水河保护条例》、京津冀三地人大协同制定的《机动车和非道路移动机械排放污染防治条例》等区域协同立法文件。区域协同立法的丰富实践引起了理论研究的关注，进入了区域治理研究论者、地方立法研究论者的视野，并积累了一批原创性学术成果。作为一项较新的跨行政区划治理机制，当前学者们

---

①　江林. 区域协同立法研究：现状与展望［J］. 人大研究，2021（2）：41-49.

②　江林，女，中共成都市委党校讲师、法学博士。

关注的热点、聚焦的问题在哪些方面？目前的研究是否能满足实践的需要？如何用理论指导未来的区域协同立法实践深化发展呢？基于这些重大的实践问题和理论命题，有必要对区域协同立法研究进行回顾性总结。为此，笔者选取了"区域协同立法""地方立法协调""区域立法协作""区域立法合作"四个最有可能反映区域协同立法主题的关键词，对与此相关的著作、论文等文献进行了梳理，以期从整体上呈现区域协同立法研究的现状，并挖掘当前研究的盲区和未来深化研究可供扩展的方向。

一、区域协同立法的内涵阐释

根据我国现行立法体制，区域协同立法并不是一个法定称谓，无法从《中华人民共和国宪法》《中华人民共和国立法法》等文件中找到明确的法律依据，学者们在表述和理解上也存在着不同的阐释。

在概念表述上，学界使用的表述有"地方联合立法""地方立法协作""区域立法合作""区域立法协调""地方立法协调""区域协同立法"等。官方文本中亦没有统一的称谓。如在 2008 年 9 月发布的《国务院关于进一步推进长江三角洲地区改革开放和经济社会发展的指导意见》中曾提出，加强区域立法工作的合作与协调，形成区域相对统一的法治环境。此处使用的是"区域立法合作""区域立法协调"的表述。而近年来，"区域协同立法"更加频繁地出现在官方话语表达中。如 2019 年的省级人大立法工作交流会上曾达成共识——各省级人大当前面临的五个立法重点之一即要"围绕区域发展战略和特点，抓好协同立法"[①]。类似的表述还散见于人大内部工作人员的学术文章，如全国人大常委会法制工作委员会的工作人员在分析 2019 年 10 月至 2020 年 1 月我国地方立法现状时，曾总结：京津冀三省（市）的区域协同立法，探索了地方立法新形式[②]。故本文统一使用"区域协同立法"的表述来指称围绕区域协调发展而产生的各种立法的合作、协调、协同行为。

对于区域协同立法的含义，学界亦分歧众多。目前主要存在以下几种观点：

一种分歧集中于对区域协同立法的深度和范围有不同认识。第一种观点把区域协同立法界定为立法信息的沟通和交流。如有学者提出的，立法工作协

[①] 王斗斗. 地方立法六问 [EB/OL]. [2019 - 09 - 24]. http://www.npc.gov.cn/npc/c30834/201909/2bc3f19c0f0a43d3adc1293d79f16f1c.shtml.

[②] 龙晓杰. 地方立法统计分析报告：2019 年 10 月至 2020 年 1 月 [J]. 地方立法研究, 2020, 5 (2)：99-132.

作，是有关立法工作机构在具体承办立法事务层面上的协作，包括立法工作经验的交流、立法信息交流、立法技术的统一，甚至包括法规条文的借鉴①。第二种观点则认为区域立法信息交流、互鉴只是区域协同立法的开端，其核心应当是区域立法主体在合作的基础上达成相互一致的规则。如王腊生提出，立法信息资源的共享，不是地方立法协作的主要目的，地方立法协作的主要目的是在一定区域内有关立法主体对某一事项采取共同的立法行动，形成一致的行为规则②。类似的观点还有，区域协同立法，是指在特定区域内，各方立法主体依职权通过一定程序就某一区域性的事项或社会关系共同制定区域性法律规范的活动③。有学者还提出，应区分区域协同立法与区域共同立法两种模式：区域协同立法的内涵是指区域立法信息的交流、互鉴以及区域内法律规范的统一；而区域共同立法则指区域内各立法机关在充分协商和沟通的基础上，商定区域立法的一致目标和一致机制，再经过各自审议通过后统一实施④。第三种观点则进一步挖掘了区域协同立法的空间，认为协同立法并不是单纯地制定区域性法律规范，而是"应当从确定立法规划到地方性法规的立、改、废、释，再到立法的交叉备案与立法后评估，开展区域协作"⑤。

另一类分歧表现为对区域协同立法的主体有不同看法。有学者将区域协同立法的主体仅限于区域内地方人大及其常委会，认为严格意义上的区域协同立法仅指地方人大及其常委会制定地方性法规的行为⑥；有学者认为区域协同立法包括地方人大及其常委会制定地方性法规和地方政府制定地方政府规章两种类型⑦；还有学者则提出应当在各地方立法主体之外成立区域内统一的协同立法机构并由该主体行使区域立法权，如宣文俊提出的"长江三角洲法制工作协调委员会"⑧、王春业提出的由区域内地方政府组成的"区域行政立法委员会"⑨ 等。

---

① 丁祖年. 关于我国地区间立法协作问题的几点思考 [J]. 人大研究，2008 (1)：36-38.

② 王腊生. 地方立法协作重大问题探讨 [J]. 法治论丛（上海政法学院学报），2008 (3)：69-75.

③ 于文轩，孙昭宇. 论京津冀大气污染防治协同立法之完善：以区域法治发展为视角 [J]. 环境与可持续发展，2019，44 (3)：26-30.

④ 杨治坤. 区域大气污染联合防治：软硬法混合规制 [J]. 法治社会，2017 (6)：65-72.

⑤ 焦洪昌，席志文. 京津冀人大协同立法的路径 [J]. 法学，2016 (3)：40-48.

⑥ 姚明. 地方立法协作研究 [M]. 北京：中国法制出版社，2019：30.

⑦ 孟庆瑜. 论京津冀协同发展的立法保障 [J]. 学习与探索，2017 (10)：54-64.

⑧ 宣文俊. 长江三角洲区域协调的重大体制与机制的创新 [J]. 上海经济研究，2008 (11)：50-58.

⑨ 王春业. 区域合作背景下地方联合立法研究 [M]. 中国经济出版社，2014：9.

二、区域协同立法的出场理由

尽管对区域协同立法的含义存在不同认识，但学者们已普遍认同区域协同立法在区域治理中具有重要作用，并从政策驱动、利益诱导和社会需要等视角对区域协同立法的出场理由进行了挖掘。

（一）政策驱动视角的解读

区域协调发展战略是贯彻新发展理念、建设现代化经济体系的重要组成部分。首先，我国近年来加强了对区域协调发展战略的顶层设计。党的十九大报告提出坚持创新、协调、绿色、开放、共享的新发展理念。按照党的十九大部署，我们要坚定实施区域协调发展战略，建立更加有效的区域协调发展新机制。2018年《宪法》第五次修改，在序言中的国家任务部分增加了"贯彻新发展理念"的表述，区域协调发展已成为实现国家根本任务的重大举措。2018年11月，中共中央和国务院联合出台的《关于建立更加有效的区域协调发展新机制的意见》中提出：建立健全区域协调发展法律法规体系，研究论证促进区域协调发展的法规制度，明确区域协调发展的内涵、战略重点和方向，健全区域政策制定、实施、监督、评价机制。其次，以法律服务区域发展，是纵深推进区域协调发展战略的必要路径。法律的稳定性、强制性、规范性为解决区域协调发展问题提供了有效路径①。最后，法律运行的起点在于立法，国家区域协调发展战略的确定，客观上需要稳定、统一的法律为区域合作提供制度化的规则。具体到各个区域，诸如《国务院关于进一步推进长江三角洲地区改革开放和经济社会发展的指导意见》《京津冀协同发展规划纲要》《长江三角洲区域一体化发展规划纲要》等一系列政策文件的出台，使得各区域开展协同立法具有了来自上级政府和党组织的外在激励。

（二）利益诱导视角的解读

不少学者从区域利益诉求的维度去挖掘区域协同立法的出场理由，认为地方推动区域协同立法的积极性受地方利益的诱导和驱动。由于行政壁垒、地方保护、政绩竞争因素的存在，区域内主体之间存在各种矛盾、隔阂、冲突等不和谐现象，而法律规范的公平、正义准则为协调区域内主体的利益、处理各方矛盾设置了可遵循的一般性标准。有学者以博弈论作为分析工具，提出地方立法主体作为博弈的双方，只有认为区域协同立法会使其获得利益，如为其带来

---

① 吕宁. 论区域协调发展法制化的逻辑起点 [J]. 湘潭大学学报（哲学社会科学版），2016，40（4）：33-37，86.

治理效率、促进本区域整体社会福利水平的提高等，才会选择合作的策略①。另有学者从经济学角度出发，认为当区域内各成员之间存在行政力量、经济实力不对等的状态时，区域共同利益诉求是协同立法的动因，包括"区域经济一体化发展诉求""区域经济社会率先发展的诉求"以及"在区域内统一权利义务关系的诉求"②。质言之，通过区域协同立法构建起合理的法律规则，可以调解区域内各种错综复杂的利益关系。

然而，亦有学者认为不应过分夸大立法在协调区域利益、促进区域发展中的规范和推动作用，以避免陷入"法律万能主义"的误区。陈光以"大立法""小立法"理论为分析框架，指出以利益诉求为合作导向会使得地方立法主体选择较低成本的政策治理模式，而放弃较高成本的立法协调，由此导致区域协同立法陷入实质性协调不多、各方积极性不高、区域公共政策和合作协议大量存在的现实困境③。

（三）社会需要视角的解读

区域经济一体化对法制统一有客观需要，而区域协同立法正好可以解决区域内法治冲突。随着经济、社会的发展，各地方之间的交流尤其是地理位置相互毗邻的地方之间的经济、社会往来更加频繁，越来越多的社会公共事务已经超出了某一地方行政区划单位，很难通过一个地方行政区划单位得以妥善解决④。然而，各地制定各类规范性文件时，基于不平衡的发展水平，立法机关往往只考虑本地利益，这就导致同一性质的事项，在不同的地方有不同的法律后果：在某地是合法，在另一个地方可能是非法，或者在某地受到的处罚与另一地处罚种类或幅度存在差异。如有学者对长三角区域环境法规进行分析比较后发现：浙江、江苏、上海在大气污染防治法规、水污染防治法规、固体废弃物污染防治法规、海洋行政处罚法规、环境技术标准法规及排污权交易法规均在不同程度上存在差异冲突，这为区域内环境治理带来了很大的制度障碍⑤。区域之间立法的不统一，容易滋生许多社会问题和矛盾，不利于区域内的稳定

---

① 罗俊杰，易凌. 区域协同立法博弈分析 [J]. 时代法学，2009，7（2）：45-49.

② 王腊生. 地方立法协作重大问题探讨 [J]. 法治论丛（上海政法学院学报），2008（3）：69-75.

③ 陈光. "大立法"思维下区域地方立法协调的困境与反思 [J]. 湖湘论坛，2017，30（3）：127-133.

④ 陈光. 我国区域立法协调机制研究 [D]. 济南：山东大学，2011：51.

⑤ 易凌，鲁勇睿. 经济一体化背景下的区域环境法规冲突与协调：以长三角为例 [C] //. 生态安全与环境风险防范法治建设：2011年全国环境资源法学研讨会（年会）论文集（第三册）. [出版者不详]，2011：386-391.

与和谐。以法治来应对发展过程中存在的隐患、问题、矛盾等，不仅有助于区域协调发展，也是区域法治协调统一的应有之义①。区域内法律的一体化消除了各地之间的立法差异，实现了区域法治统一，促进了地区之间生产要素的自由流动和公共问题的顺利解决。正如有学者所言，一个透明的、可预期的一体化市场规则和法治条件，将成为经济区域竞争和持续发展的核心优势②。

此外，区域内社会公众还存在各种主观的立法需求，这些需求进一步激励地方开展区域协同立法。由于中央立法不可能面面俱到，中央层面的法律、政策在地方面临着"一区一情"，故具体细则只能由地方来完成，这也就成为区域协同立法可能涉足的领域。余俊以社会公众对环境权的立法需求为例，认为正因为社会公众不满全国层面大气污染联合防治机制可操作性不强的现状，所以地方政府需要协同制定具体的操作规程和行动方案，将《大气污染防治法》中的区域联防联控制度落到实处③。即地方不仅面临着将中央大气污染治理联防联控制度在地方予以落实的压力，还需要回应社会公众期待可操作化规范的立法诉求。

三、区域协同立法的实践经验：总结国内与参照域外

区域协同立法是我国地方立法发展过程中的新兴探索，及时总结本土经验并学习域外做法，可以减少区域协同立法探索失败的风险，节约实践成本。已有不少学者在这一方面做了相应努力。

（一）国内区域协同立法实践经验总结

伴随着区域协调发展战略的深入，已有一些区域对协同立法进行了探索且呈现出不同特点，区域协同立法的重点领域也从经济发展领域扩展到社会管理等领域，这些探索为推进区域协同立法积累了有益经验。学界研究的热点紧跟国家区域协调发展的政策方向，对东北三省、长三角、京津冀、粤港澳等区域，就生态环境协同治理、区域法治、文化遗产保护等领域的协同立法实践进行了专门研究。

一是特定区域的协同立法实践经验总结。有学者集中分析了东北三省的区域协同立法实践，认为这是一种分散型协作，具体表现为主要集中在行政执法

---

① 王宝治，张伟英. 京津冀协同立法的困境与出路 [J]. 河北师范大学学报（哲学社会科学版），2016, 39（5）：133-138.

② 王春业. 构建区域共同规章：区域行政立法一体化的模式选择 [J]. 西部法学评论，2009（5）：55-65.

③ 余俊. 大气污染治理中区域协同立法的问题 [J]. 环境保护，2018, 46（19）：28-33.

领域、区域立法实践的协调机制没有形成体系、区域合作的框架协议缺乏刚性约束力等方面①，该学者提出的问题可以说是当前我国区域协同立法实践中的通病，各区域开展的立法协同或多或少都有这些问题。叶必丰通过考察长三角区域法治协调现状，发现长三角的法治协调机制主要有行政协议制度和磋商沟通制度两种，并认为未来应通过完善行政契约制度、加强地方立法的制定和清理、扩大公众参与、加强咨询评估等途径构建一种具有拘束力的法治统一方案②。京津冀是当前区域协同立法研究的热点场域，相关成果涉及京津冀大气污染治理、环境保护、法制协同、信用一体化建设等多个具体的立法项目，较其他区域更为丰富。有学者总结出京津冀协同立法为三地人大常委会联席会议研究、各人大常委会主任会议批准的模式，这种模式存在立法层级和效力低、重点领域协同立法不足以及地方人大主导作用和地方政府基础作用未充分发挥等问题③；还有学者则指出目前三地人大协同立法面临着政治地位不对等、经济体量和财政能力不均衡、无明确的法律依据等现实约束和制度约束④。转向到新近提出的粤港澳大湾区，邹平学等学者认为三个单独关税区与三个法域、立法主体多且行政级别不一、市场在立法资源配置中的作用薄弱等因素制约了大湾区立法协调机制的构筑，应围绕由全国人大夯实协同立法机制的法律基础、设立立法协调机构、多维度创新立法形式、扩大立法活动的公众参与等方面系统构筑协同立法机制⑤。

二是特定领域的区域协同立法实践经验总结。学者们关注的协同立法项目主要集中在生态环境协同治理、区域法治、文化遗产保护等领域。大部分生态环境具有整体性、不可替代性、不可分割性等自然属性，因而有必要区域内共同考虑、全盘治理。整体来看，区域生态环境协同治理面临着法律不完善、区域环境协同立法合法性不足、现有环境立法之间缺乏协调等瓶颈，造成区域内环境立法从形式到内容上都存在矛盾和冲突⑥。具体到区域生态环境协同立法问题上，王娟等人在分析京津冀环境治理现状以及立法现状的基础上提出，一

① 刘星显. 东北区域法律合作机制的发展与完善 [J]. 吉林省教育学院学报 (上旬)，2013，29 (11)：133-134.
② 叶必丰. 长三角经济一体化背景下的法制协调 [J]. 上海交通大学学报 (哲学社会科学版)，2004 (6)：5-13.
③ 熊菁华. 京津冀立法协同的阶段性总结与分析 [J]. 人大研究，2019 (5)：13-19.
④ 焦洪昌，席志文. 京津冀人大协同立法的路径 [J]. 法学，2016 (3)：40-48.
⑤ 邹平学，冯泽华. 粤港澳大湾区立法协调的变迁、障碍与路径完善 [J]. 政法学刊，2019，36 (5)：45-50.
⑥ 王玉明. 城市群环境治理中的区域协同立法 [J]. 政法学刊，2019，36 (2)：38-47.

方面要从立法原则、立法机构、立法信息交流平台以及公众立法参与制度等维度建立区域协同立法机制，另一方面要通过制定区域统一立法、清理现有法规等规范性文件、建设程序法等途径完善区域环境协同治理法律法规①。区域法治建设中的协同立法也是学者们关注的重点领域。区域法治的形成有利于"保障区域内多主体的合法权力（权利）、提供制度化的长效机制、提供统一的标准与评价机制"②。梁平在分析京津冀司法协同治理的着力点及机制后提出，在区域法治建设的协同立法方面存在制度规范创新性不足、可操作性不强的现状，因而细化落实框架性制度应当是京津冀司法协同的重点③。另有学者关注了区域文化遗产保护问题，认为区域文化遗产保护协同立法存在着法律位阶不明且零散、优先立法与劣后立法博弈、区域内各主体行政力量不对等问题，应以效率、公平、正义为原则来开展区域文化遗产保护的立法协同④。还有学者聚焦区域财政协同治理中所需要的法治保障问题，提出应通过中央统一制定法律行政法规、统一地方性法规和政府规章、建立行政协商机制的协同立法方式，实现区域财政协同治理⑤。

（二）域外区域协同立法实践经验总结

一些发达国家和地区在区域协调发展过程中经过长期探索，积累了较为丰富的立法经验，可为完善我国区域协同立法制度提供借鉴。国内学者对美国、德国、法国、日本等域外区域协同立法的实践经验做了比较研究。有学者对美国田纳西河流域管理案例进行了分析，认为该案例的成功源于田纳西河流域管理局的成立与运作，对我国的借鉴意义在于应通过成立区域性的协调委员会来平衡各主体的利益⑥。何渊在对美国区域协同立法的整体运作情况进行考察后，对我国区域协同立法提出两点启示：一是通过修宪、法律解释解决区域协同立法缺乏宪法和法律依据的难题；二是充分运用区域间政府行政协议解决区

---

① 王娟，何昱. 京津冀区域环境协同治理立法机制探析 [J]. 河北法学，2017，35（7）：120-130.

② 肖爱，李峻. 协同法治：区域环境治理的法理依归 [J]. 吉首大学学报（社会科学版），2014，35（3）：8-16.

③ 梁平. 京津冀司法协同治理的模式转型 [J]. 河北法学，2019，37（11）：62-71.

④ 郭娅丽. 京津冀区域文化遗产保护与利用的法律治理 [J]. 北京联合大学学报（人文社会科学版），2017，15（1）：111-117.

⑤ 于文豪. 区域财政协同治理如何于法有据：以京津冀为例 [J]. 法学家，2015（1）：32-44，177.

⑥ 冯涛. 区域公共管理中的地方政府职能与治理结构协同机制：一个新分析框架 [J]. 观察与思考，2015（6）：60-64.

域政府间纠纷①。苏黎馨等通过比较德国柏林—勃兰登堡地区、日本东京首都圈、法国巴黎大都市区等首都所在区域的治理模式，发现我国在以京津冀为例的城市圈协同治理上主要依托行政方式，即政策和行政协议的手段，而法律手段不足；未来应加快立法协同，制定相关法律法规②。刘水林等对美国、德国、日本的区域立法经验进行分析，总结出构建区域协调发展法制体系的经验：一是建立由不同位阶、不同功能的法律组成的系统化体系；二是区域协调发展的立法或法律观念，必须从主流的以权利为中心的个体冲突主义向整体和谐主义转换；三是从我国区域协调发展的实际国情出发，系统化的法律体系应当是由区域开发基本法、特别区域振兴法及一些特别的单项法等不同层次的法规构成的一个整体③。

四、区域协同立法如何展开：基本原则与可操作化举措

（一）区域协同立法的基本原则

作为区域协调发展保障机制的区域协同立法应遵循哪些原则，尚无官方的指导意见，但已有学者从不同角度进行了思考。有研究指出，包括区域协同立法在内的区域协调发展立法除应遵循诸如合宪性原则、民主原则、科学原则、可操作原则等一般立法原则外，还应符合法制统一原则、平衡协调原则、公平原则、可持续发展原则和区别对待原则④。还有研究立足于具体操作领域，从宏观和微观两个维度提出了区域协同立法的基本原则：宏观上应坚持党的领导、人大主导、社会参与、主体平等的原则，微观上则遵从先同后异、先急后缓、先近后远的原则⑤。王娟等具体到区域环境治理领域，认为推进区域环境治理协同立法要坚持区域整体生态利益原则、平等协商原则、共同但有区别原则，"在整体生态利益观的指导下，站在平等的位置上平等协商，既要体现区域整体利益，也要照顾各方具体利益"⑥。

---

① 何渊. 论美国《宪法》"协定条款"的法律变迁及对中国区域法律治理的启示：从二元联邦主义到合作联邦主义再到新联邦主义 [J]. 比较法研究，2016（2）：142-155.

② 苏黎馨，冯长春. 京津冀区域协同治理与国外大都市区比较研究 [J]. 地理科学进展，2019，38（1）：15-25.

③ 刘水林，雷兴虎. 区域协调发展立法的观念转换与制度创新 [J]. 法商研究，2005（4）：3-11.

④ 华国庆. 论中国区域协调发展立法基本原则 [J]. 南京审计学院学报，2010，7（2）：6-12.

⑤ 姚明. 地方立法协作研究 [M]. 北京：中国法制出版社，2019：33-37.

⑥ 王娟，何昱. 京津冀区域环境协同治理立法机制探析 [J]. 河北法学，2017，35（7）：120-130.

（二）区域协同立法的可操作化举措

区域协同立法是一项系统工程，需要一套完整的可操作举措体系。围绕举措建设进行的研究讨论已较为丰富，一些开创性、建设性的意见主要集中在以下方面。

1. 建立区域协同立法的组织机构

区域协同立法的组织机构是组织开展立法工作的主体，也是区域协同立法运行的逻辑起点。从区域协同立法的实践来看，各区域普遍采取了区域联席会议的工作方式进行。虽然通过联席会议的方式能够进行立法信息的沟通与交流，但也存在不少缺陷。故有学者建议在中央与地方之间，建立一个跨行政区域的统一的、专门的立法主体行使区域立法权。如王春业提出可由区域内的省级政府负责人组成区域行政立法委员会，行使制定区域共同规章、立法性解释、备案审查、冲突裁决等职权①。华国庆对这一观点提出质疑，认为建立区域性立法主体并不符合我国现行立法体制和立法实际②。陈光进一步提出，即使可以通过健全我国立法制度来解决区域性立法主体的合法性问题、立法权限问题或法律渊源问题，但以此机构作为立法职权主体而导致的地方立法权边缘化、行政主导立法、立法成本增加等弊端却始终无法克服③。基于此，更多学者建议在遵循现行地方立法体制的前提下，成立主要由地方立法主体组成的区域协同立法工作机构④。

2. 完善区域协同立法工作机制

区域协同立法的有效开展离不开一系列的运行机制，完善机制在区域协同立法研究的话语体系中呈现出较高的出场频率。陈光在《区域立法协调机制的理论建构》一书中提出了一套包括立法规划、立法起草论证、立法文本和程序协调、区域立法冲突及解决、区域立法解释和区域立法后评估等制度在内的较为系统的区域立法协调机制，贯穿于立法的准备、确立和完善的整个过程⑤。具体到微观机制领域，梁平等认为，在区域协同立法工作机制中，最为关键

---

① 王春业. 区域行政立法模式研究［M］. 北京：法律出版社，2009：127.
② 华国庆. 我国区域立法协调研究［J］. 学术界，2009（2）：104-110.
③ 陈光. 论我国区域立法模式的选择：兼评王春业之《区域行政立法模式研究》［J］. 安徽大学法律评论，2010，1（1）：95-102.
④ 相关观点可参考华国庆. 我国区域立法协调研究［J］. 学术界，2009（2）：104-110；陈光. 区域立法协调机制的理论建构［M］. 北京：人民出版社，2014.
⑤ 陈光. 区域立法协调机制的理论建构［M］. 北京：人民出版社，2014.

的是技术性协同，如信息化技术的运用、智库介入、公众参与、问责机制等①。此外，还有研究注意到中央立法机关在区域协同立法机制构建中的积极作用，认为中央和地方两个层面需进行有效的制度互动，除地方层面的协同机制外，更应加强顶层设计，在中央层面建立高级别的协同机构并确立机构运作规则②。

3. 构建区域协调发展法律法规体系

系统性地构建法律法规体系有助于解决区域协调发展的法律缺位问题。有学者提出应在明确国家与地方区域法制协调基本原则的基础上，从实体和程序两方面来构建不同层级和效力的区域发展法规制度体系③。学者们也进一步对完善相关法律法规的基本路径展开了研究。一是完善《宪法》相关条款，赋予区域协同立法合法性地位，将其作为协调区域利益冲突的根本依据和基础④。二是有必要通过制定《区域协调基本法》《区域开发法》，对区域协同立法的主体资格、权限范围、法律效力、立法和审批程序等方面明确规定，以中央立法的完善来解决立法协同中的利益纠纷、争议和冲突等问题⑤。三是有必要制定各类区域特别法。如有学者以长三角地区为例，提出在目前的立法体制之下，亟须全国人大常委会制定长三角区域经济社会发展单行法，并运用授权决定的形式暂停部分法律法规在长三角地区的适用，以便为长三角区域高质量发展创造更多法治空间⑥。最后，由省一级或设区的市的人大及其常委会制定调整区域发展的地方性法规，由省一级或设区的市的人民政府制定调整区域发展的政府规章。

4. 推动政府间协议法治化

各地探索区域治理的常用范式当属区域政府间合作协议，如《东北三省政府立法协作框架协议》《长江三角洲地区城市合作协议》等。与区域协同立法相比，政府间协议具有制定程序简便、效率高、弹性大等优势，政府间协议可以说已成为目前区域治理的通用政策工具，但其合宪性与合法性这一重大法律问题却不容忽视。区域行政合作协议存在"地位不明、不具有法律依据、

① 梁平，律磊. 京津冀协同立法：立法技术、机制构建与模式创新 [J]. 河北大学学报（哲学社会科学版），2019，44（2）：57-62.
② 王宝治，张伟英. 京津冀协同立法的困境与出路 [J]. 河北师范大学学报（哲学社会科学版），2016，39（5）：133-138.
③ 朱未易. 试论我国区域法制的系统性构建 [J]. 社会科学，2010（10）：87-95，189-190.
④ 谢宝剑，高洁儒. 泛珠三角区域合作的制度演化分析 [J]. 北京行政学院学报，2015（3）：16-24.
⑤ 华国庆. 我国区域立法协调研究 [J]. 学术界，2009（2）：104-110.
⑥ 罗建明. 长三角区域一体化国家战略下地方立法的思考 [J]. 人大研究，2019（5）：19-21.

缔结主体复杂、不符合立法程序等问题"①，因此，不少研究尝试为其寻找法治化出路。叶必丰教授基于宪法上的法治国家条款推导出政府的诚实信用义务也应介于政府与机关，故区域合作协议对缔结主体具有约束力，并通过组织法机制、责任追究机制、公众推动动力等对公众产生规制力②。何渊博士在其博士论文《区域性行政协议研究》中，较为系统地讨论了区域行政合作协议的缔结、批准、效力、履行和纠纷解决等问题，并建议构建以行政程序法和行政协议法为主体、以地方立法和协议条款为补充的行政协议法律制度③。

五、评析与展望：增强区域协同立法精细化研究

经过前文的梳理，这里对当前区域协同立法研究的基本格局可作如下总结：①在区域协同立法的内涵阐释方面，研究者们对区域协同立法的深度、范围以及主体存在分歧，因此在区域协同立法的含义上并未达成基础性共识。②在区域协同立法的出场理由方面，学者们主要从政策驱动、利益诱导、社会需要等维度进行了解读，认为区域协同立法是地方在区域协调发展战略的驱动下，为追求区域间共同利益以及回应区域社会需要而产生、发展的。③在区域协同立法的实践总结层面，学者们既对东北三省、长三角、京津冀、粤港澳大湾区等区域，对生态环境协同治理、区域法治、文化遗产保护等领域的协同立法经验进行了梳理，也对美国、德国、法国、日本等域外的区域协同立法实践做了比较研究。④在思考区域协同立法如何展开方面，学者们主要关注了区域协同立法应遵循的基本原则和可操作化举措，主要建议包括建立区域协同立法组织机构、完善区域协同立法工作机制、构建区域协调发展法律法规体系、推动政府间协议法制化等。

总体而言，既有研究回应了我国区域协调发展的实践需要，打开了区域协同立法研究的窗口，并已取得了一些开创性成果。但同时也应当看到，当前的研究并未充分满足实践的理论需要：进行区域协同立法研究的学者较为集中，在法学研究领域没有形成较大范围的研究态势，亦未形成完整且普遍的理论体系，这与区域经济学、区域公共治理等学科的大量成熟研究成果大相径庭。区域协同立法研究仍是一个较新的、极具探索空间的理论和实践议题，有必要从以下方面进一步深化。

---

① 肖萍，卢群. 跨行政区协同治理"契约性"立法研究 [J]. 江西社会科学，2017，37 (12)：173-181.

② 叶必丰. 区域合作协议的法律效力 [J]. 法学家，2014 (6)：1-11，176.

③ 何渊. 区域性行政协议研究 [D]. 上海：上海交通大学，2007：67-92.

第一，精细化地阐释区域协同立法的内涵。正如有的学者所言，各种类似区域协同立法等五花八门称谓的存在，主要原因还是在于"对区域协同立法的基础理论缺乏深入研究"①。首先，区域协同立法的主体有待明确。目前对主体的研究常论及的是单一的地方人大或人大常委之间、地方政府之间的协同关系，而对地方人大专门委员会、人大常委会法制工作委员会以及地方政府内设机构或部门在区域协同立法中的地位和作用缺乏研究；随着立法权的下沉，设区的市之间在理论上也具备了协同立法的可能，而对设区的市之间是否有必要开展协同立法以及如何进行协同立法尚未见理论探讨；各类市场主体、社会组织、公民有序参与协同立法所需的理论资源亦缺乏。其次，区域协同立法的事项范围需要研究。区域协同立法涉及的是区域公共事务，区域公共事务既不能触碰到中央事务，亦要为地方事务保留一定空间，故厘清区域公共事务与中央事务、地方事务之间的法律关系则显得尤为重要。

第二，深入评估区域协同立法的出场理由。可以看到，尽管目前京津冀、长三角、珠三角等区域纷纷通过合作协议的方式固化区域协同立法意愿，而事实上，各区域进行协同立法的正式成果是非常有限的。以京津冀为例，《关于加强京津冀人大协同立法的若干意见》早在 2015 年就已出台，但直到 2020 年京津冀三地《机动车和非道路移动机械排放污染防治条例》的制定，才有了"我国首部对污染防治领域作出全面规定的区域性协同立法"②。尽管学者们从中央政策驱动、区域共同利益诱导、区域社会需要等维度对区域协同立法的动因展开了理论研究，但却没有逆向思考究竟是哪些因素阻碍了区域协同立法的进程。质言之，讨论区域间各主体的合作动力时，也有必要深入考察各主体间的博弈原因，这样才能对区域协同立法的出场理由有更具实践意义的评估。例如，立法过程中信息沟通的成本和效率是否会降低协同立法的效率？地方保护主义、区域间资源竞争和官员晋升竞争等因素的存在是否会打消相关主体开展协同立法的意愿？

第三，扩宽对区域协同立法应用领域的研究。以京津冀区域为例，学者的关注更多集中在大气污染等环境保护协同立法领域。虽然早在 2015 年出台的《京津冀协同发展规划纲要》就已提出，推进交通、生态环保、产业三个重点领域率先突破。但交通一体化、产业转移合作领域的立法协同明显滞后于生态环境保护领域，学者们对这些问题的关注也较少。随着区域协调发展的深化，

---

① 刘松山. 区域协同立法的宪法法律问题 [J]. 中国法律评论，2019（4）：62-75.
② 5 月 1 日起，京津冀三地将对排放超标车辆协同监管 [EB/OL]. [2020-4-27]. http://m.news.cctv.com/2020/04/27/ARTIU9l34r55563rxPlOPpeT200427. shtml.

有必要对一些区域间重点领域的协同立法问题加强研究。例如，在跨区域公共卫生服务和应急体系一体化建设的现实需要下，对其中所需的法律机制展开研究则是一项极具现实意义的课题。

第四，理性借鉴域外区域协同立法经验。当前关于区域协同立法域外经验的研究，以美国州际协定、欧盟立法为主，缺乏对单一制国家结构形式下地方立法机关进行立法合作的系统性研究。国家结构形式在很大程度上决定了一国的立法体制，适宜联邦制国家的立法制度，并不一定适合于单一制国家。以被国内理论研究广泛推崇的美国田纳西河流域协同治理模式为例，其成立的田纳西河流域管理局不仅是一个具有立法权、执法权的行政机构，还是一个独立经营的公司实体，兼具社会服务和利益追求两种功能。而这样一个协调政府、社会和市场各方利益的政府公司恐不适应我国国家机关组织体系。因而，更理性的进路是在对联邦制和单一制结构下的域外制度进行充分比较的基础上，立足于我国立法体制及当下实际，对域外相关制度中的立法理念、具体机制、立法技术等制度细节进行有针对性的学习、借鉴。

第五，细化对区域协同立法可操作性举措的思考。关于区域协同立法如何展开，学者们从宏观的原则到具体的举措都做了研究，但不少举措研究的深度和广度并不足。例如，有学者提出应制定《区域协调基本法》《区域开发法》，而对如何构建起这些区域协调发展基本法所需的法律原则、法律制度等却缺乏进一步的思考。再如，一直以来，区域政府间协议都是区域协调发展治理的重要机制，故学者提出要推动政府间协议法制化，但却并未述及由此带来的政府间协议与现行法制体系之间的衔接、政府间协议的备案和审查等问题。此外，区域协同立法的具体举措研究尚不够全面，如缺乏对协同立法中的利益协调机制、监督机制、立法完善机制等关键问题的必要讨论。

第六，扩展对区域协同立法可能困境的研究。例如，区域协同立法对我国政治体制和法制体系可能产生哪些影响？中央如何引导各区域间协同立法的开展？区域内各主体之间出现重大利益纠葛或意见分歧时，上级党委或政府如何进行协调？区域协同立法导致区域内地方立法文本框架和内容的趋同，冲淡了地方立法的特色，这一问题该如何解决？地方立法主体是否会依赖"集体行动"的区域协同立法而放弃地方立法创新？对于这些实践性难题，我们并没有充分的理论预案予以应对。因此，有必要对区域协同立法可能存在的困境进行预判性评估与讨论，以便当实践中出现此类问题时，党和国家可以充分应对。

政法机关保障服务万达开川渝统筹发展示范区建设研究

魏雪峰①

内容摘要：中央财经委员会第六次会议专题研究部署推动成渝地区双城经济圈建设，四川省委第十一届七次全会提出支持达州先行创建万达开川渝统筹发展示范区，达州市委第四届九次全会对"示范区"建设作出全面安排部署。建好"示范区"是达州面临的重大历史机遇，也是自上而下的重大政治责任。政法机关是政治机关，是党和人民的"刀把子"，务必提高政治站位，发挥职能优势，主动担当作为，因势而谋、应势而动、顺势而为，全方位全领域保障服务万达开川渝统筹发展示范区建设，为推动川东北和渝东北地区一体化发展、高质量发展提供法治保障并贡献政法力量。

关键词：服务保障；万达开；示范区

一、政法机关保障服务跨区域经济合作的背景和挑战

政法工作与经济社会发展始终同频共振、密不可分。随着万达开川渝统筹发展示范区建设这一国家战略的深入推进，对万达开三地政法工作提出了新要求、新挑战，也为深入推进平安建设、法治建设，全面提升政法工作现代化水平提供了重要契机。政法机关要毫不动摇把党的绝对领导作为新时代政法工作的根本保证，增强"四个意识"，坚定"四个自信"，做到"两个维护"，加快推动政法工作同面临的新形势相匹配，同万达开川渝统筹发展示范区建设的新需要相适应，同广大人民群众对政法工作的新期待相契合。

---

① 魏雪峰，中共达州市委政法委常务副书记。

（一）跟进服务保障展现政法机关敏锐的政治自觉

建设成渝地区双城经济圈、创建万达开川渝统筹发展示范区是习近平总书记着眼"两个大局"和长远发展亲自谋划、亲自部署、亲自推动的国家重大区域发展战略。面对经济发展及社会治理变革，政法机关必须体现敏锐的政治自觉，先行跟进保障服务，保驾护航，才能确保政治立场、政治方向、政治原则、政治道路与习近平同志为核心的党中央保持高度一致①。面对重大的政治责任、历史机遇和发展使命，三地政法机关在保障服务示范区建设过程中必须强化"一盘棋"思想、优化"一体化"布局，做到系统谋划、统筹联动、同向发力，切实提升万达开三地政法工作一体化水平，为合力保障服务万达开川渝统筹发展示范区建设提供坚实的政法保障。

（二）提供司法支撑呈现政法机关前瞻的法治属性

实践证明，国家战略的实施涉及政治、经济、文化、社会、生态文明方面，是多领域、全方位的，发展和改革意味着利益格局的重塑，从辩证的角度看，必然伴随或衍生一定的社会矛盾。随着示范区建设战略的深入实施，一系列政策措施落地，一揽子项目工程实施，三地人流、物流、资金流、信息流等将加速汇聚流通，大量新技术、新产业、新业态将加快成长，一些重大项目投资规模大、施工时间长、涉及范围广，因征地补偿、拆迁安置、工程施工等问题可能引发一些新的社会矛盾、纠纷案件，加之人民群众对平安建设、公平正义提出了更高的要求，法治需求呈现出多样化多层次、多方面的特点，政法机关提供司法支撑的涉及领域更广、标准要求更高，政法机关必须立足示范区建设法治实践需求通盘思考谋划，围绕营造公平正义、共建共享安全格局的目标，主动延伸保障服务链条和触角，主动对接跟进重大政策、规划、项目实施，通过制度保障、机制调试、个性帮扶等方式，推进保障服务从边界协作向全域协作转变，从单方面配合向全方位协同转变，从单个案事处置到形成体系转变，切实增强司法支撑的主动性、前瞻性、精准性。

（三）稳定发展环境彰显政法机关主动的使命担当

四川、重庆两省（市）高度重视，万达开三市（区）倾力打造万达开川渝统筹发展示范区，目的在于打造一个发展"样板"，推动万达开在跨省（市）乃至在全国的战略位势显著提升、战略空间延伸拓展、战略潜能充分激发、战略格局深刻改变。政法机关必须围绕中心、服务大局，善于借力借势，

---

① 孙航. 周强在最高人民法院贯彻落实全面深化司法体制改革推进会精神专题视频会议上强调 全面落实司法责任制 统筹推进人民法院司法体制综合配套改革［J］. 人民司法（应用），2018（22）：2.

主动适应新时代发展需要，畅通要素流动的法治保障措施，充分发动基层组织和社会力量共同参与平安建设和法治建设，发挥好科技支撑、机制创新的积极作用，运用现代化、智能化的方式手段，加强社会治安治理，深入推进扫黑除恶专项斗争，全力做好矛盾化解，着力构建示范区优质高效的服务环境、安全满意的治安环境、公平正义的法治环境、和谐稳定的社会环境，为构建新发展格局增添法治底色。

（四）建设专业队伍体现政法机关坚定的人民立场

发展为了人民、发展依靠人民，持续提升人民群众安全感、获得感、满意度是政法工作的目标，必须要有"四化"人才队伍作支撑。随着示范区建设深入推进，成达万高铁、西达渝高铁将同时在达州、万州形成十字交会，万达开将作为内陆开放战略高地，作用日益凸显，对外开放新格局加速形成，各类民商事、公益诉讼等案事件将大量产生。达州人口多、基础弱、底子薄，社会治理难度相对复杂，加上政法智能化建设滞后，政法干部无法快速适应新形势变化，对标差距补短板日显紧迫，政法干部素质在整体上还有差距，万达开川渝统筹发展示范区可以发挥三地政法资源优势，搭建合作平台，拓展合作领域，创新合作形式。在执法司法、市域社会治理、公共法律服务、政法改革领域、队伍培训提升等领域加强合作，强化政法干部"四化"政法队伍建设，推进平安达州、法治达州、善治达州建设迈向更高水平。

二、政法机关保障服务跨区域经济合作的实践和探索

近年来，达州市政法系统聚焦服务保障中心大局，主动加强与重庆方面万州、开州、梁平、城口、渝北、垫江等地的交流协作，为万达开川渝统筹发展示范区建设提供了坚实的政法保障。

（一）推进机制创新，积极探索协作新路径

建立常态化、长效化的协作机制，持续深化交流合作，实现信息及时沟通、资源有效整合、成果充分共享的良性互动：

一是健全沟通联系机制。市委政法委充分发挥牵头抓总、统筹协调、督促落实作用，务实推进法院、检察院、司法行政机关、公安、国家安全等对口协作。2020年6月以来，万达开三地政法系统多频次组织召开万达开政法协作会议，签订《关于提升区域一体化政法工作协作水平服务保障万达开川渝统筹发展示范区建设框架协议》以及系列的配套协议，初步搭建起"1+N"协作框架。

二是健全执法司法协作机制。着力加强执法办案协作联动，不断提升区域执法司法一体化水平。在四川、重庆政法机关的大力支持下，达州钢铁集团及其所属遍布川渝多地的 14 家子公司一并纳入司法重整范围，成功引进战略投资者，开四川大型民营企业破产重整之先河，企业生产经营焕然一新，职工工资福利大幅提升，搬迁改造项目顺利推进，被评为"2020 年四川省法院十大典型案例"和"达州市十大法治事件"。围绕生态保护等领域，通过制发司法建议、协同办理公益诉讼、共同推动行政执法等措施，持续筑牢长江上游生态屏障。召开对口部门"小范围"座谈会，推动建立"附条件不起诉监督考察""明月江上游生态环境保护""跨界污染协同治理"等点对点业务联动机制。2020 年，共办理跨区域或流动型犯罪案件 33 件，配合移送相关案件线索 14 件；开展执行事务协作互助，执行调查和送达 4 件，接受委托执行调查和送达 3 件；办理侵害企业权益、涉企民事监督案件 14 件，共同发布民营经济典型案例 5 件，组织公开听证、释法说理 3 次，基本建成统一的执法司法协调和指挥机制。

三是健全资源共享机制。推动三地政法系统信息网络有效对接，在线索移送、案件信息共享、诉讼服务、调查取证、文书送达、财物处置等方面互相提供支持。在毗邻接壤区域联合打造标志性、综合性、示范性的万达开法治宣传教育阵地。推动警务资源一体化共享，联通共享数据信息、共建共用设施装备、协作培养警务人才、开展区域警务发展战略研究，构建数据聚合、装备整合、人才融合的常态联动新机制。加强重点信访人联合劝返机制建设，在达州火车站、万州港码头等实行外派工作人员共用、情报信息共享。达州常驻无锡的两名民警同时协助万、开两地开展外流贩毒整治工作。创新推进路地联防联控，在重要部位推进"雪亮工程"+IP 音柱等技防设施建设，切实保障区域老旧铁路安全。

（二）抓实工作载体，拓展协同发展新空间

坚持政法工作围绕中心、服务大局的鲜明导向，共同推动政法协作向更大范围、更广领域、更高水平迈进。

一是优化政法服务供给。推动政务服务一体化融合，协同推进户籍迁移便利管理、车驾管便民服务、道路交通安全管理、出入境管理等政务服务的标准趋同、手续材料趋同、流程环节趋同、服务方式趋同，三地群众在跨区域办理出入境证件时限方面，由原来的 20 个自然日缩短至 7 个工作日。在深圳、东莞、惠州等地设立异地法律服务援助站，有效解决万达开等地在外农民工异地维权难、成本高的问题。成立万达开"法治建设共同促进委员会"，下设争议解决中心、法治交流中心、执法保障中心，形成"1+3"工作联动模式。建立

"万达开统筹发展示范区"商事调解中心、仲裁中心。探索建立外商和民营企业投诉处理协作机制，在商会、协会、园区管委会建立民营（外来）企业投诉服务工作站。

二是协同推进社会治理。达州市坚持和发展新时代"枫桥经验"，创新"1+6"蜂巢式社区治理模式，即以党建引领为核心，基层自治组织、社会组织、驻社区单位、志愿者队伍、乡贤达人、村（居）民6大主体共同参与，大力推行"有事请找我"工作机制，打通联系服务群众"最后一公里"。探索推进全域全科网格治理模式，创新推行社会治理"六个一"工作法（一个联动平台、一张综合网格、一份考评办法、一套运行机制、一支专业队伍、一条受理渠道）和"231"城乡基层治理工作机制（以党员双报到和志愿者服务两条路径，着力夯实群众自治、矛盾化解、治安防控三层基础，实现城乡基层社会治理现代化），推动形成共建共治共享的社会治理新格局，努力实现"小事不出村、大事不出乡、风险不外溢、矛盾不上交"。疫情期间，创新推出政法机关战疫"三防三治"（群防群治、联防联治、自防自治）工作法，在全国范围内喊响"疫情不退，我们不退"的战斗口号，得到中央、省委政法委肯定。全面落实六稳、六保举措，依法处置涉疫警情、案件，全力保障复工复产。协同办理的铜钵河水体污染行政公益诉讼案件，获评长江六省公益诉讼典型案例。通川区小北街"智慧社区"治理经验被评为四川省政务大数据应用赛十佳案例。

三是统筹重大案事件处置。加强万达开地区平安边界管理，协同推进边界公安检查站一体化建设，携手维护川渝边界区域和谐稳定。加强对跨区域特别是毗邻地区发生的互涉重大案事件的统筹协调，严格落实依法办理、舆情引导和社会面管控"三同步"工作原则，务实推进在重大活动、敏感节点安保维稳指挥协调、方案对接、力量配备等方面的合作和协调联动，不断加强跨区域违法犯罪案件的情况互通、线索互查、技术互助，推动实行首接首办、精准打击、联合侦办，实现对犯罪的一体化打击。推动重大行动一体化处置，加强三地对敌斗争协作，加大三地联合打击力度，在信息互通、情报共享、反恐防暴、活动安保、人员稳控、执法办案等方面开展合作100余次。与重庆梁平等地联合开展森林防灭火专项整治和森林扑火演练，切实做到区域有界、防火无界。

（三）强化支撑保障，打造政法协作新典范

达州市健全推动落实机制，加强信息科技和法治人才保障，务实推进协作事项落地落细，打造政法区域协作典范。

一是强化科技支撑。制定《达州市政法智能化五年规划》，提升政法工作智能化水平。推动三地信息化查控及执行网络有效对接，构建司法执行协作平台，开展跨区域执行调查和送达执行文书4件，接受委托执行调查和送达执行文书3件。加强区域重大疫情和突发公共卫生事件数据共享。

二是强化人才支撑。围绕营造市场化法治化营商环境目标，加快专业化精英化干部队伍和法律人才培养。联合发布民营经济司法保护典型案例，不断提高统筹运用政法资源服务政法人才培养的能力水平。组织开展《中华人民共和国民法典》读书沙龙、重大犯罪案件专题剖析、万达开公益保护座谈等活动3场次，寄送内部期刊45册、业务动态31期。达州市中院1名业务骨干赴万州交流任职。

三是强化项目支撑。按照"工作项目化、项目责任化、责任具体化"原则，把项目建设作为关键抓手和重要载体。推进涉案财物管理中心建设，预算投入7 600万元，全面升级综治中心和涉案财物管理中心市级平台。参照政务中心模式，推进设置正科级县（区）社会治理中心，构建"1信访超市+2信箱+2庭+4室+8调委会+12中心+23窗口"的多元联调平台，提供矛盾调解、法律援助、劳动仲裁、诉讼服务、信访调处"五位一体"解纷服务，实现"只进一扇门、最多跑一地"。预算投入4.5亿元升级改造"智慧化"安防体系，奋力争创全国社会治安防控体系建设示范城市。

三、政法机关保障服务跨区域经济合作的问题和短板

当前，三地部分政法机关与服务保障示范区建设的新任务和人民群众的新期盼相比，还存在一些与新形势不相适应的问题和短板。

（一）体制机制尚未健全

从行政层级看，万达开三地行政级别不对等给三地政法机关的对等对口协作带来了一定影响，万州、开州在行政级别上与达州市一致，但是在具体业务协作上与达州下辖的县（市、区）更为"对口"，这种错位一定程度上影响了整体协作推进进度和实效，导致一些地方仍然停留在"碎片化"协作、"应急式"响应，没有形成整体联动的工作格局。从法律政策来看，川渝两地政法机关在一些执法司法政策和法律适用标准上存在一定差异，对案件性质也可能存在认识上的不一致，容易产生同案不同判、同事不同罚的现象。从具体实践看，个别地区协作交流机制不畅，还存在各自为战的现象，甚至还有管辖不明、互相推诿、争抢案件的情况，可能造成执法司法资源浪费，更不利于案件的及时侦破。

（二）协作领域有待拓展

从党委政法委系统来看，三地签署了合作框架协议，但许多措施尚未真正落实，对政法单位的协作缺乏有力的统筹和督导考核手段。从法院系统来看，三地在执行事务协作、跨区域诉讼服务、典型案例发布进行了较为深入的合作，但在执行和送达之外的领域合作较少，停留在基础性工作层面。从检察系统来看，三地在推进司法尺度统一、案件移送和证据互认等方面合作广泛，但在办理附条件不起诉、生态环境资源保护、重大敏感犯罪案件等方面还存在堵点问题。从公安系统来看，三地在涉稳情报信息互通、应急合成演练、联合巡逻等方面取得实效，但警务合作大多局限于个案办理，在联合打击跨区域犯罪、串并案侦查、基础业务交流等方面尚未全面展开。从司法行政系统来看，三地在争议解决、法治宣传等方面进行了积极探索，在共同推进法治建设、公共法律服务、法律人才交流等方面存在较大的合作空间。

（三）能力建设还有短板

主观上，少数政法单位的领导干部政治站位不高、大局观念不强，没有站在战略全局高度来认识把握服务保障示范区建设，导致工作定位不准、责任担当不够。有的地方工作主动性积极性不强，精神上仍没有紧起来、动起来，存在坐等观望心态。有的地方对贯彻落实研究思考不够深入，在创新工作载体、统筹资源力量上办法不多。客观上，随着三地经济社会交流合作不断加深，各类矛盾案件总量将持续增长，案多人少问题会进一步凸显，但现有的民警队伍数量少、年龄结构不合理、知识储备老化、能力水平不足，特别是对新形势研判不足，对新技术掌握不够，在应对处置新类型案件时存在"本领恐慌"现象。目前，全市每万人口拥有律师数仅为 0.89 人，法律专业人才还远不能满足现实需要。

（四）协作实效尚未充分显现

前期，万达开三地各政法单位认真谋划和推进协作，许多单位签署了对口合作协议，取得了积极成效，特别是在一些涉及跨区域案事件的处置上，取得了诸多成果，受到中央、省有关领导的肯定。但是，也要清醒地认识到，三地政法领域的协作还存在一些问题和不足，表现为：大多没有成立专门的统筹协调机构和专职人员，不同程度地存在信息交流层次不深、沟通不畅、反馈不及时等问题，一些地方协作的重点不够突出，一些协作仍然停留在文件上，协作举措没有真正落地落实，种种因素导致协作成效尚未充分显现，需要引起高度重视，加快推动解决。

四、政法机关保障服务跨区域经济合作的对策和建议

全市政法机关要坚持以习近平新时代中国特色社会主义思想为指导，切实突出抓好维护国家政治安全、防范重大风险等重点工作，立足政法职能谋服务保障，通过服务保障促经济发展，切实做到"重大项目建设到哪里，服务保障就跟进到哪里"。

（一）在创新社会治理上发力，实现管用经验长效化

互学互鉴市域社会治理成功经验，携手推动三地在社会风险防控、治安防控体系建设、矛盾纠纷多元化解等领域联动联治，联手打造"万达开平安建设示范区"。

一是把风险防范作为社会治理的关键抓手。牢固树立总体国家安全观，全面加强国家安全人民防线建设，切实加强三地重点部位防范保卫整体联动和涉政重点人的联合管控。加大对示范区建设过程中的重大产业、重大工程、重大项目社会稳定风险评估力度，对重大案件、重大纠纷、重大涉众利益诉求问题提前介入，推动风险防控由被动向主动转变。建立突出风险隐患共享数据库，健全完善跨区域安全稳定协作机制，稳妥化解毗邻地区投融资领域、工程建设领域等其他重点行业引发的各类突出矛盾和互涉重大案事件，及时消除"三跨三分离"的信访处突问题、影响示范区建设的重大涉稳风险隐患。全面加强重大活动、敏感节点安保维稳指挥协调、方案对接、力量配备等方面合作和协调联动。

二是把人民群众作为社会治理的重要依托。共同搭建社会治理经验集成交流平台，健全先进经验互学互鉴机制。坚持发动群众、组织群众、依靠群众，着力完善人民调解、行政调解和司法调解联动工作体系，加强诉非衔接、检调对接、公调对接、访调对接，做细做实诉源治理。建立矛盾纠纷协同排查、协作调解机制，建立健全跨区域矛盾纠纷联合调解模式。完善人民群众参与基层社会治理的制度化渠道，更好地发挥人民群众在社会治理中的主体作用，广泛凝聚社会多元力量参与社会治理，有效提升社会治理效能和居民幸福指数。

三是把群众满意作为社会治理的价值追求。发挥绩效评估对推动改进社会治理的导向和激励作用，建立科学合理的社会治理政府绩效评估指标体系和评估机制。聚焦人民群众最急、最忧、最盼的紧迫问题，围绕重点行业领域，全方位提供法治保障。运用法治手段开展不孝行为等专项治理，切实发挥制度和法治在生态文明建设中的硬约束作用，联合制定跨区域生态环境保护的具体规划，不断强化生态环境保护的地方立法工作，联合打击跨区域破坏生态环境犯

罪，联合开展跨流域地区生态环境公益诉讼，共同筑牢大巴山、明月江流域重要生态屏障。联合举办中小学校园安全治理论坛，深入推进校园及周边乱象治理。

（二）在执法司法实践上聚力，实现执法办案一体化

坚持执法司法围绕中心、服务大局的鲜明导向，着力加强三地执法办案协作联动，不断提升区域执法司法一体化水平。

一是促进法律适用标准统一。全面梳理政法部门执法司法政策和法律适用标准，协同建立统一的标准体系，统一政法部门执法尺度，避免出现"一地一政策""一地一标准"的现象。加强法律适用标准的沟通协调和业务研讨，建立促进法律适用统一的互动交流机制，完善不统一问题的发现汇总、协调研判、意见反馈等工作机制，联合发布会议纪要、执法司法白皮书、参考性案例，及时传递法律适用规范性文件。完善案事件侦（调）查、起诉及法律监督、审判执行和司法行政管理等实体及程序标准，最大限度做到"类案同处"①。大力推广使用"公安行政处罚均衡量罚系统"，规范公安行政执法自由裁量标准，推进三地公安案事件"同事同罚、同案同罚"。

二是建立健全协作机制。采取会议协商、信息交流等方式，及时或定期通报相关信息，建立跨区域案件线索移送机制和管辖争议解决机制。共同协商解决有管辖争议的案件，对属于对方管辖的案件线索，及时移送有管辖权的政法单位。加大异地执行协助力度，建立完善统一的执行协调和指挥机制，完善跨区域执法司法联动机制，加大诉讼服务、调查取证、文书送达财物处置等方面互相支持的力度，提供对等高效的协作配合。加大区域失信被执行人信用监督、警示和惩戒等工作，合力推进"基本解决执行难"。

三是加大执法司法保护力度。加强执法司法服务保障力度，定期联合开展整治行动，坚决查处一批社会影响大、社会危害大的案件②。协力维护交通物流秩序和信息及重要基础设施等的安全。依法严厉惩治危害金融安全和金融创新犯罪，依法妥善办理跨区域非法集资案件。加大产权和企业家合法权益保护力度，依法妥善审理涉经济圈建设的各类商业贸易、融资服务、合作经营涉公司诉讼和股权交易等纠纷，积极营造良好的营商环境。

（三）在公共服务协同上用力，实现服务群众同城化

不断深化"放管服"改革，创新政法公共服务形式，积极促进区域法律

---

① 刘海. 长三角平安"朋友圈"都"聊"点啥？［N］. 上海法治报，2018-05-29（5）.
② 赵文. 提高执法司法"同城"效应［N］. 四川法治报，2020-06-17（3）.

服务共建共享，推进三地政法公共服务同城化，努力打造"法治建设示范引领区"。

一是协同推进区域法治建设。深化三地在行政立法、行政执法、法治政府建设等方面的协作，联合举办万达开区域法治论坛，深化学术交流、加强研究成果转化，共建"万达开川渝统筹发展示范区建设法治人才库"，持续强化示范区建设的法治理论、法律人才支撑。加强法治宣传合作，打造万达开法治宣传联盟，联合开展以协同发展为主题的法治宣传活动。

二是优化公共法律服务供给。加强三地跨区域公共法律服务协作，强化司法鉴定、公证、仲裁、调解、法律援助等领域交流合作，为群众提供综合性、便利性、多元化的法律服务。推进接壤地区公共法律服务中心（站、点）服务功能双向延伸①。建成三地法律服务联盟，推动三地律师事务所协作互助，打造特色律所品牌。推动三地共建法律服务案例库，实现公共法律服务数据共享共用。联合组建专业法律服务团队，探索律所党建交流合作、律师成长平台共建、法律事务研讨、法律援助案件办理会商、信息联合共享等机制，为成达万高铁、西渝高铁、达万铁路扩能改造等重大项目提供一站式法律服务。

三是健全政法领域政务服务体系。深化公安、司法行政"放管服"改革，探索建立三地联通的三级政务管理服务体系，实现管理服务"同城化"，通过简政放权、放管结合、优化服务的持续深化，共同为示范区建设打造便捷高效的政务环境。建立健全居住证信息和流动信息共享机制，探索推进居住证互通互认，促进三地流动人口社会融合，增强流动人口归属感。推动道路交通安全管理同步联动，建立交界区域道路交通安全隐患联合整治、交通肇事逃逸案件协作侦办、交通安全事故协同救援机制②。

（四）在政法资源共享上借力，实现信息集成高效化

以更加开放的心态推进政法数据资源共享共用，切实发挥资源整合优势，推进三地实现优势互补、共同发展。

一是打造信息资源共享平台。整合分散在各单位的政法信息资源，联合建立万达开政法信息资源共享平台。制定政法机关信息资源共享和网上协同办案实施细则，建立数据交换机制，提供信息共享服务，有效打通电子信息共享通道，实现三地政法机关之间在授权范围内的数据交换和信息共享，促进跨部门、跨区域的业务协作。

---

① 赵文. 提高执法司法"同城"效应［N］. 四川法治报，2020-06-17（3）.
② 洪继东. 主动服务成渝地区双城经济圈和成都都市圈建设 加快建设成都都市圈北部中心［N］. 成都日报，2022-01-12（2）.

二是加快推进政法智能化建设。加快推进三地"天网工程""雪亮工程""慧眼工程"建设，有效推动三网融会贯通，实现信息资源实时共享共通。大力推广大数据智能辅助办案系统应用，规范案件证据指引标准，实现案件线上线下同步推进办理。优化整合三地执法司法领域科研资源，推动5G、人工智能、大数据、云计算、区块链等现代科技在执法司法领域的深度应用，不断提升三地政法智能化一体化建设水平①。

三是强化政法资源共享保障。遵循"谁提供、谁授权、谁管理、谁负责"的原则，积极组织共享信息资源，提供信息服务。建立健全资源共享机制和信息安全制度，严格落实网上办案规定，坚持自主可控、分级分域保护和授权访问，完善安全保护措施，加强安全保密管理，确保信息安全。加强信息资源共享的人才保障，严格人员管理，落实资源共享责任。

四是提升政法资源利用率。大力推进互联网信息技术在打击犯罪、治安防控、执法办案、司法改革、舆论引导等各项工作中的深度应用。把大数据手段充分运用到打防管控、执法司法、服务管理、队伍监督等领域和环节②。优化整合三地执法司法领域资源，推动"天网工程""雪亮工程""慧眼工程"三网有效融合，进一步推动设施互联、数据开放、资源共享和地区部门联动，不断提高政法工作智能化水平。

（五）在政法队伍建设上助力，实现培训教育常态化

准确把握新时代政法队伍建设规律特点，坚持以革命化、正规化、专业化、职业化为方向，建设一支党和人民信得过、靠得住、能放心的巴山政法铁军。

一是持续推进革命化建设。成立三地政法系统党建联盟，促进三地政法机关党建工作优势互补、相互协作、共同推进，着力推动政法干部在新时代彰显新作为。联合开展新一轮三年全覆盖政治轮训，着力加强思想理论、革命传统、先进典型和反面警示教育，引导广大政法干警坚定理想信念、坚守初心使命。切实深化"以案示警、以案明纪、以案促改"警示教育活动，精心实施"一把手"政治能力提升计划，建立政治能力培训和实践锻炼机制，健全政治督察、"政治体检"制度，引导干警以实际行动彰显政治本色。

二是持续推进正规化建设。健全党委政法委纪律作风定期分析、督查巡查机制，通过交叉检查形式扎实深入开展政法队伍教育整顿，综合运用司法巡

---

① 赵文. 提高执法司法"同城"效应［N］. 四川法治报，2020-06-17（3）.

② 罗超. 借"临沂经验"，贵州探索大数据+雪亮工程融合治理新模式［J］. 中国公共安全，2019（9）：110-116.

查、检务和警务督察等方式推动纪律作风持续好转。健全违纪违法典型案件定期通报制度，落实政法机关党风廉政建设联席会议制度，完善党委政法委与纪检监察机关工作会商、信息联动机制。健全政法领导干部轮岗交流制度，抓实市、县政法机关任职满 5 年的领导人和重要副职异地交流任职，落实重点岗位定期轮岗制度。

三是持续推进专业化建设。联合举办"万达开政法大讲堂"，健全教、学、练、战一体化培训机制，不断提升实战本领。分系统分层级制订政法队伍培养培训计划，举办乡镇（街道）政法委员、政法干警、政法网格员等专题培训班，全面落实青年干警"导师制"，逐步培养一批新时代政法工作业务骨干、中坚力量。建立健全政法系统横向交流、纵向挂派等干部培养锻炼机制，进一步丰富干部锻炼渠道。积极争取两地党委政法委和教育部门支持，争取设立省级社会治理研究院，强化三地政法领域课题合作调研，努力创建全省社会治理人才培养基地、理论研究高地和经验孵化中心，打造全国一流的社会治理研究院。

四是持续推进职业化建设。探索建立干警依法履职免责和容错纠错制度，健全履行职务受到侵害保障救济机制、不实举报澄清机制等，制定出台政法先进典型激励办法，做大做强政法新媒体、粉丝群，全方位展示政法干警时代风采，营造"干字当头、快字为先"的干事氛围。加强服务保障示范区建设的政法人才培养，建立区域政法人才库和专兼职师资队伍，积极推进统一培训、跟班学习、互访交流，实现人才资源互通互融。制定三地专业化执法司法人才联合培养规划，探索三地执法司法岗位人员异地挂职锻炼①。

---

① 赵文. 提高执法司法"同城"效应 [N]. 四川法治报，2020-06-17 (3).

成渝地区双城经济圈警务
合作机制的制度构建

董小伍　叶瑞滢①

内容摘要： 2013 年 5 月，习近平总书记来川视察时提出坚定不移抓好发展这个第一要务、切实维护社会和谐稳定等五项重点任务。2018 年 2 月，习近平总书记来川视察并发表重要讲话，明确提出推动治蜀兴川再上新台阶的总体要求以及着力推动经济高质量发展等"五个着力"重点任务。同时明确指出推动成渝地区双城经济圈建设，在西部形成高质量发展的重要增长极，打造内陆开放战略高地，对推动高质量发展具有重要意义。如何服务保障成渝双城经济圈建设也成为一项重要的工作，本文以广安市公安局广安区分局为例，就公安机关对服务成渝经济圈下的区域警务合作机制建设进行了探讨。

关键词： 治蜀兴川；成渝地区；区域经济；区域警务

一、成渝地区双城经济圈区域警务合作机制的动因与必要性

（一）成渝地区双城经济圈区域警务合作机制的动因

2021 年 10 月，中共中央、国务院印发《成渝地区双城经济圈建设规划纲要》（以下简称《规划纲要》）明确指出，成渝地区双城经济圈建设要强化公共服务共建共享，以更好满足人民群众美好生活需要为目标，扩大民生保障覆盖面，提升公共服务质量和水平，不断增强人民群众获得感、幸福感、安全感②。公安机关作为维护国家安全、保障社会秩序、实现社会管理的公权力机

---

① 董小伍，广安市公安局广安分局办公室副主任；叶瑞滢，西南财经大学法学院民商法学专业硕士生。
② 周跃辉. 加快推动成渝地区形成有实力、有特色的双城经济圈：《成渝地区双城经济圈建设规划纲要》解读 [J]. 党课参考，2021（22）：55-71.

关，在保障成渝地区双城经济圈建设，维护两地人民发展利益，增强两地人民群众获得感、幸福感、安全感中发挥着不可或缺的作用。中国人民公安大学李侠老师在《我国区域警务合作机制现状与思考》一文中指出，区域警务合作是指相邻或相关的省市县公安机关依据一定的协议和章程，相互协助，资源共享，建立全方位、多层次、一体化的警务合作模式，意在最大限度地消除地区间、警种间、部门间的分割和壁垒，杜绝地方保护主义和推诿扯皮等现象，共同有效维护区域社会治安环境①。

目前我国已经形成了东北地区、环首都地区、西北地区、泛西南地区、苏浙皖沪地区、中部五省地区、泛珠三角地区七大区域警务合作机制②。七大区域警务合作机制普遍存在以下特点：地理位置上地域接近；经济一体化程度较高；存在服务区域经济发展的现实需要；社会、人文历史等地缘性特征趋同，社会开放性、流动性、交融性特征明显；存有联合主体共同定制，并达成一致共识的区域警务合作框架协议；区域警务之间信息共享、资源调配、合理管控等区域安全综合治理效果较好等。成渝两地一直被外界称为"同胞兄弟"，有着许许多多的相似之处，作为西部地区高质量发展的重要增长极，随着《规划纲要》的出台，探索区域警务合作机制是保障成渝地区双城经济圈建设的现实需要，是新形势、新问题下公安机关应对风险挑战的必然要求，也是实现公安机关合作凝聚力量、合作创造共赢的正确选择。

（二）区域警务合作机制是响应国家规划的战略要求

为化解我国区域经济发展的不平衡、不充分问题，在党中央的坚强领导下，我国推行了东部地区率先发展、西部大开发、振兴东北老工业基地、促进中部崛起等区域协同发展战略。2016 年 3 月《中华人民共和国国民经济和社会发展第十三个五年规划纲要》（以下简称《"十三五"规划》）指出我国区域协同发展可以概括为以区域发展总体战略为基础，以"一带一路"建设、京津冀协同发展、长江经济带发展为引领，形成沿海沿江沿线经济带为主的纵向横向经济轴带，塑造要素有序自由流动、主体功能约束有效、基本公共服务

---

① 李侠.我国区域警务合作机制现状与思考［J］.北京人民警察学院学报，2012（4）：59-64.

② 赵步速，佟国忠.京津冀公安教育协同发展战略构想［J］.河北公安警察职业学院学报，2017，17（3）：68-72；徐承，唐嘉国.推进警务合作纵深发展和实效发挥之研讨：以泛西南地区为例［J］.公安研究，2012（11）：13-18.

均等、资源环境可承载的区域协调发展新格局①。2020 年出台的《成渝地区双城经济圈建设规划纲要》也明确指出，要强化公共服务共建共享，健全应急联动机制，健全公共安全风险防控标准和规划体系，唱好"双城记"共建经济圈，合力打造区域协作的高水平样板。因此，从国家发展战略规划上看发展区域经济，强调区域间的协同促发展、协同共治理②。区域警务合作机制作为探索建立区域间的协调、协作发展模式的重要组成部分，响应了国家发展战略规划，能够为长江经济带和成渝地区双城经济圈的建设发展贡献区域警务力量。

（三）区域警务合作机制是成渝地区双城经济圈建设的现实保障

成渝地区双城经济圈规划区域之间地域接近，地缘性特征趋同，经济结构呈现互补形态，政治、经济、文化等交流和发展上呈现相互交融、相互渗透的一体化发展格局。随着成渝地区双城经济圈的建设发展，以上规划区域内，各地之间联系将更加紧密，生产要素间的流动将日益加快，人员往来会更加频繁，各个领域的活动也将明显增多③。与此同时，各种社会矛盾之间的关联性、复杂性、交融性程度也将明显增强④。仅仅依靠一个地区、一个部门、一个警种往往难以做到有效防范、有效打击、有效维护，特别是在政务服务、社会治安、打击犯罪、执法办案、警务资源等方面存在许多共性的问题，都需要区域警务一起协同解决。

面对新形势、新任务、新要求、新挑战，需要区域公安机关通过契约的方式使合作常态化、规范化、信息化。突破传统的行政藩篱，立足社会现实，从促进区域经济发展需要的大局出发，合作各方整合资源、协同行动，形成稳定而可持续的警务战略合作关系⑤。实现区域警务高效联动，为成渝地区双城经济圈建设提供现实保障。

---

① 王哲. 区域协调发展也是新动能 ［J］. 中国报道，2016（4）：26-28；刘玮，李逸飞，李静. "十三五"时期中国区域经济学热点问题的研究动态 ［J］. 区域经济评论，2016（4）：121-127.

② 周跃辉. 加快推动成渝地区形成有实力、有特色的双城经济圈 ［J］. 党课参考，2021，265（22）：55-71.

③ 李春生. 公安教育训练区域协调发展问题研究 ［J］. 公安研究，2011（9）：5-13，52；王吉平. 健全完善西北区域警务协作机制的实践与思考 ［J］. 公安研究，2012（1）：40-44.

④ 王吉平. 健全完善西北区域警务协作机制的实践与思考 ［J］. 公安研究，2012（1）：40-44.

⑤ 任捷. 国内区域警务合作机制发展趋势理论评述 ［J］. 人民论坛，2016.521（17）：77-79.

（四）区域警务合作机制是成渝地区双城经济圈协同共治的客观需要

在经济圈建设的初期，各省、市、县分别针对各自区域发展定位，结合自身发展优势及发展方向，积极推进区域经济一体化进程，充分发挥区域经济的优势①。伴随区域经济建设更加深入的发展，区域内的人、财、物流动性呈现大交流、大融合发展格局，区域与区域之间传统的地域限制势必会被打破，公安机关服务范围也势必会延伸到管辖区域之外②。此时，仅仅依靠区域内单一的警务运行机制往往难以应对区域内经济社会的发展，我们应当寻求辖区外公安机关的配合、协助和支持③。在建设成熟之后，泛珠三角警务合作又通过发展多样化、多元化的警务模式，建立完善的领导管理机制、建立集约化的区域警务合作保障体系等措施逐步探索优化泛珠三角区域警务合作机制的途径④。

综上所述，无论是成渝地区双城经济圈建设的初期，还是成渝地区双城经济圈长远发展的以后，区域警务协同治理都是形成公安机关整体战斗力的必然要求，是应对公安工作新形势、新任务与维稳新情况、新问题的必然选择，是服务于区域经济发展的现实需求，也是解决区域治安共性问题的重要路径⑤。为实现公安机关有效的社会管理，建立并发展成渝地区双城经济圈，区域内警务运行机制都将不再是自扫门前雪，而是要探索建立区域警务协同治理的合作机制。

二、成渝区域警务合作的运行现状和制约因素：以渝广两地为例

近年来，为推动治蜀兴川再上新台阶，助推川渝两地经济高质量发展，应以成渝地区双城经济圈建设为引领，以共建、共治、共享为目标，按照"优势互补、合作共赢"原则，加强理念思路融合、政策措施融合、平台载体融

---

① 刘为军. 打击犯罪新机制背景下的区域警务合作 [J]. 中国人民公安大学学报（社会科学版），2015, 31（6）：65-70.

② 同①.

③ 例如，以发展较为成熟的泛珠三角地区为例，泛珠三角地区在经济圈建设的初期，通过《泛珠三角警务合作联席会章程》《泛珠三角警务合作框架协议》规定，泛珠三角区域各方公安机关各警种在联勤指挥、情报信息、治安打防控、刑事犯罪侦办、重大安保任务、外国人管理、道路交通安全管理、网络安全监察等方面建立具有实际操作功能的警务合作机制。陈勇. 泛珠三角区域警务合作机制的现状和反思 [J]. 湖北警官学院学报，2015, 28（11）：33-35.

④ 陈勇. 泛珠三角区域警务合作机制的现状和反思 [J]. 湖北警官学院学报，2015, 170（11）：33-35.

⑤ 汪勇. 中国区域警务合作研究 [J]. 中国人民公安大学学报（社会科学版），2013, 165（5）：81-89；黄晨. 近十五年区域警务合作的历程回顾与前景展望 [J]. 公安研究，2016（5）：84-92.

合、资源力量融合。广安市各区市县公安机关主动加强与重庆市渝中、合川、铜梁等公安机关的联系沟通和合作，不断强化提升联防、联控、联打能力和服务实战水平，渝广两地在探索区域警务合作中不断深化、不断完善，取得了一定成效。

（一）渝广两地开展区域警务合作的运行现状

1. 渝广两地区域警务合作机制不断深化

2018年11月8日，广安区分局先后赴重庆市公安局合川区、渝中区分局交流学习，与合川区、渝中区分局签订了《警务合作框架协议》，并就警务指挥联勤联动、情报信息互通共享、警种地区联合作战及合作运转联络沟通等合作领域达成了共识，深化了合广、渝广警务合作，有力地促进了公安机关提升打击违法犯罪的能力和水平。2020年4月24日，广安区分局与重庆铜梁区公安局签订了《服务成渝地区双城经济圈建设"警务合作机制框架协议"》，两地公安机关按照"优势互补、合作共赢"原则，加强理念思路融合、政策措施融合、平台载体融合、资源力量融合，并就具体落实"警务合作机制框架协议"进行了磋商，推动管理服务一体化融合、社会治安一体化治理、打击办案一体化协作、警务资源一体化共享，进一步推动双边警务合作走深走实，为共同构建区域一体化协同治理体系、营造两地经济社会发展更加平安稳定的环境发挥了积极推动作用。其他区市县也相继与重庆周边分局建立了区域警务合作关系，并从多方位、多角度商讨了联防联控工作，在协作组织、建立联席会议制度、加强信息互通等几个方面达成了共识，推动两地社会治安治理更上新台阶，为促进两地经济可持续发展贡献公安力量。

2. 渝广两地区域警务合作机制不断完善

一是建立了合作组织机构。构建完备的双边警务合作组织机构，强化组织领导，成立了两地公安机关主要领导任组长、分管领导任副组长，多警种单位负责人为成员的区域警务一体化合作领导小组，并在各自的指挥中心设置常态化办公室，落实专人负责，切实统筹两地警务合作向纵深推进。

二是建立了联席会议制度。建立两地公安机关定期召开协调会议制度，保持沟通协调，每半年召开一次区域警务一体化合作联席会议，由两地公安机关主要领导轮流召集，相关警种单位负责人参加。每次会议确定一个主题，双方共同研究解决警务合作中的重大问题。

三是完善了公安情报体系。根据区域警务合作需要，由情报大队牵头分局的情报专业队伍建设，通过选拔、培训，建成了包括多名情报联络员和情报分析师的情报队伍，强化了分局的情报专业队伍，并出台了情报工作制度规范，建立了归口统一、快速高效的情报信息网络，形成了以情报力量为支撑，服务于区域警务合作的情报应用工作体系。

四是建立了维稳工作对接联系机制。通过市政法委、市公安局牵头，积极与重庆公安机关进行维稳工作对接，形成了良好的协作配合机制。双方互派工作组，通过会商研究两地维稳工作，提出解决办法，落实工作措施，取得了良好的工作成效。

五是争取支持提升科技支撑。合作双方积极争取各自党政支持，针对跨区域警务合作运行落实必要的经费保障，纳入年度财政预算，确保两地区域警务一体化合作机制不断巩固强化。加强两地公安机关科技信息化部门协作，强化警务信息互通，建立文件互批流转机制，实现视频会议系统互通，互享科技创新成果。

3. 渝广两地在区域警务合作中取得一定成效

2019 年以来，广安区分局共派出维稳工作组 13 个前往重庆各地开展维稳工作，落实重点稳控 200 余人，查找处理信访维稳违法嫌疑人 6 人。圆满完成 2020 年广安主城区出租车换届维稳工作。针对广安主城区出租车改革工作，主动积极与重庆警方联动对接，开展工作协调：一是及时通报情况。全面及时摸清了广安出租车群体情况，将重庆籍车主经营时间、车牌车型、车主信息以及经营状况等情况信息全面梳理后，第一时间推送重庆公安。二是加强技术对接。双方技术部门积极配合，共同开展相关情报信息梳理收集工作，互通信息，及时联动采取稳控措施。三是积极协调联动稳控。在市委政法委组织下，积极协调重庆党政机关共同做好重庆籍出租车群体稳控工作。及时派出工作组主动到重庆重点区县对接，合理做好重点人员教育稳控工作，防止串联滋事，同时对挑头人员保持高压严打态势，形成震慑，全力维护出租车正常运营秩序。

（二）制约渝广两地区域警务合作深入开展的瓶颈

警务协同治理的影响因素主要涉及治理环境、治理目标、治理过程、治理资源①。近年来，广安区分局与重庆合川、渝中等地在开展区域警务合作机制建设方面虽然取得了一定成效，但当前对区域警务合作仍然存在认识程度不够、配套机制不健全、合作程度不广不深、合作经费保障不充足等问题。

---

① 万亮亮. 警务协同治理：影响因素、协同模式与协同机制：以京津冀区域为例 [J]. 北京警察学院学报，2019（1）：58-65.

1. 区域警务合作的认识程度不够

在区域警务合作区别于传统的"单打独斗"办案模式特殊之处在于打破行政藩篱，在警务合作中树立相互配合，通力合作，实现共赢的意识，这是公安机关提高整体办案效率和办案质量的前提。服务成渝地区双城经济圈建设，不单单是公安机关一个部门的工作，还需要党政支持，各部门协作共同推进，但就目前广安区分局与重庆合川、渝中等地在开展区域警务合作机制情况来看，部分警种对服务双城经济圈经济建设的概念比较模糊，认识不足，重视不够，同时受各地考核、评价工作等影响，在线索推送、资料移交、信息共享等办案协作上也存在一定的区域保护意识，也缺乏相应的奖惩制度。目前，我们对成渝地区双城经济圈建设保障性认识不够，相应的合作机制尚未良好建立，造成区域警务合作往往是既无压力也无动力的局面。

2. 区域警务合作的配套机制不健全

推进区域警务合作机制建设是一项系统工程，必须有一套成熟的区域警务合作管理制度和运作模式，才能确保区域警务合作机制建设有关制度的有效落实和机制的正常运行①。近些年来，广安区分局与重庆合川、渝中等地虽在各个地方都有相应开展区域警务合作，但都没有形成一个从上到下的长效管理和联动的机制。在开展警务合作时往往沿袭以往的发函、通知、通报等形式，区域警务合作缺乏高效交流沟通，联动机制尚不健全且对警务合作高效开展有影响的警务指挥协同、情报信息共享、资源数据互通、网上信息互认等机制制度也还相当不完善，甚至有的方面现在还是零基础。由于区域警务合作缺乏相应的创新措施和管理机制，导致警务协作不力等情况时有发生。

3. 区域警务合作的范围不广不深

从现阶段广安区分局与重庆合川、渝中等地开展的区域警务合作来看，尚存在合作广度和深度不够的问题：一是合作内容单一。区域警务合作的范围将影响区域警务合作的广度，目前渝广两地的区域警务合作大多停留在重大活动安全保卫调集警力、应急突发事件援助、临时维稳工作需要以及协助破案追逃等方面，其他方面的区域警务合作内容涉及较少，区域警务合作内容相对单一。二是合作深度不够。区域警务合作主要依赖于召开会议开展交流，协作形式主要为刑侦互助办案追逃，而警种与警种之间、区域治安形势研判、警务合

---

① 上海市公安局虹口分局课题组. 区域警务协作机制建设研究［J］. 上海公安高等专科学校学报, 2011, 126（5）: 26-30; 李侠. 我国区域警务合作机制现状与思考［J］. 北京人民警察学院学报, 2012（4）: 59-64.

作机制建设、犯罪预警以及跨区域防暴应急演练等深层次的交流尚无一个完备的体系，这就造成打击某些跨区域犯罪案件时往往只能靠一方公安机关发力，或者必须经过相关行政手续后才能与其他区域的警务合作。目前广安区分局与重庆部分地区公安局开展区域警务合作的范围不广不深，这就常常使得区域警务合作的联动性较差。

4. 区域警务合作的经费保障不充足

区域警务合作的一个较大障碍是合作机构和成员之间发展不平衡的问题，不平衡会导致警务资源丰富的区域付出较多的成本和资源[①]。在区域警务合作中，涉及指挥协同、信息互通、资源共享等相关机制制度建设，需要投入大量的人力物力，但却受到各地经济发展不平衡、党委政府对此项工作的支持和投入度不同以及警力人力等因素的制约，开展区域警务合作缺乏经费保障。

三、成渝区域警务合作机制优化的政策建议

为更好地服务成渝地区双城经济圈建设，助推川渝两地高质量发展，可以从对区域警务的合作认识、合作机制、合作保障三方面进行探索。不断加强理念思路融合、政策措施融合、平台载体融合、资源力量融合凝聚合作共识；不断加强两地党政等各部门之间沟通协作，同时加强两地公安机关部门间、警种间的联系沟通促进合作深度；不断强化联防、联控、联打能力和水平，提升区域警务合作服务实战、确保成渝地区双城经济圈高效运作。

（一）提高区域警务合作认识，凝聚合作共识

博弈规则可能是最符合博弈参与者多方利益平衡的结果，但社会的快速发展需求可能难以等待这种权益的反复磨合，在这种背景下，外部强加制度、政策成为一种可行的选择，以期减少利益磨合的时间[②]。站在经济学角度看，区域警务合作机制中蕴含了"博弈共赢"的思维。这要解放思想，提高认识，把警务合作看成是一个既有投入又有产出的经营活动，联结成本与效益之间的供应链条，在让利与得利中确保适度均衡[③]。

2012 年 11 月，国家发展和改革委员会正式批复的《川渝合作示范区（广

---

① 韩春梅，李侠. 跨界治理视阈下的区域警务合作机制 [J]. 中国人民公安大学学报（社会科学版），2012, 28（2）：142-148.

② 刘为军. 博弈论视野下的区域警务合作研究 [M]. 北京：时事出版社，2015.

③ 徐承，唐嘉国. 推进警务合作纵深发展和实效发挥之研讨：以泛西南地区为例 [J]. 公安研究，2012，（11）：13-18.

安片区）建设总体方案》。2020 年 4 月重庆市公安局与四川省公安厅在会上签署《四川省公安厅重庆市公安局服务成渝地区双城经济圈建设 22 条》和《四川省公安厅重庆市公安局服务成渝地区双城经济圈建设警务合作运行机制》中也明确强调，要强化合作宗旨，坚持"常态、共享、联动、共赢"的理念，按照减少办事环节、提高工作效率、服务保障实战，发挥双方优势，加强相互配合，搭建协作平台，创新合作机制，共同维护平安稳定，为两地经济社会发展营造更加平安稳定的环境。

因此，在区域警务合作中，应形成一批协同治理的政策法规，共同编制和发布在社会治理联动中突破的经验与治理创新成果，形成市域社会治理联动的良好示范效应①。强化合作宗旨，坚持"常态、共享、联动、共赢"的理念，减少办事环节，提高工作效率，发挥双方优势，加强相互配合，搭建协作平台，创新合作机制，共同维护平安稳定，为两地经济社会发展营造更加平安稳定的环境。

（二）健全区域警务合作机制，促进合作深度

一是建立数据信息互通机制。两地要积极争取政府支持，打通数据信息通道，推动管理服务一体化融合，实现各项管理服务联动、协同、便捷办理，更好地服务两地群众和企业：一要推动户籍便捷办理。落实四川、重庆两省市推动户籍管理服务政策创新有关规定，统一户籍办理流程手续，探索实现迁入地派出所一次办理申请人户籍核实、注销和迁移。二要联动人口管理。深化完善流动人口流出地、流入地"双向管理"机制，建立健全居住证信息和流动人口信息共享机制，准确把握人口变动状况和趋势。三要协同网上政务服务。推动公安政务服务，两地企业、群众办证办事信息网上实时共享互认，统一办证办事手续材料、业务流程、时限环节，实现网上受理、流转审批、申领送达一体化运行，达到"一网通办、异地可办""一地注册、两地使用"的目标，从而更好地服务两地群众、企业②。

二是建立指挥协作机制。两地要建立健全指挥协调、情报共享、信息互通等机制，推动社会治安一体化治理③。建立指挥调度平台、指令流转系统等共

<hr/>

① 蔡操，吴江. 成渝地区双城经济圈建设下市域社会治理联动机制构建［J］. 重庆行政，2020，21（5）：39-42.

② 孙永波. 公安机关加强和创新社会管理工作必须牢牢抓住"六个关键环节"［J］. 奋斗，2011（6）：3-5.

③ 同①。

同应急指挥通道，推动实现警务指令共通互认，推进警务一体化协作联动；建立健全两地警务情报资源共享相关机制，搭建共享交流平台，畅通情报数据资源交换共享通道，强化两地情报共享，为双方开展维护国家政治安全、社会大局稳定和打击违法犯罪工作提供便利。由此将对方流入的各类"问题"人员纳入监管范围，时刻关注，协同做好管理，对涉及违法犯罪问题的，互通情报信息，实施联打联控，形成社会治安一体化治理。

三是建立警种联动机制。统一执法标准，两地公安机关共同加强与检法机关及其他相关职能部门的会商研究，建立规范统一的执法标准、证据标准、量裁标准，夯实协同打击基础，防止"同项不同办""同事不同处""同罪不同罚"；联合打击突出犯罪，建立健全大要案件信息通报和联合侦办机制，加强两地公安机关刑侦、禁毒、经侦、网安等警种工作联动，强化信息互通、线索互查、技术互助，同频同步打击跨区域流窜作案的黑恶、严重暴力、盗抢骗以及新型电信网络诈骗、涉毒、破坏市场经济秩序等突出犯罪活动；强化办案协作，建立完善执法办案协作机制，在具体案事件办理中，加强统筹协调、统一行动步调，强化线索排查、调查取证、犯罪嫌疑人抓捕、追逃追赃等协作配合，实现委托取证、证据互认、节约侦查资源、提高打击效能，推动打击办案一体化协作。

（三）强化区域警务合作保障，确保高效运作

一是强化组织保障。组织保障主要是指通过设立专门的组织机构，赋予其法定权力，履行相应的职责，承担相应责任。成渝地区双城经济圈区域警务合作要避免职责不清、追责混乱的局面，应当明确警务合作中各方的权力、义务、责任，确保各个区域、各个部门、各个警种都有法可依，依法履职。因此，强化区域警务合作保障要加强组织保障，可以通过构建完备的双边警务合作组织机构，成立区域警务合作领导小组，设立警务合作办公室，落实专人负责，切实统筹两地警务合作向纵深推进。建立定期联席会议机制，共同研究解决警务合作中的重大问题，探索建立两地公安机关警务人才协作培养机制，相互提供专业人才和技术支撑。建立纵横交错的区域协调管理体制，主动打破行政壁垒，实现资源的有效配置，推动警务资源一体化共享①。

二是强化技术保障。跨区域警务合作体系的建设需要巨大的科技投入，以

---

① 黄佳祯，许强，魏瑶. 成渝经济圈经济效率评价与治理研究［M］. 北京：中国经济出版社，2019.

满足跨区域警务合作的实际需要①。技术保障是运用"互联网+信息"的模式，实现信息资源的共建共享，最终达到区域警务信息资源高效联动的效果②。该框架协议有利于强化京津冀地区实现技术共享。因此，探索成渝地区双城经济圈区域警务合作也应强化技术保障，加强两地公安机关科技信息化部门协作，强化警务指挥互通，实现重大警务协同指挥。共建共用设施设备，推进感知源及智能化建设联网运用，为两地跨区域治安防控、案件侦办、安全监管等提供有力科技支撑。

三是强化资金保障。资金保障为区域警务合作提供物质基础，随着成渝地区双城经济圈的建设发展，经济圈内区域警务合作任务日趋频繁，这更需要中央和地方的财政支持③。可以加大经费保障，两地公安机关积极主动向党委政府和政法部门汇报，争取党委政府在人力、财力和物力上的大力支持。针对区域警务合作运行落实必要的经费保障，并纳入年度财政预算，确保区域警务合作不断巩固高效运作，实现两地社会大局平安稳定，为服务成渝地区双城经济圈建设贡献公安力量。可以创新激励机制，将区域警务合作纳入绩效考核体系，考核评估，充分调动激发区域民警投身区域警务合作工作的积极性和主动性，真正实现区域警务合作利益共享，风险共担，长期高效可持续性运行。

四、结论

成渝地区双城经济圈建设为探索区域警务合作提供了政策支持，公安机关区域警务合作机制为成渝地区双城经济圈建设提供了安全保障。随着经济圈的发展，成渝地区区域警务合作机制还需要立足现实需要，从提高区域警务合作认识和凝聚合作共识、健全区域警务合作机制促进合作深度、强化区域警务合

---

① 魏永忠，安瑛，王二院. 试论跨区域警务合作：以环首都社会安全防控警务合作机制建设为例［J］. 中国人民公安大学学报（社会科学版），2009，25（4）：102-108.

② 例如，在京津冀警务协同治理发展过程中，2016年京津冀地区公安机关联合签订了《京津冀警务协同发展框架协议》，包括一体化联勤指挥体系建设、一体化情报信息系统建设、一体化反恐防恐网络建设、一体化治安防控网络建设、一体化通道查控网络建设、一体化公共行政服务建设、一体化警务资源建设和一体化警务宣传和舆情监测平台建设八大框架协议。参见万亮亮. 警务协同治理：影响因素、协同模式与协同机制：以京津冀区域为例［J］. 北京警察学院学报，2019（1）：58-65.

③ 丁忠毅. 对口支援边疆民族地区政策属性界定：反思与新探［J］. 湖北民族大学学报（哲学社会科学版），2021，39（1）：76-86.

作保障以确保高效运作等方面不断深化对区域警务合作的认识①。只有为两地人民群众带来切切实实的发展红利、平安红利，人民群众的获得感、幸福感、安全感才能有所提升，才能真正实现成渝地区双城经济圈的战略定位，把成渝地区双城经济圈建设成为尊重客观规律、发挥比较优势、具有全国影响力的重要经济中心、科技创新中心、改革开放新高地和高品质生活宜居地②。

①　杨红. 区域警务合作机制研究：以襄阳市为例 [J]. 湖北警官学院学报，2014，27（3）：11-14.

②　袁正. 扎实完成七项任务 深入推进成渝地区双城经济圈建设 [J]. 当代党员，2021（1）：46-47.

成渝地区双城经济圈建设的
区域司法协同保障研究

四川天府新区人民法院课题组[①]

成渝地区双城经济圈建设是习近平总书记亲自谋划、亲自部署、亲自推动的国家重大区域发展战略。推动成渝地区双城经济圈建设是一项重大的系统性工程，需要成渝两地的政治系统、经济系统、社会系统、文化系统、生态系统共同着力，协同共进，其中成渝两地法院，尤其是天府新区法院与两江新区法院如何围绕成渝发展的中心战略，对标京津冀、粤港澳大湾区、长江三角洲等重大区域战略的司法协同保障经验，直面我国重大区域战略司法协同保障中的主要问题，提出具有针对性、实效性、长远性的司法协同保障路径已成为当下需要迫切攻关的重大课题。本文便拟从全面梳理我国重大区域战略的司法协同保障现状出发，剖析我国司法协同保障中的主要问题及内在机理，并从司法协同事项、司法协同机制、司法协同体系三个方面研讨优化成渝地区双城经济圈建设司法协同保障的主要路径。

一、我国重大区域战略的司法协同保障现状

（一）京津冀协同发展的司法协同保障

1. 京津冀协同发展的司法协同保障概况（见表1）

表1 京津冀协同发展的司法协同保障概况

序号	时间	关联主体	项目
1	2016年	最高法院	《关于为京津冀协同发展提供司法服务和保障的意见》

---

① 本文为四川天府新区人民法院（四川自由贸易试验区人民法院）承担的四川天府新区2020年调研课题"成渝地区双城经济圈建设的区域司法协同保障"最终成果。课题组主持人为四川天府新区人民法院（四川自由贸易试验区人民法院）党组书记、院长罗登亮，课题组成员包括李海昕、张洪亮、徐新雅等。

表1(续)

序号	时间	关联主体	项目
2	2015 年 11 月	北京高院	《关于为落实京津冀协同发展战略提供司法保障的意见》
3	2015 年 11 月	河北高院	《关于为京津冀协同发展提供司法保障和服务的指导意见》
4	2016 年 6 月	天津高院	《关于为京津冀协同发展提供司法服务和保障的实施意见》

2. 京津冀协同发展的司法协同保障的主要举措

一是建立京津冀法院联席会议机制。自 2016 年 5 月,北京、天津、河北已经建立起了"京津冀法院联席会议"机制。该会议由最高法院召集,京津冀三地法院共同参加,三地在联席会议机制统筹协调下,就立案、审判、执行等多领域的协作进行会商研讨①。

二是推动京津冀跨域立案全覆盖。2017 年 6 月 7 日,三地法院启动跨域立案试点工作,至 2019 年 8 月,京津冀地区跨域立案工作由点到面实现区域内全覆盖②。各个法院设置专门的跨域立案服务窗口,并依托智慧法院建设,打造"三地一张网、管理一体化、全程无缝对接"的智能立案服务系统,打通线上线下立案渠道,当事人在区域内任何一家法院均可申请立案,管辖权属不变,由协作法院之间进行接收材料流转。该项合作极大地便利了群众诉讼,京津冀法院成为全国实现立案全覆盖的第一个区域。

三是探索特定案件集中管辖。集中管辖能够最大限度地集合优势审判资源,对跨行政区划案件进行高效审理③。目前,北京知识产权法院跨区域集中管辖北京地区知识产权案件、天津海事法院管辖环渤海海事案件及公益诉讼案件,根据最高院关于京津冀区域特定案件集中管辖的规划,下一步京津冀地区将重点探索将知识产权案件集中于北京法院管辖,涉外海事海商案件集中于天

---

① 陈焘,刘宇琼. 区域协同治理的司法促进:基于京津冀司法协同的考察 [J]. 河北法学,2020,38 (6):110-120;王恺强. 司法保障服务京津冀协同发展 [N]. 法制日报,2017-04-22 (2).

② 各个法院设置专门的跨区域立案服务窗口,并依托智慧法院建设,打造"三地一张网、管理一体化、全程无缝对接"的智能立案服务系统. 肖强,王海龙. 法治一体化推动京津冀协同发展迈上新台阶 [J]. 环境经济,2018 (15):31-35.

③ 江必新. 从跨区划管辖到跨区划法院:兼论新型诉讼格局之构建 [J]. 人民司法(应用),2017 (31):4-17.

津法院管辖，跨区域环境资源案件集中在河北法院管辖①。

四是执行联动实现"同城效应"。执行联动是京津冀地区司法协作最先启动的领域②。2015 年 3 月，三地高级人民法院签署执行工作联动协作协议书，建立执行联席会议制度，统筹推动执行联动工作③。区域内各基层法院，基于经济发展和案件特点，有条件地展开多边执行协作，如北京平谷区法院牵头建立了六地法院跨区域执行共商机制，不断强化异地执行查询、冻结、失信惩戒等协助力度。此外，以河北为例，2018 年，专项委托京津法院办理执行案件 2 130 件，执行标的额达 17.54 亿元。随着合作深化，执行事项逐渐丰富、异地执行手续简化、协助委托调查效率不断提高，财产查控信息共享、执行联动的"同城效应"凸显④。

（二）长江三角洲区域一体化的司法协同保障

1. 长江三角洲区域一体化的司法协同保障概况（见表 2）

表 2　长江三角洲区域一体化的司法协同保障概况

序号	时间	关联主体	项目
1	2016 年 3 月	最高法院	《关于为长江经济带发展提供司法服务和保障的意见》
2	2019 年 11 月	沪、浙、皖苏、四地高院	《关于长三角洲地区人民法院环境资源司法协作框架协议》
3	2018 年 11 月	沪、浙、皖苏、四地高院	《关于全面加强长江三角洲地区人民法院司法协助交流工作的协议》
4	2019 年 11 月	上海高院	《关于贯彻落实<上海市贯彻<长江三角洲区域一体化发展规划纲要>实施方案>的行动计划》

2. 长江三角洲区域一体化的司法协同保障的主要举措

一是深化区域内法院执行协作机制。为破解执行难的问题，长三角地区司法执行协作从传统的委托调查、送达、异地执行等向加强联合信用惩戒等领域

① 郭娅丽. 京津冀区域文化遗产保护与利用的法律治理 [J]. 北京联合大学学报（人文社会科学版），2017，15（1）：111-117；李雷，李庆保，张勇. 京津冀协同环境司法中的集中管辖问题研究 [J]. 河北法学，2017，35（11）：89-98.

② 吴磊. 跨区域司法协作的"四个维度" [N]. 人民法院报，2020-03-12（8）.

③ 李松，黄洁."推动京津冀协同发展司法作用不可或缺" [N]. 法制日报，2015-11-27（2）；郑晓姣. 京津冀协同发展中三地法院司法合作问题研究 [C] //. 雄安新区建设法治保障：第八届法治河北论坛文集. [出版者不详]，2017：243-250.

④ 李伟庆. 执行，在战"疫"中不打烊 [N]. 人民法院报，2020-04-14（1）.

纵深拓展。此外,吴江区、青浦区、嘉善县三地法院还就执行领域展开联合信用惩戒合作,通过媒体平台扩大失信被执行人曝光力度和范围,打破执行的异地壁垒;建立生效判决委托或协助执行制度,完善异地执行通报和保障制度,降低法院异地执行成本;搭建跨区域执行协作信息化共享平台①。

二是强化重大案事件防范处置合作机制建设。随着跨区划案件及涉及长三角一体化进程案件的增加,长三角区域将重点加强跨区域重大刑事案件联合防范协作,集合资源提升跨区域打击防范效能②;针对食品药品、环境污染、知识产权、金融等重点涉民生领域案件加强联动协作,联合加强重大敏感案事件的舆情应对和涉诉涉访的沟通交流工作③。

三是创新跨区域信息化应用工作机制建设。在最高院指导下,嘉兴市中级人民法院联合中国司法大数据研究院,发布长三角示范区经济社会运行评估报告,为长三角区域社会治理提供决策参考。上海一中院、苏州中院、合肥中院与杭州互联网法院联合蚂蚁区块链科技有限公司合作建立以杭州互联网法院司法区块链平台为依托的长三角司法链,拟实现审判执行全程上链,为长三角区域司法的信息化联动助力④。

四是促进区域法律适用统一工作机制建设。其一,建立联合发布典型案例制度。沪浙皖苏四地高院联合会签《关于长三角地区人民法院联合发布典型案例 推进法律适用统一的实施办法》,通过联合发布典型案例,为区域内统一适法提供指导。2020年5月,四地高院首次联合发布涉及司法保障营商环境、新冠病毒感染疫情期间服务保障企业复工复产、环境资源保护三大类的24个案例⑤。其二,建立四地法院联席会议制度,四地高院定期召开联席会议讨论跨区域的重大案件、商议重大司法事项等,为区域内各级法院开展具体的合作事务和法律适用确立了基本的导引和规则。

① 刘曼. 执行工作跨区联动 司法信息全域共享 [N]. 人民法院报, 2021-07-01 (T30).

② 俞蕾. 长三角区域检察协作的实践与探索:以上海铁路运输检察院实践为样本 [J]. 中国检察官, 2022 (1):25-28.

③ 侯劲松, 高远. 第十届长三角地区法院工作会议在沪举行 [N]. 民主与法制时报, 2018-12-01 (5).

④ 吴帅帅, 黄应康. 司法区块链, 打造网络治理新路径 [J]. 浙江人大, 2020 (5):62-65.

⑤ 泰州市中级人民法院. 苏沪浙皖四地高院联合发布首长三角地区人民法院典型案例 [EB/OL]. [2021-12-31]. https://www.163.com/dy/article/FD7O3M7D0514C51B.html.

（三）粤港澳大湾区的司法协同保障

1. 粤港澳大湾区的司法协同保障概况（见表3）

表3　粤港澳大湾区的司法协同保障概况

序号	时间	关联主体	项目
1	2019年2月	最高法院	《最高人民法院关于深化人民法院司法体制综合配套改革的意见》
2	2015年6月	广东高院	《关于充分发挥审判职能 为中国（广东）自由贸易试验区建设提供司法保障的意见》
3	2019年9月	广州中院	《关于服务保障粤港澳大湾区建设营造良好法治环境的实施意见》

2. 粤港澳大湾区的司法协同保障的主要举措

一是强化粤港澳区域司法规则衔接。由于三地制度和营商规则差异较大，粤港澳区域司法协同着重推动三地的规则衔接。此外，通过协商平台建立重大法治问题三地协调机制，在宪法和基本法等法律框架下，制定规范性文件、总结司法审判经验等举措协调解决相关争议。而南沙自贸区法院借鉴香港法文件透露规则，引导当事人庭前自主进行证据公示，及时固定争议焦点，此外，南沙自贸区法院还通过委托当事人完成案件法律文书送达①。

二是加强三地司法人员的交流培训。拓展港澳地区人士内地司法参与途径。2014年11月以来，广东多地法院聘任港澳籍人民陪审员或特邀调解员参与涉港澳案件的审理或调解工作，提升港澳同胞司法参与度和认同感②。探索建立三地法院互派人员学习培训制度，联合实施涉港澳法官培养计划。建立粤港澳区域专家咨询机制，为司法审判提供专家意见③。

三是探索建立健全域外法律查明与适用体系。相较国内其他区域粤港澳区域因独特的区位和制度因素，域外法律查明机制更为成熟。如以深圳前海为依托，打造域外法律查明高低。前海法院建立"一带一路"法律公共服务平台，

---

① 司艳丽. 粤港澳大湾区法律规则衔接疑难问题研究：以多元化纠纷解决机制为切入点 [J]. 中国法律评论，2022（1）：215-226.

② 唐荣，李文茜，刘畅. 港澳人士这样参与内地法院办案 [N]. 法治日报，2022-05-06 (4)；张淑钿. 粤港澳大湾区城市群建设中的法律冲突与法律合作 [J]. 港澳研究，2017（3）：17-25，94.

③ 张淑钿. 粤港澳大湾区城市群建设中的法律冲突与法律合作 [J]. 港澳研究，2017（3）：17-25，94.

覆盖沿线 31 个国家地区的成文法、案例法及相关法律政策，方便域外案件的审理[1]，积极借助社会力量查明域外法，如深圳市蓝海现代法律服务发展中心发挥资源集成效用，为法院和仲裁机关提供法律查明和解决纠纷服务[2]。

四是深化三地区际司法裁判的认可和执行。2019 年 1 月，最高院通过了《关于内地与香港特别行政区法院相互认可和执行民商事案件判决的安排》[3]，将重点推进内地与香港区域内民商事案件判决的相互认可和执行范围与力度。其一，在案件类型上，推动实现同属民商事纠纷的判决互认[4]。其二，在互认内容上，将金钱判决和非金钱判决一并纳入。其三，加强知识产权的司法保护，明确知识产权案件的管辖标准、惩罚性赔偿标准等，减少区际间的司法标准差异和冲突，更好地服务粤港澳大湾区的知识创新。

（四）成渝地区双城经济圈建设的司法协同保障

1. 成渝地区双城经济圈建设的司法协同保障概况（见表 4）

表 4　成渝地区双城经济圈建设的司法协同保障概况

序号	时间	关联主体	项目
1	2020 年 6 月	成渝两地高院	《成渝地区双城经济圈环境资源审判协作框架协议》
2	2020 年 7 月	成渝两地高院	《四川、重庆法院执行工作联动协作协议》
3	2020 年 3 月	天府新区法院（四川自贸区法院）与重庆两江新区（自贸区）法院	《川渝自贸区司法合作共建协议》《川渝自贸区法院强制执行协作框架协议》
4	2020 年 7 月	成都锦江法院与重庆渝北法院	《司法合作协议》《加强金融审判司法协作协议》

① 李卓谦，池泽梅. 深圳前海法院建设国际商事纠纷解决优选地 [N]. 民主与法制时报，2021-10-26（1）.

② 苏志明. 外国法查明作为服务外包项目探析：可行性与相关法律完善 [J]. 集美大学学报（哲学社会科学版），2020，23（4）：95-102.

③ 林淼，刘静. 以五项安排为支柱的内地与香港特区司法协助新模式 [N]. 人民法院报，2017-06-30（8）.

④ 姜启波，周加海，司艳丽，刘琨.《关于内地与香港特别行政区法院相互认可和执行民商事案件判决的安排》的理解与适用 [J]. 人民司法，2019（7）：30-34.

2. 成渝地区双城经济圈建设的司法协同保障的主要举措

一是深化成渝两地执行工作联动协作。其一，多部门联动提升执行效能。川渝两地高院将与当地公安部门、不动产登记管理部门、工商登记管理部门、公积金管理部门通过网络连线，畅通对执行财产的查询、查封、过户、冻结等的功能衔接，多角度全方位加强执行效能和力度。其二，加强失信被执行人的联合惩戒。通过执行合作，完善两地政务系统与司法系统的信息对接和共享，将失信被执行人信息嵌入社会信用体系建设，实现失信人员信息的比对、监督。

二是以川渝自贸法院司法协作为重要抓手。自 2020 年 3 月川渝两地自贸区法院司法共建云签约以来，依托信息化手段，已经落实了跨域立案诉讼服务工作，建立了委托协助执行机制和异地线上同步庭审机制，当事人可以在两家法院中任意一家通过远程线上方式参与庭审。

三是加强司法人才交流和联合司法课题调研。两地打通网络渠道，开展法官联合培训；组织邀约课题调研，探索破解制约司法体制改革的难题与症结；探索建立法院联席会议机制，及时互通川渝两地法律适用规范性文件，在法律法规框架下，联合商议制定诉讼服务规则、发布诉讼风险指南和指导性案例，以逐步统一区域法律适用与司法实务规则。

二、我国重大区域战略的司法协同保障困境

（一）司法协同保障内容的同质化较为严重

虽然最高法院、四个重大区域所在的各级法院都围绕区域战略的高质量发展，签订了大量的合作协议，出台了大量的合作举措，建立了大量的合作机制，但是通过上文的梳理，我们可以发现，其实这些合作协议、合作举措、合作机制具有很大的相似性，这集中反映了这些司法协同保障内容的同质化较为严重。比如围绕京津冀协同发展提供司法协同保障的各类文件、协议看上去让人眼花缭乱，但所规定的司法协同内容，总体上其实都属于最高法院《关于为京津冀协同发展提供司法服务和保障的意见》的范畴，特别是其出台后形成的各种文件、签订的各种协议以及开展的各种活动，同质化现象比较严重。这种现象在其他三个重大区域的司法协同保障中也不例外。除此之外，我们发现四大区域司法协同保障的文件及协议中大都只是提出了宏观的协同构想及协同目标，并没有提出具体的落实细则或者操作规划，这在某种程度上也加剧了司法协同内容的同质化现象。

这种协同内容同质化现象的出现，当然涉及司法权本身的谦抑性、被动性以及司法触角本身的有限性，但是更主要的原因还是部分法院并未深入到各个重大区域战略的核心定位，并根据所在区域的战略定位对标谋划司法协同内容。借鉴协同理论来分析该问题则主要体现为，区域司法系统未能充分融入区域经济社会发展的总体系统，且并没有与区域经济系统、社会系统、环境系统形成有机协同。因为当前我国区域经济持续高速发展，在区域内，法律与经济、社会、环境之间的冲突，以及法治子系统之间的冲突也日益凸显。在区域协同发展中，作为区域社会子系统的区域司法系统颇具复杂性与不确定性。区域司法系统只有实现自身的协同发展，方能发挥其促进区域协同发展的作用。而区域司法系统的协同发展关键是要全面融入整个区域经济社会发展系统，使服务保障区域经济系统、区域社会系统、区域环境系统等各子系统的行为协调一致，从而使系统从无序走向有序。协同可以促使组成复杂统的子系统之间或子系统的各要素之间，在相互作用的基础上产生整体效应或集体效应，从而促使整个系统形成新的结构。而司法协同保障最有效的实现方式便是将司法系统的自身行为与其他系统间的行为相结合，并共同致力于推动区域战略的全面实施。

（二）司法协同保障措施的表层化较为严重

当各大区域协同发展战略提出以后，各地法院都会在第一时间积极响应，不同层级的法院都会在自身的职权范围内，提出司法保障意见，缔结司法保障合作协议，以彰显主动融入中心，服务大局的态度与决心。但在我们动态追踪后可以发现，其中很多的协同保障举措大都停留在表面，并未如初期设想实质化地运行，这就呈现出一种"雷声大、雨点小"的现象。具体而言表现为三种情况。

一是司法协同规划的虚置。通过分析可以发现，现阶段各地各级法院围绕区域战略实施的司法保障规划主要体现为出台服务保障意见以及签署司法协同协议，而这些意见、协议大都属于框架性的、原则性的，甚至有大量是倡议性的，这就使这些规划的内容比较难以落地。具体而言，这些规划大都缺乏具体的细化落实举措安排，也没有明确的推进时间表与路线图，更没有明确具体可操作的督促落实方式，因此这些意见或者协议从诞生之时，便是一种宣言性的，很难保证其实践性。

二是司法协同保障的缺失。高质量、实质化的司法协同保障不仅需要规划本身的完备，更重要的是需要投入大量的人力、物力、财力保障规划的落地落实①。但现阶段，在人力资源保障方面，由于重大区域内法院大都面临"案多人少"的矛盾，法院干警需要全身心地投入"五加二""白加黑"的办案任务中，很难抽出充沛的时间、精力再投入到司法协同规划的落实中。在物力、财力资源的保障方面，由于现行财政体制决定了项目本身的预算制，若缺乏相应的具体预算，便很难筹措到具体的物资、经费，而区域协同保障规划本身的宏观性以及落实措施的不确定性也就很难使具体的项目按规定纳入财政预算，这就对物力、财力的保障造成了一定的影响。

三是司法协同资源整合的不足。司法协同保障举措归根结底需要结合区域内法院的不同情况，优势互补，共同提升，实现各地司法资源的最优化配置。但是现阶段各地法院在资源整合方面却表现不佳，各地法院在推动重大改革，开展重大工作时仍然是"各自为政"，并没有形成资源的协同整合。以智慧法院建设为例，各地法院自主研发了大量信息化系统，仅京津冀地区法院便建立了诸如北京法院"信息球"管理模式、河北法院"智审 1.0"等六大系统②，而从"技术治理"中技术应用的角度来讲，现代技术与司法深度融合的这些成果其实具有较强的通用性，各地法院不予协同地各自研发，既耗费信息化建设资源，又容易出现后期审判执行事务协同中系统应用不兼容等问题。

（三）司法标准的统一性有待强化

法治本质上是规则之治，法治化营商环境的建设核心在于区域内执法、司法的稳定性、可预期性。这体现在区域司法协同之中，关键便在于司法标准的统一性。但现阶段各重大区域内的司法标准却存在不同程度的不统一现象，这集中表现为两个方面：一是裁判尺度的统一性不足。因缺乏工作交流联络制度，疑难典型案件无法在区域间通过联席法官会议、联合发布典型案例等常态化方式进行沟通交流，同案不同判的情况时有发生，法律适用统一机制尚未健全③。二是司法规则的地方化仍时有发生。当下重大战略司法保障的全局性以及一盘棋理念，主要停留在延伸性的司法服务保障举措，如何与审判执行主业落地落实其实并未充分彰显，这就导致各地法院在立案、审理、执行各个环节中存在的不同规则和不同适用标准并未得到较好的改变，以至于当事人或代理人在不同区域参与诉讼时需要多次转换适应，这就在客观上增加了区域司法协同中当事人的诉讼成本。

---

① 参见梁平. 京津冀司法协同治理的模式转型 [J]. 河北法学，2019（11）：66-68.

② 参见梁平. 京津冀司法协同治理的模式转型 [J]. 河北法学，2019（11）：69-70.

③ 郭彦. 成渝地区双城经济圈法治保障体系的构建价值与发展路径 [C] //. 全面推进依法治国的地方实践（2020 卷）. [出版者不详]，2021：46-53.

三、成渝地区双城经济圈建设司法协同保障的发展路径

在梳理四大区域司法协同保障现状、剖析四大区域司法协同保障困境的基础上，我们更加明确了成渝地区双城经济圈建设尤其是天府新区与两江新区之间司法协同保障的发展路径，总的来说，应当涵盖协同事项的精准确立，协同机制的常态优化，协同体系的完备构建三条具体路径，这三条路径相互关联，且层层递进，共同构筑了司法协同保障的最佳图景。

（一）精准确立契合成渝地区双城经济圈建设内核的协同事项

总的来说，司法协同事项的确定应严格遵照法律规定，契合区域的地方事权，契合区域发展的定位①。对于成渝地区双城经济圈建设司法协同事项的确定，从省级层面主要是致力于为"一极两中心两地"提供高质量的司法协同保障，从市级层面主要是致力于为建设践行新发展理念的公园城市示范区、加快"两区一城"建设提供高质量的司法协同保障，从新区层面则主要是致力于为天府新区、两江新区共同打造内陆开放门户提供高质量的司法协同保障②。结合实际，天府新区法院主要从新区产业发展、对外开放、创新提能等三个方面着力，为打造内陆开放门户提供精准的司法协同保障。

一是继续深化"1+1"组团服务保障机制，为新区重大产业发展护航。充分利用天府科创保障团、文创保障团等五大保障团的组团保障优势，前瞻调研新区总部集群、科技创新、商务会展、现代金融、文化创意等核心功能发展中的法律需求，高效提供一流的多元化纠纷解决产品，精准提供优质的司法产品。与此同时，不断加强与两江新区法院在产业司法服务中的协同，探索构建产业协同互补发展司法保障新机制，大力推进汽车制造、电子信息、生物医药、高端装备等关联产业错位发展。

二是全面落实川渝自贸区法院合作共建协议，全力助推新区对外开放水平提升。充分利用与重庆共建川渝自由贸易试验区协同开放示范区、共建"一带一路"进出口商品集散中心、共建"一带一路"对外交往中心等契机③，不断提升国际化营商环境建设的司法保障，助推自贸区法治规则制度创新，优化

---

① 叶必丰. 长江经济带国民经济和社会发展规划协同的法律机制 [J]. 中国政法大学学报，2017（4）：6-8.

② 成都市政协办公厅. 全力助推"两区一城"协同发展 [N]. 四川政协报，2021-10-26（4）.

③ 易小光. 以川渝自贸试验区协同开放为引领 建设富有巴蜀特色的国际消费目的地 [J]. 重庆行政，2021，22（6）：22-24.

自贸区内法治化营商环境，构建自贸区司法执行协作机制①。

三是全面加强司法供应链建设，全面服务保障新区创新提能。建立重大产业项目司法服务专员机制，加强对成都超算中心等重大创新平台的保障，强化对鹿溪智谷、独角兽岛等新经济企业空间载体的服务，并通过高效司法审查、优质司法建议、专业司法白皮书等多种形式，助推新区不断深化五项制度改革。

（二）优化助推成渝地区双城经济圈司法协同事项实质化的司法协同机制

常态运行的有效机制是推进成渝地区双城经济圈建设的不竭动力，只有当司法协同机制完全顺畅之时，司法协同事项才能走深走实，行稳致远。具体而言，需要建立如下协同机制。一是构建常态化的成渝司法协调机制。成渝司法协同和管理机制缺失，跨区域司法沟通受阻是成渝地区司法融合发展的结构性难题。因此，建议在省级层面构建成渝地区司法统筹协调推进机制，强化对成渝地区司法协同的规划指导，并不断优化成渝司法高层联席会议机制的功能，定期对成渝地区涉及的重大司法事项展开磋商，并依此达成共识性规则。二是构建成渝司法协同成效评估机制。通过明确专业评估主体、确立绩效评估标准等，对成渝地区法院参与司法协同的成效进行评估，推动各项合作协议都能充分践行。三是构建成渝司法信息共享机制。构建信息共享机制，消解信息不对称问题，有利于避免成渝地区各法院的集体非理性结局。成渝法院应充分利用网络技术，积极打造成渝地区司法协同信息平台，共享统一的司法信息数据库，不断优化成渝法院司法协同信息通报与传递规则等。

（三）优化国际化营商环境"立—审—执—示"司法联动保障体系

在国内国际经济形势的严峻压力下，成渝地区双城经济圈的建设归根结底仍需要着力于成渝两地尤其是天府新区与两江新区国际化营商环境建设。而从体系论思考出发，关键是要建立成渝互动、互联、互通的"立—审—执—示"司法联动保障体系。具体如下②：

一是共同打造诉讼服务一站式协作的新"高度"。深刻理解区域间各地法院诉讼服务协作的重要性，构建推进诉讼服务全流程一站式协作体系。推进跨域立案工作，在倡导当事人通过互联网自助立案的基础上，对属于协作法院管

---

① 杜以星.自贸区司法服务保障创新供给及不足之填补［J］.法律适用，2019（17）：71-80.

② 成渝地区司法协作实践经验和典型做法已有文献进行了详细的归纳和总结。参见郭彦.成渝地区双城经济圈法治保障体系的构建价值与发展路径［C］//.全面推进依法治国的地方实践（2020卷）.［出版者不详］，2021：46-53.

辖的案件，当事人可以选择向就近的基层法院提交立案申请，各法院指定专人负责，快速办理；推进委托送达工作，及时接收委托法院的送达手续，在规定期限内完成送达工作；推进智慧法院建设，探索建立委托事项在线协作平台，构建在线送达、在线缴费和在线庭审工作模式；建立数据共享平台，共享共用财产查控、典型案例、裁判文书等信息数据，实现人工智能等现代科技在司法领域的深度应用①。

二是共同打造审判事务全领域协作的新"宽度"。准确把握各类案件的审判特点和规律，采取有力措施，加强审判全领域的协作。加强刑事案件协作，联合打击黑恶势力犯罪和电信诈骗等利用网络技术实施的重大经济犯罪；加强商事案件协作，在审理跨区域公司、金融、合同等商事纠纷案件中，就企业经营状况、法人代表情况、股权变动情况、债权债务情况等委托调查取证；加快破产企业涉诉案件的审理，及时解除对破产企业保全措施，及时向破产案件受理法院移交破产企业款物②。

三是共同打造执行事务跨区域协作的新"温度"。强化善意执行、文明理念，加强执行事务协作，在确保债权实现的情况下，执行措施要适度、合理、必要。推行执行立案协助，在各法院之间建立跨地域执行受理机制，引导、鼓励申请执行人向被执行人主要财产所在地或被执行人居住地所在法院申请立案执行；推行线上查控协助，打通各法院点对点查控系统，快速查控被执行人在当地的财产情况，协助办理不动产、公积金、婚姻登记、工商登记等信息的查询、查封、冻结、扣划③。

四是共同打造司法示范效能提升区域协作的新"亮度"。共同发布川渝自贸典型案例，探索成渝区域自贸建设的司法规则和标准，联合共建西部自贸区司法智库，及时研究化解辖区内出现的新问题、新需求，重点开展自贸片区知识产权保护、国际规则对接、货物多式联运一单制改革等投融资领域的共同实践与研讨。

四、结语

司法环境属于区域经济社会发展的软实力，司法环境软实力的提升必将促进区域综合竞争力的提升，因为只有在一个公正、高效、权威、平等、公开、

---

① 吴磊. 跨区域司法协作的"四个维度"［N］. 人民法院报，2020-03-12（8）.
② 吴磊. 多维度实现区域司法协作［N］. 江苏法制报，2020-03-20（3）.
③ 刘圆圆. 善意执行法律问题研究［C］//.《上海法学研究》集刊（2020年第12卷 总第36卷）：社会治理法治化研究文集.［出版者不详］，2020：265-271.

便民的司法环境下，市场主体的投资才有保障，市场主体的竞争才有规则可循，市场主体的交易才便捷高效，市场主体对自身的行为才有可预测性，这样的社会环境才能吸引更多的人才、资金和资源，这样的社会环境才能既充满生机、活力，又和谐、安定、有序。期待成渝地区双城经济圈建设的司法协同保障能为"一极两中心两地"建设做出新的更大的贡献，期待天府新区法院与两江新区法院的司法协同能为天府新区、两江新区共同打造内陆开放门户再立新功、再创辉煌。

成渝地区双城经济圈司法协作运行检视与模式设计
——以人民法院司法协作为切入点

张慧东　杨　轩　刘盛彬①

内容摘要：随着成渝地区双城经济圈建设战略目标的提出，要保障其健康有序发展，就必须有法治保障，本文通过成渝司法协作实践探索分析，旨在找出成渝司法协作中存在的司法协作运行体系分散、常态化司法协作机制缺失、司法协作内容单一、信息交流沟通不畅等问题和困难。并对当前成渝司法协作的现实基础、政策环境和必要性进行论证，结合京津冀、长三角、泛珠三角等现有司法协作典型进行分析，探究成渝司法协作的内在需求。从而提出构建在最高院第五巡回法庭引领下，成渝法院间自主探索建立"两高双核多元"司法协作模式。同时，在该司法协作运行模式下，设立由联席会、司法协作办公室组成的日常监督管理机构，通过明确环境资源审判、边际纠纷多元化解、司法标准统一适用等协作重点，打造一个兼具便捷高效与可操作的平台来推动司法深度合作，为成渝地区双城经济圈建设贡献法院力量。

关键词：成渝地区双城经济圈建设；司法协作；深度运行

当前，成渝地区双城经济圈建设推进如火如荼，成渝两地通力合作，极大地促进了区域经济社会的发展进步。但现实操作中也存在诸多困难与阻碍，就法院司法协作而言，大多法院除签署司法协作框架协议以外，实际协作较为空白，司法资源未能充分利用，最大限度发挥司法资源服务保障成渝地区双城经济圈建设的力度不够。因此探讨如何在成渝地区双城经济圈建设背景下，构建行之有效的成渝法院协作模式显得尤为重要。

---

① 张慧东，安岳县人民法院法官助理；杨轩，安岳县人民法院综合办公室主任；刘盛彬，安岳县人民法院执行局副局长。

一、现状描摹：成渝地区双城经济圈司法协作的实践景象

加强司法协作，意在为成渝地区双城经济圈建设提供实质化的法治保障，司法协作的效果是法治保障水平的重要体现。为此，笔者对四川省高级人民法院发布的《司法服务保障成渝地区双城经济圈建设工作大事记》及四川长安网及各法院门户网站发布的相关司法协作进行梳理，以此呈现了成渝法院司法协作运行效果、运行特点和存在的困境。

（一）两地法院司法协作的实践探索

1. 签订司法协作框架协议

2020年3月以来，成渝两地高级人民法院分别签署《成渝地区双城经济圈司法协作框架协议》及《川渝地区人民法院知识产权司法保护交流合作协议》《成渝地区双城经济圈环境资源审判协作框架协议》《川渝地区人民法院执行工作联动协作协议》等协议。同时，成渝区域内各中基层法院也纷纷通过签订《交流合作框架协议》，初步建立起协作关系。框架协议签订数量占比见图1，成渝法院框架协议类型对比见表1。

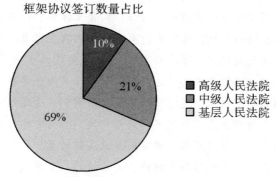

框架协议签订数量占比

- 10% 高级人民法院
- 21% 中级人民法院
- 69% 基层人民法院

图1　成渝各层级法院框架协议签订数量占比

表1　成渝法院框架协议类型对比

类型	内容	所占比例
全主位协作	在诉讼服务、执行联动、生态保护、智慧法院建设、人才交流等多方面开展全方位协作	76.5%
环境资源保护	重点就跨区域环境污染案件办理、裁判尺度统一、行政裁判执行进行协作，推进长江经济带绿色发展	9.8%

类型	内容	所占比例
金融审判	在优化法治营商环境、纠纷多元化解、加强与行业和监管部门的沟通等方面展开协作	5.9%
知识产权保护	建立知识产权多元保护、会商研讨、资源共建共享等机制	3.9%
其他	在未成年人保护、执行联运等方面建立协作机制	3.9%

通过表1可以看出，成渝法院司法协作框架签订既有共性又有特性。从层级上来看，高级人民法院、中级人民法院、基层人民法院均通过签订司法协作框架协议，建立起了协作关系。从协作类型上来看，有的法院确定了全方位的协作关系，有的为专项司法协作。从协作内容来看，各主体根据实际情况选择了不同的协作方向，有的侧重环境资源共同保护，有的侧重金融环境维护。从协议占比来看，协作集中在高级人民法院，且以全方位协议为主，大部分法院没有参与过司法协作，也不知如何开展司法协作。

2. 具体协作事项的推进与实践

成渝两地各法院在签订司法协作框架协议的基础上，就助推营商环境法治化、环境保护等方面展开了具体的实践协作。成渝法院司法协作开展时间线如图2所示。

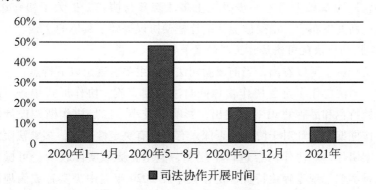

图2 成渝法院司法协作开展时间线

成渝法院通过交流会议或签订合作协议等方式开展司法合作，共同推进在执行协作、环境司法、营商环境、未成年人司法等方面的合作。具体情况如表2所示。

表 2 　成渝部分法院司法协作具体实践情况

主体	协议（会议）	具体事项
四川省武胜县人民法院 四川省岳池县人民法院 重庆市合川区人民法院	司法协作座谈交流会	在武胜、合川人民法院前期签署司法协作框架协议的基础上，签署《岳池武胜合川三地法院立案、诉讼服务协作规定》《岳池武胜合川三地法院执行联动协作规范》
成都铁路运输法院 重庆铁路运输法院	《成渝铁路法院合作共建协议》	在诉讼服务中心设"成渝地区双城经济圈诉讼服务专窗"
四川省合江县人民法院 重庆市江津区人民法院	"打击非法捕捞、共护长江生态"增殖放流活动	监督成渝 6 名因非法捕捞被判刑事附带民事的当事人，自掏腰包共向长江增殖放流 3.3 万尾中华倒刺鲃鱼苗
四川省广安市中级人民法院 重庆市第三中级人民法院	成渝地区双城经济圈建设提振法治化营商环境新闻发布会	共同发布 10 起助推成渝地区双城经济圈建设提振法治化营商环境的典型案例
成都市中级人民法院 重庆第一中级人民法院 重庆第五中级人民法院	成渝法院联手推进未成年人案件审理跨域工作	共同强化未成年人审判跨域司法协作、共同完善和创新未成年人审判工作机制、共同推进裁判尺度统一等七个方面的工作

从成渝法院的司法协助实践可以看出：有的法院在前期签订《司法协作框架协议》的基础上，进一步吸纳更多法院参与协作，扩大了协作影响力。有的通过新闻发布会、增殖放流活动让框架协议得到了具体的实践。

（二）两地法院司法协作呈现的显著特点及效果

从实践探索可以看出，当前成渝司法协作主要呈现出以下特点：一是自发性较强。司法协作多是各协作主体间自主沟通交流，协作形式单一、规模较小，地域特色和品牌意识不够突出，影响力较小。二是协作框架设计较为粗放。协作框架的设计对于协作是否深入有效具有决定性作用，多数法院虽然签订了框架协议，对协作内容进行了规划，但结合区域实际较少，可操作性不强。三是实践呈现零碎化特征，协作集中在 2020 年党中央实施成渝地区双城经济圈战略后一段时间内开展，且以个案出现，未形成常态化协作模式。

总体来看，成渝司法协作在顶层设计的推动下，两地高院已建立司法协作的整体框架，区域内其余中基层法院也在此框架下建立了协作关系，开展了具体实践，取得初步成效。但司法协作的整体水平不高，与协作需求还有差距，有待在实践中不断探索完善、创新优化。

（三）实践运行困境分析

1. 司法协作运行体系分散。由于成渝司法协作正处于初级阶段，体系和机制尚不成熟，缺乏完备的运行模式、监督管理、效力保障机制，各法院司法协作的质量参差不齐，不能满足当下成渝地区双城经济圈建设的需求，导致司法协作还停留在探讨和规划阶段，协作协议签订后的实际操作较少的问题较为突出。

2. 常态化司法协作机制缺失。当前成渝法院的协作普遍通过协作部门间的领导小组或院长会议来推动实施。这些方式层级低、组织较为松散，在区域大格局的背景下，缺乏制度性、权威性，导致协议和宣言缺乏约束力，政策性大于可操作性，导致司法协作的深度和广度都难以提高。

3. 司法协作内容单一。最高人民法院《关于为成渝地区双城经济圈建设提供司法服务和保障的意见》对成渝区域法院司法协作的重点、范围作出要求，明确要在加强两地多发案件审理、防范金融风险、加强环境资源审判、推进智慧法院建设等14个方面开展司法协作。但从实践来看，仅少数法院在环境资源司法协作保护、金融审判、诉讼服务、联动执行上开展了司法协作活动，运转效果不佳，与顶层设计要求还有差距。

4. 信息交流沟通不畅。司法协作交流性质强，法院间提起司法协作程序繁琐，有的法院甚至无从开展协作，需要一个申请司法协助便捷、功能完善、运行便捷、兼顾保密的信息交流平台。

二、深层追问：成渝地区双城经济圈司法协作的理性分析

顺应成渝地区双城经济圈建设作为国家重点区域发展战略，需要我们进一步探析发展内在需求和发展演变趋势，认清司法协作的现实基础与政策环境，明确努力的方向和重点，如此才能为双城经济圈建设贡献更大的司法助力。

（一）司法协作的现实基础——成渝区域特征及功能定位

成渝地区位处长江经济带，两地历史文脉同源、山水相依，天然的联系成为司法协作的必要。按《成渝城市群发展规划》来看，成渝城市群的具体范围包括四川省的成都、自贡等15个市，以及重庆市的27个区。当前，成渝地区双城经济圈建设中，成都和重庆两个中心城市的"虹吸效应"相当突出[①]，成都经济总量超过四川省的三分之一，重庆主城区经济总量接近全市的40%。

---

① 李后强，石明，李海龙.成渝地区双城经济圈城市发展方程探析：基于协同论视角 [J].中国西部，2020（4）：17-27.

习近平总书记指出，"要突出重庆主城、成都两个中心城市的协同带动，推动城市发展由外延扩张向内涵提升转变，同周边市县形成一体化发展的都市圈"①。目前，就川内而言，成都已经发挥核心作用，与德阳、眉山、资阳开启同城化发展，具备了相当程度的协作经验，为司法协作奠定了坚实基础。

（二）司法协作的政策环境——《纲要》与《意见》的落地实施

中央对成渝地区建设的政策和定位是在不断演变中的。从 2011 年国务院批复实施《成渝经济区区域规划》到 2016 年中央印发《成渝城市群发展规划》，再到 2020 年 1 月 3 日习近平总书记主持召开中央财经委第六次会议，作出推动成渝地区双城经济圈建设的重大决策部署，成渝区域发展定位的要求越来越高，发展格局进一步深化和拓展。2020 年 10 月，中共中央政治局审议通过《成渝地区双城经济圈建设规划纲要》。人民法院及时跟进，最高人民法院于 2021 年 3 月出台《最高人民法院关于为成渝地区双城经济圈建设提供司法服务和保障的意见》（以下简称《意见》），对协作目标和范围进行界定，要求"要增强大局意识，坚持能动司法、协同司法，创新司法理念，在协同发展中谋划人民法院工作，不断改革和完善适应成渝地区双城经济圈建设的司法体制机制，对涉及的司法问题进行预判，早做研究，及时应对，妥善处理，确保政治效果、法律效果和社会效果有机统一"。由此可以看出，成渝地区司法协作已具备良好的政策环境和制度空间，政治优势较强。

（三）司法协作的必要性论证——区域性问题的出现与解决

1. 司法协作是区域一体化的必然要求。随着区域一体化的推进，社会主体交流、往来愈加频繁，市场主体对法院司法能力和水平提出了更高要求②。为保障市场健康有序运行，急需一套行之有效的司法制度，司法协作则成为其中的关键一环。

2. 司法协作是遏制地方保护主义的重要手段。在我国，地市级政府享有立法权，可制定地方性规章、规范性文件。高级人民法院和各中院也可以在法律的基础上，通过内部会议纪要、指导意见对司法审判进行指导③。这些规章、指导意见都是基于地方特色制定的。因此，司法机关基于这些规章难免会作出更加利于本地当事人的判决，不利于区域一体化的发展。

---

① 习近平主持中共中央政治局会议 审议《成渝地区双城经济圈建设规划纲要》［EB/OL］.［2021-8-31］.http://www.gov.cn/xinwen/2020-10/16/content_5551828.htm.
② 孙超. 长三角一体化下的区域司法协助［J］. 法制与社会，2016（19）：136-137.
③ 杨登峰. 行政程序地方先行立法的主体、模式与规范［J］. 政治与法律，2020（3）：64-76.

3. 司法协作有利于消除司法标准差异。在推进成渝地区双城经济圈建设的进程中，不仅需要政策引导，还需要立法促进，确保司法机关在执法办案中有法可依。但截至目前，主导双城经济圈建设的都是中央和成渝两地的系列会议精神及相关政策性文件，司法机关的协作还缺乏法律制度的支撑。在公民权利意识、法治意识高涨的今天，在缺乏法治性、权威性的法律制度保障的背景下，为避免出现"同案不同判"等问题出现，多数协作主体往往还是选择各自为政，放弃利用区域内便捷高效的司法资源。

4. 司法协作是整合司法资源和提升司法效率的有效途径。追求司法公正与司法效率是我国审判执行工作的内在要求，需要我们在确保司法公正的前提下，尽可能提高司法效率，实现效益最大化。但长期以来，行政区划的分割导致行政区的意识深入人心，区域一体化观念比较缺乏，区域间"一盘棋"思维较为淡薄。因此，成渝两地的法院司法工作仍以本地区为主，采取协作时更多考虑的是本地利益，若合作利益较小，可能会对协作采取抵制态度[①]。只有加强司法协作，促进人才、资源、业务的流动，才有利于形成司法合力，实现法院间的优势互补与资源共享，达到司法成本有效降低、司法效率有效提升的目的。

三、他山之石：现有司法协作模式的考察与借鉴

（一）京津冀区域司法协作模式及亮点

在京津冀区域一体化的背景下，三地法院系统分别于2015年至2016年陆续出台了相关司法协作指导意见，明确要摒弃地方保护主义，建立常态化司法协作。同时，2015年3月，京津冀三地高院共同签署《北京、天津、河北法院执行工作联动协作协议书》，极大简化异地执行手续。同年12月，京津冀三地19家法院共同签署《北京、天津、河北（廊坊）19家毗邻法院执行事项委托及异地执行事项委托及异地执行协助运行及操作细则》，逐步实现京津冀区域执行办案"同城化"[②]。

协作亮点：在中央的推动下，京津冀的发展方向确定为协同发展，其司法

---

① 天津市武清区人民检察院课题组，郭庆，刘建新.京津冀协同发展中的司法合作问题研究：以检察机关开展司法合作为研究视角 [J].中国检察官，2016（21）：31-34.

② 2015年3月，京津冀三地高院共同签署《北京、天津、河北法院执行工作联动协作协议书》，极大简化异地执行手续。同年12月，京津冀三地19家法院共同签署《北京、天津、河北（廊坊）19家毗邻法院执行事项委托及异地执行事项委托及异地执行协助运行及操作细则》，逐步实现京津冀区域执行办案"同城化"。史风琴，丁力辛.执行，在战"疫"中不打烊，人民法院报 [N].2020-04-15（1）.

协作模式为"顶层设计+自主探索"，由三地高院联合组成联席会议，负责京津冀所有司法协作的设计、推动，区域内其余法院在此框架内根据需要开展具体的司法协作。

（二）长三角区域司法协作模式及亮点

早在2008年，上海、江苏、浙江就共同签署了司法工作协作交流协议，正式启动了司法协作①。2009年，沪苏浙三省市高院再次签署13项司法协作工作规则，尤其细化了异地调查取证、异地执行等方面的合作规定。2014年，安徽高院及沪苏浙高院就执行联动信息共享合作，一定程度上破解了执行难题。同时，长三角各级法院还在维护金融安全上开展了积极合作。

协作亮点：目前，长三角司法协作形成的机制协调性质较为突出，但其1993年组织开展的由13家法院组成的环太湖地区司法协作会议，演变为近50家法院参与的司法协作会议，为之后的司法协作提供了参考与借鉴。

（三）泛珠三角区域司法协作模式及亮点

2004年，广东高院与广州海事法院在年度业务通报、重要信息和重大案件报告、联合调研、培训等方面统一裁判尺度、提高案件质量②。2009年，广州市中院与佛山中院签订了同城化建设司法框架协议，开启国内以协作协议形式开展城际司法协作的先河。该协议在司法标准上进行了统一，对审判执行协作中的管辖、审理、送达等进行了细化，从此泛珠三角区域司法协作成为常态。

司法协作亮点：泛珠三角区域在司法体制改革中选取了深圳、佛山、汕头、茂名作为试点，试点法院积极开展跨区域审理探索，进一步强化了司法协作的深度。同时，随着最高人民法院第一巡回法庭在深圳挂牌成立，广东、广西、海南三省的跨域矛盾纠纷得到了实质性化解，有效促进了区域内法律适用的统一。

（四）现有司法协作模式之启示与借鉴

1. 跨域司法协作深度发展与区域一体化相辅相成

随着区域一体化规划的推进，区域间的合作领域不断扩张、力度不断加大，资本和劳动力流动愈加频繁。从长三角司法协作模式来看，区域一体化导致有的区域不能如同之前一样按照自己意志在区域内控制人员和物品的流动，

---

① 王兆忠，孙晨. 长江中游城市群司法协作模式选择与构建［J］. 长江论坛，2018（3）：70-76.

② 刘星显. 珠三角区域法律合作机制的形成及其发展趋向［J］. 知识经济，2019（27）：53-54，56.

有些法院需要管辖一些本应由其他法院管辖的案件。但由于我国经常性适用的是属地管辖与属人管辖，区域间的法院就必须开展深度合作，以突破在送达、执行等方面的限制，从而有效节约司法资源。成渝司法协作的深度发展需要进一步提升协同意识，在区域一体化进程中多发的案件上下功夫，加强协作。

2. 司法深度协作需要建立有序、统一、协调的治理机制的重要保障

在区域一体化的基础上，司法协作不光具备了统一的协同理念，还建立起了规范的机制支持。长三角城市群发展进程中，法院通过签署协议，并决定每年召开会议通报协作情况，督促各法院履行司法协作协议，建立起了跨域协调机制，形成互相联动、共同推进的态势①。京津冀同城化发展则是形成了在京、津、冀三城统揽下，通州、雄安联动的治理体系。成渝区域发展中，成都和重庆主城的发展领先，可发挥其先进性，将其领头羊作用纳入司法协作运行体系打造，推进协作深度运行。

3. 司法深度协作需要不断扩大协作范围

从现有典型来看，随着时代发展和区域一体化进程，调查取证、协助执行等传统司法协作已经远远不能满足现实需要。于是，跨区域立案、统一裁判尺度、类案集中管辖、司法资源互通互融、矛盾纠纷多元化解等成为区域司法协作新的内容②。成渝司法协作也不应局限于传统的内容，要结合区域实际，环境资源保护、法治化营商环境、信息化平台构建等方面做出积极探索，不断扩大司法协作的范围。

四、路径选择：成渝地区双城经济圈司法协作的具体设计

成渝地区双城经济圈建设大背景下的区域司法协作，应当在两地以外，寻求更高层级的监督领导机构来统筹运行。可构建在最高院第五巡回法庭引领下，成渝法院协同探索建立"两高双核多元"的司法协作模式，并在此基础上通过扩大协作范围、建立协作机制和平台来提升协作的深度与广度。笔者认为至少应做到以下几点：

（一）在选择司法协作运行模式方面——构建第五巡回法庭引领下的"两高双核多元"协作模式

成渝地区双城经济圈建设与京津冀协同发展都具有从中央直接安排部署的

---

① 王兆忠，孙晨. 长江中游城市群司法协作模式选择与构建 [J]. 长江论坛，2018（3）：70-76.

② 同①。

政治优势，有长远发展、同城发展的需求。成渝地区双城经济圈建设中的司法协作可借鉴京津冀模式，结合自身特色，借力最高院第五巡回法庭派驻重庆的区位优势，发挥"两高双核多元"司法力量，来真正实现司法深度协作。"两高"为成渝两地高级人民法院，"双核"为成都和重庆主城法院，"多元"是指区域内所有法院。具体来说，该模式需要通过四个层级来实现。

第一层级：破除行政区划分割带来的障碍，由最高院第五巡回法庭定位对成渝区域司法协作进行统筹指导。《意见》具有普遍适用性，但还不能解决各区域内所有问题，还需要统一的推进协调机构来推动政策落实，因地制宜解决现实操作中存在的阻碍和难题。最高人民法院巡回法庭即代表了最高法，可发挥第五巡回法庭派驻重庆，管辖重庆、四川、贵州、云南及西藏，服务"一带一路"、西部大开发等，了解成渝区域实际，发现问题、解决问题及时的优势，对成渝地区司法协作工作进行指导和监督，逐渐破除地方保护主义的藩篱和相关体制机制性障碍。

第二层级：借鉴京津冀区域司法协作中的"顶层设计"模式，由成渝两地高级人民法院负责整个司法协作工作的构建、推进、完善。两地高级人民法院结合实际，在《意见》的基础上进行协作项目细化，并通过签订《司法协作框架协议》对区域协作进行设计，为辖内法院提供参考。

第三层级：将成都和重庆主城的司法协作作为突破口，由其发挥"双核"作用，辐射带动其他地区法院开展全方位协作。一是资源共享。成都和重庆主城的法院在知识产权保护、服务经济高质量发展等方面取得了更加先进的经验，可同其他区市法院共享已取得的司法成果，为其提供宝贵经验。二是活动共办。拓展司法活动共办主体，将兄弟法院吸纳进司法研讨、创新项目试点等活动中，实现共建共享。

第四层级：由成渝区域内的各法院根据自身情况，在高级人民法院设计的框架内，因地制宜开展立案、审判、执行、人才交流等多元司法协作。同时，向地方党委政府争取支持，将两地司法协作纳入财政专项经费预算，充分保障在司法协作进程中资金、设施、人力、技术的投入，形成有序、统一、协调的治理机制。

（二）在构建司法协作机构方面——打造以区域联席会为最高领导机构的监督管理平台

推进"两高双核多元"司法协作模式，需要构建监督管理机构，推动其有序运转。

1. 设立司法协作领导机构

借鉴长三角、京津冀地区司法工作协作交流联席会议经验，将联席会议作为司法协作的领导机构。在党委政府的支持下，人民法院在平等协商基础上，签署规范化、制度化的协作文件，由各法院院长组成，建立司法协作联席会议制度。联席会议至少应当具备三方面的功能定位：一是对最高院第五巡回法庭负责，需定期汇报工作推进情况，争取支持与指导。二是围绕司法协作内容、司法需求，确定司法协作方式，签订司法协作框架协议。三是制定详细联席会议议事规则，如：轮流牵头定期召集联席会议，讨论、研究司法协作的相关重要问题、重大案件，通报院司法协作主要情况，发布具有代表性的案例、指导性意见，以达到统一司法标准、消除认识差距的目的[①]。

2. 设立司法协作监督协调机构

设立一个常设机构，负责联席会休会期间两地的司法协作工作的运行。该机构由两地协作法院分别指定两名人员组成成渝地区双城经济圈司法协作办公室，具体负责统揽日常司法协作工作的服务、监督、考核[②]。一是负责两地司法协作的对口联络和沟通协调，如，对协议内确定的协作事项，合作双方存在争议或存在阻碍时，可向司法协作办公室申请协调来确保协作的推进。二是负责协作工作的监督、考核。只有将协作纳入目标考核，才能真正深入推进协作。司法协作办公室应制定考核办法，收集合作动态和落实情况，确保司法实现深度协作。三是负责联席会的开展及筹备，司法协作办公室在收集落实情况的过程中强化问题收集，为联席会议的开展提供议题，实现协作的完善。

（三）在确定司法协作事项方面——建立重点领域案件审判化解协作机制

落实顶层设计，需要结合成渝实际，在环境资源保护、边际纠纷化解、统一司法标准三个重点领域发力，提升协作实效。

1. 构建环境资源司法协作机制。《意见》要求"充分发挥环境资源审判职能作用，推动成渝地区双城经济圈绿色发展"。成渝环境资源司法协作可借鉴环太湖地区司法协作模式，吸收政府法治部门、环保机构，协商确定司法标准、跨区域集中管辖模式。协作内容上，要联合打击非法捕捞水产品、滥伐盗伐林木、滥捕野生动物等犯罪行为，并通过联合开展增殖放流、补种复绿等活动，在环境资源开发、生态保护方面形成专门的协作，助力社会承载力提升。要构建完善的资环公益诉讼制度，建立环境公益诉讼集中管辖制度，特别坚持

---

① 徐康. 泛珠三角一体化语境下的区域法院司法协助研究 [J]. 法制与社会，2010 (29)：139-140.

② 同①。

保护优先、公众参与的原则，进一步推进预防性公益诉讼①。

2. 构建边际纠纷诉源治理共建共享机制。矛盾纠纷多元化解是司法协作中的重要一环，特别是成渝两地毗邻区域容易发生矛盾纠纷，如若发展到诉讼环节必会造成司法资源的浪费。成渝边际纠纷诉源治理，可建立以边际司法机关为主，地方党委政府、社会调解组织参与，共同确定矛盾纠纷排查主体、受理主体、回访主体的"一体化"模式。在此，可充分发挥人民法庭"桥头堡"作用，主动对接毗邻区域乡镇党委政府及协作法院下设的人民法院，加强对苗头性矛盾纠纷信息的分享、社会风险的评估，确保纠纷及时发现、及时排除，发挥毗邻区域司法协作的最大力量。

3. 构建司法标准统一机制。同案同判是成渝司法协作实践中亟须解决的问题。可从三方面入手，一是由两地高级法院在不违背上位法的前提下，对区域整体情况进行分析研究，协商一致后，发布针对性指导性意见或操作规章②。二是建立区域案例指导机制，高级法院将本辖区有代表性的案例提交联席会议讨论，明确适用标准，最后以联席会议名义分发出，供两地法院参考，以消除认识差异③。三是建立司法标准送审机制。就中、基层法院而言，在高院和联席会未发布的适用标准的前提下，可在判后，就具有适用争议的案件向协作法院及上级法院送审，为其适用提供思路。

（四）在搭建司法协作运行平台方面——形成共享、高效、安全的互联互通机制

在明确司法协作运行模式、机构与细化协作重点后，打造一个便捷高效、互联互通的信息交流平台就成为必要，可通过分级授权、依法使用让平台兼顾便利性与安全性。

将区域法院的数据等信息进行整合，建成信息共建共享平台。该平台具备以下特点：一是信息化，可直接通过互联网登录该平台，查看、接收司法协作信息。二是统筹化，在省高院的统筹下，对司法协作内容进行细化，开设综合信息分享、司法协助、远程开庭、典型案例、新闻中心五大专栏，并在各专栏下细化功能，法官可直接通过该平台完成材料的发送、接收及时间节点查看。

---

① 赵银仁，韩旗. 新时期深化环境司法改革创新的思考 [J]. 中华环境，2021 (7)：71-74.

② 梁晨. 我国"地方主导型"区域法治协调问题 [J]. 哈尔滨学院学报，2016，37 (8)：28-31.

③ 徐康. 泛珠三角一体化语境下的区域法院司法协助研究 [J]. 法制与社会，2010 (29)：139-140.

以司法协助专栏为例，该专栏下还应设置跨域立案、协助调查、协助送达、协助执行等子专栏，法官可直接选择专栏，上传需协助办理的资料，发送至被委托法院，该法院完成办理后，可直接将材料上传反馈。三是安全化，法院信息大部分涉及公民隐私，在信息共享背景下，极有可能对当事人隐私造成侵害，需要建立信息使用标准，将涉隐私权限精确到层级、精确到范围、精确到人。首先，明确涉密信息贡献范围，涉及国家秘密、当事人隐私及未成年人犯罪案件的信息应设置保密权限①。其次，建议保密信息可查看的权限范围最低层级为各联席会成员，其余人员查看获取信息需通过书面向辖区内联席会成员申请，由该成员向其提供。最后，信息查阅申请必须实名制，确保信息共享与申请人一一对应，从而降低保密信息滥用的可能。

五、结语

司法协作是推进成渝地区双城经济圈建设的有效保障。当前，成渝地区双城经济圈建设作为国家重点区域发展战略，推进成渝地区司法协作有紧迫性和必要性。但司法协作与区域内的经济、政治、文化、地理环境、风俗习惯等息息相关，需要把握好其中特征以及未来发展态势，在先进模式的基础上，结合实际，明确协作重点、搭建协作平台，成立常态化监管机构，建立具有成渝特色的司法协作模式。

---

① 曹波. 论不应公开的案件信息刑法保护的规范诠释 [J]. 科学经济社会，2017，35（2）：87-94，113.

成渝跨自贸区司法协作的实质之维
——以跨域法官联席会议机制构建为视角

张小波　肖明明①

内容摘要：以区域一体化发展战略为契机，京津冀、长三角、粤港澳和成渝地区均已开展跨区域司法协作的制度探索与实践，并形成司法便利型、司法治理型和司法交往型三种典型的跨域司法协作形态。但在司法协作的内容与结构上，也呈现出协作模式同质化、协作内容务虚性和协作目标模糊性等形式化倾向，各地开展跨域司法协作的动机或多或少地表现为通过协作机制创新追求"竞争"绩效。鉴于此，成渝跨自贸区司法协作机制构建应回归司法理性与司法规律，坚持实质化的改革路径，建立以跨域法官联席会议机制为核心的互动协作模式，应当明确跨域法官联席会议的功能定位、组织构成、运行机制和效力约束等基本内容。

关键词：成渝司法协作；实质化；法律适用统一；跨域法官联席会议

一、问题的提出

成渝地区双城经济圈建设是习近平总书记亲自谋划、亲自部署、亲自推动的重大国家战略。2020年10月16日，习近平总书记主持召开中共中央政治局会议，审议《成渝地区双城经济圈建设规划纲要》。会议明确提出，成渝地区要牢固树立一盘棋思想和一体化发展理念，健全合作机制，打造区域协作的高水平样板，共同建设高标准市场体系，营造一流营商环境，使成渝地区成为具有全国影响力的重要经济中心、科技创新中心、改革开放高地、高品质生活宜居地。重庆自贸区和四川自贸区作为西部改革开放新高地的门户，在推进成渝

---

① 张小波，重庆两江新区（自贸区）人民法院副院长，三级高级法官，法学硕士；肖明明，重庆两江新区（自贸区）人民法院法官，一级法官。

地区双城经济圈建设中无疑将扮演极为重要的角色。在多层次合作机制建设中，探索和构建符合川渝两地自贸区建设发展规律的司法联动运行体系和协作创新机制，将成为两地共同推动全面深化司法改革和自贸区法治建设的重要举措。因此，建立成渝跨自贸区司法协作创新机制，将有助于推动完善自贸区法治规则体系，优化自贸区内法治化营商环境，打造自贸区法院司法合作样本，为助推成渝地区双城经济圈建设提供有力司法服务和保障。

近年来，随着国家区域经济一体化发展战略的实施，以社会协同治理理论为基础，区域司法协同理论得到长足发展①。与此同时，跨区域间的地方法院司法协作不断增多。例如，在京津冀协同发展战略规划中，最高人民法院出台专项意见协调三地法院建立司法协作机制，服务和保障京津冀协同发展需求。在长三角和泛珠三角地区，跨行政区域法院之间也建立了不同层级和规模的司法协作机制，进行了诸多实践探索。相较于传统模式，地方法院区域司法协作体现了新的趋势和特点，如协作内容渐由法定为主扩展为意定为主，协作范围由区划内协调扩展为跨区域合作，协作动因由自发互惠发展为统筹协同等。因此，跨域司法协作已具备充分的理论共识和实践经验。

但是，有关自贸区专门化法院间司法协作的特殊规则的阐释和分析仍属空白。我们通过实证分析也发现，既往跨区域司法协作模式多偏重于宏观层面的协作框架、制度和平台的搭建，呈现出重文本轻实践的形式化倾向，欠缺实质层面的具体法治化协作机制。跨区域的司法协作应当回归司法规律和审判职能，注重法律适用规则层面的探索和统一。尤其在成渝地区双城经济圈建设这一国家重要发展战略实施的背景下，基于川渝两地自贸区建设的实际情况，构建和完善以司法职能发挥为中心的实质化的跨自贸区司法协作机制，无疑具有重要的理论和实践意义。

二、我国跨区域司法协作的基本模式与类型

法院间的互相协作本身即为诉讼法的内在要求。跨行政区域的人民法院之间的委托送达、委托调查取证、协助执行等程序事项属于法定的司法协作内容。但是，随着区域法治理论、协同治理理论和区域一体化发展战略的提出和

---

① 梁平. 京津冀协同发展司法保障的理论探讨与实践路径：基于司法功能的视角 [J]. 政法论坛, 2020, 38 (1)：170-176；郭雪慧, 李秋成. 京津冀环境协同治理的法治路径与对策 [J]. 河北法学, 2019, 37 (10)：190-200；张丽艳, 夏锦文. 国家治理视域下的区域司法协同治理 [J]. 南京社会科学, 2016 (5)：83-90；程竹汝. 国家治理体系现代化进程中的司法治理 [J]. 中共中央党校学报, 2014, 18 (3)：15-21.

深化，超越法定协作范畴的意定式区域司法协作成为主流①。

（一）跨区域司法协作实践的基本概貌

早在 1993 年，环太湖地区的 41 家基层法院就签订了《环太湖法院司法协作协定书》，明确了相互之间在委托送达、委托调查、委托执行等方面的司法协作事项②。其后，京津冀地区、长三角区域、长江中部城市群、泛珠三角地区以及成渝地区的法院之间陆续开展了多层级、跨区域、高规格的司法协作实践。

1. 京津冀协同发展框架下的区域司法协作

京津冀地区法院间的跨区域司法协作是在京津冀协同发展战略背景下提出和逐步构建的。2015 年 4 月 30 日，中共中央政治局会议审议通过《京津冀协同发展规划纲要》，将京津冀协同发展上升为重大国家战略③。以此为背景，三地法院以服务保障京津冀协同发展为动机，"建立多元化的协同网络，包括跨京津冀三地不同层级法院之间以及省（市）级区划内三级法院之间的常态化协同机制"④。河北、天津两地高院还各自出台了服务保障京津冀协同发展的司法文件，指导辖区法院开展跨域司法协作工作⑤。

在地方法院前期实践的基础上，最高人民法院于 2016 年 2 月 3 日发布《关于为京津冀协同发展提供司法服务和保障的意见》，从依法履行审判职能和建立工作联络机制两方面对京津冀法院间司法协作提出要求。其中，关于跨区域司法协作的运行机制包括联席会议机制、智慧法院建设合作、执行联动协作、特定类案集中管辖机制以及调研交流机制等⑥。

---

① 实践中，地方法院之间开展跨区域司法协作时通常首先采取签订合作协议的方式设定基本框架和平台，因此，我们将这种类似于契约式的协作模式概括为意定式跨域司法协作。但是，需要注意的是，这与不同法域之间的区际或国际司法协作存在根本差异，后者通常基于条约或协定等方式建立互惠协作机制，而前者则主要是同一法域内不同司法主体之间形成的一种协同治理或互惠交往机制。

② 吴勇. 我国流域环境司法协作的意蕴、发展与机制完善 [J]. 湖南师范大学社会科学学报，2020，49（2）：39-47.

③ 王红茹. 专家解读《京津冀协同发展规划纲要》看点 [J]. 中国经济周刊，2015（18）：52-54.

④ 梁平. 京津冀司法协同治理的模式转型 [J]. 河北法学，2019，37（11）：62-71.

⑤ 2015 年 11 月，河北高院出台《关于为京津冀协同发展提供司法保障和服务的指导意见》；2016 年 5 月，天津高院出台《关于为京津冀协同发展提供司法服务和保障的实施意见》。

⑥ 最高人民法院关于为京津冀协同发展提供司法服务和保障的意见 [N]. 人民法院报，2016-02-19（3）.

2. 长三角一体化发展战略下的区域司法协作

长三角地区法院之间开展跨域司法协作的时间相对较早，制度与机制建设也较为完备、精细。2009 年 5 月，上海、江苏和浙江三地高级人民法院就已共同协商制定《长三角地区人民法院司法协作交流联席会议议事规则》等 13 项司法协作工作规则，并统称为《长三角地区人民法院司法协作工作规则》①。其协作机制和内容包括建立联席会议、设置交流联络组、开通司法协作交流网站，制定审执业务部门协作规则、司法动态信息交流方案，建立规范性文件协调交流机制、跨地区案件审理协调机制、人才培养协作交流机制等②。

2019 年 5 月 13 日中共中央政治局会议审议通过《长江三角洲区域一体化发展规划纲要》，以此为背景，沪苏浙三省高院又进一步签订《全面加强长江三角洲地区人民法院司法协助交流工作协议》，拓展区域司法协作的内容范围③。在协议落实中，上海青浦法院、浙江嘉善法院和江苏吴江法院还围绕长三角生态绿色一体化示范区建设，达成《服务保障长三角生态绿色一体化建设司法协作协议》④，强化在跨域立案、委托协助、多元解纷和类案审理等方面的交流协作⑤。此外，沪浙苏皖四地法院还着力共建"长三角司法链"，通过引入支付宝的蚂蚁区块链技术搭建司法区块链，实现跨域审判数据互联互通⑥。

3. 成渝地区双城经济圈建设下的区域司法协作

自中央提出成渝地区双城经济圈建设的战略规划后，川渝两地法院司法协作的整体机制也逐步建立，并不断得到深化和落实。2020 年 4 月，重庆高院出台《关于为成渝地区双城经济圈建设提供司法服务和保障的意见》，随后两地高院签署《成渝地区双城经济圈司法协作框架协议》。在司法协作的宏观框架下，部分中基层法院之间也各自建立了相应的司法协作机制，如两地自贸区法院间签订了《川渝自贸区法院合作共建协议》。在协作机制的内容构建上，相较于其他实践模式而言，川渝法院司法协作重在拓展和深化人民法院司法职

---

① 齐奇. 统筹八项司法 服务科学发展 [J]. 人民司法，2009（15）：4-9；沈峥嵘. 长三角异地执行难有望缓解 [N]. 新华日报，2008-10-25（A01）.

② 参见浙江省高级人民法院《关于印发<长三角地区人民法院司法协作工作规则>的通知》（浙高法〔2009〕229 号）.

③ 余建华，周凌云，叶见青. 守护"绿色家园"，司法一路相伴 [N]. 人民法院报，2022-04-19（5）.

④ 严剑漪. 长三角一体化示范区法院联合签署协议 [N]. 人民法院报，2019-09-12（4）.

⑤ 李华琪，曹奕阳. 区域环境司法协作的理论溯源与制度回应：以长三角地区为例 [J]. 中国环境管理，2021，13（6）：140-146.

⑥ 许凯. 以"司法区块链"思维引领长三角区域司法协作 [N]. 团结报，2020-04-21.

能的视角，将法律适用统一、跨流域生态司法保护、纠纷解决平台整合等作为协作重点。例如，两地高院签订了有关知识产权司法保护、环境资源审判和住房公积金领域执行联动的专项协议①，将跨域司法协作导向了实质化发展路径。

4. 粤港澳大湾区建设下的区域司法协作

粤港澳大湾区建设是国家"十三五"规划明确提出的重大国家战略。2019 年 2 月 18 日，中共中央、国务院正式发布《粤港澳大湾区发展规划纲要》。以此为背景，粤港澳大湾区司法合作也逐步深化②。深圳前海法院出台《关于为粤港澳大湾区建设提供司法保障的意见》，提出要通过司法协作共享，助推大湾区协同创新发展。2019 年 9 月，深圳市印发《前海落实<粤港澳大湾区发展规划纲要>法治建设行动方案（2019—2022）》，明确提出建设粤港澳大湾区司法合作平台，探索建立司法机构信息查询互通平台和区际商事纠纷调解协议司法确认等机制③。此外，粤港澳大湾区司法机构间还在海事司法合作、刑事司法管辖等层面展开了多元司法协作。

（二）跨区域司法协作实践的类型化分析

尽管当前各种跨区域司法协作实践模式在具体内容和机制构成上存在差异，但也表现出若干共性特征和趋势。以司法协作的内容、动机和目标为主要观察视角，跨域司法协作形态可大致归纳为司法便利型、司法治理型和司法交往型三种④。

1. 司法便利型跨域司法协作形态

在跨区域司法协作的早期阶段，地方法院之间通过"意思联络"寻求合作的动机还主要是实现诉讼程序和事务层面的互惠协作。虽然目标定位更多在于借助委托送达、执行协助等方面的互相协作，达到各自审判质效考评指标的提升，但客观上司法的审判功能也相应得到了效果优化⑤。例如，长三角地区法院第一阶段跨域协作的内容多集中于传统的业务交流、程序配合与互助等范

---

① 重庆高院和四川高院签订《川渝地区人民法院知识产权司法保护交流合作协议》和《成渝地区双城经济圈环境资源审判协作框架协议》，两地高院另联合两地省级住建部门共同签订《深化川渝合作推动建立成渝地区双城经济圈住房公积金领域执法司法联动机制合作备忘录》。

② 谢雯，丘概欣. 粤港澳大湾区建设中司法合作与司法保障的路径：以涉港澳民商事审判为视角［J］. 法律适用，2019（9）：48-56.

③ 温思美. 促进粤港澳大湾区司法合作平台建设［J］. 同舟共进，2018（4）：19-20.

④ 张小波，肖明明. 由竞争走向合作：中国地方法院区域协作的实践与改革［J］. 法律适用，2021（2）：148-154.

⑤ 同④。

围。总体上，以诉讼程序的便利化为主要内容的区域司法协作，仍属于诉讼法框架下的司法体系内的配合与协调的范畴。

2. 司法治理型跨域司法协作形态

司法体系具有社会治理功能，司法治理在国家治理体系现代化中具有重要作用和地位①。司法的治理功能不仅体现在司法权行使所带来的纠纷治理和秩序整合，还包括司法能动主义理念下司法机关通过司法政策和司法参与服务保障经济社会发展等内涵。跨区域地方法院间通过互相协作所形成的区域司法协同治理，即构成了司法在区域社会治理法治化实践中的一种路径选择②。近年来，以强调司法在特定领域的服务保障或治理功能为核心取向的区域司法协作已成为演化趋势，地方法院间合作的动机和目标也集中于服务国家战略、公共政策或地方发展。例如，京津冀、长三角和成渝地区的司法协作实践均系以相应的国家发展战略为背景，协作的动机和目标也均定位于为战略实施提供司法服务和保障。可以发现，这些新形态的区域司法协作背后也潜藏着地方法院在服务地方或制度创新等层面的竞争，只不过界定竞争主体的区域边界由行政区划更替为了更为宏观中性的经济社会发展战略。

3. 司法交往型跨域司法协作形态

在互惠合作中寻求和促进资源共享，也是当前区域司法协作的共性内容。其中，以法院间的人才交流互动、司法知识共享、文化建设交流等法律交往活动为主。例如，长三角地区人民法院人才培养协作交流机制（试行）将协作的重点集中于教育资源共享、人才和业务交流以及司法经验举措的互通有无。为深化京津冀司法协作，最高人民法院于 2017 年 2 月出台《关于加强京津冀三地法院人员培训和法官交流工作的意见》，专项指导三地法院建立司法人员跨域交流协作机制③。

三、当前跨域司法协作模式的问题与局限

通过对当前典型司法协作实践样态的描述和分析可以发现，各模式之间存在较为明显的同质化现象，这既体现在协作内容的趋同性与形式化趋向，也体

---

① 程竹汝. 国家治理体系现代化进程中的司法治理 [J]. 中共中央党校学报, 2014, 18 (3)：15-21.

② 张丽艳，夏锦文. 国家治理视域下的区域司法协同治理 [J]. 南京社会科学, 2016 (5)：83-90.

③ 郑晓姣. 京津冀协同发展中三地法院司法合作问题研究 [C] //. 雄安新区建设法治保障：第八届法治河北论坛文集. 石家庄：河北省人民政府法治办公室、河北省法学会, 2017：243-250.

现在地方法院寻求协作的表象背后所内藏的"绩效竞争"动因①。

（一）跨域司法协作实践的形式化问题及其表现

其一，协作模式的同质化。从不同区域发展战略的横向比较来看，对应地区的地方法院选择的跨域协作方式、基本框架和成果形式具有同质性。尤其对于最高人民法院参与进行统筹协调的跨区域司法协作项目中，最高法院的司法政策给出了地方法院间搭建合作架构的基本指引，由此形成了政策示范作用，其他区域协作活动中往往照搬既有模式。此外，从内部纵向对比的角度，当统筹推进区域司法协同治理的上级人民法院之间形成协作文本或者出台司法政策后，下级法院间的协作方式和范围即表现出"上传下达"式的政策落实特征。通常情况下，"除了所涉及的领域趋同外，各层级的文件仍然只是'提出了命题'"，至少在文本层面的同质化现象严重②。

其二，协作内容的务虚性。当跨区域司法协作被作为一项制度创新绩效竞争的手段时，制度文本生成的时效性便尤为重要，各类司法协作的启动形式也大多以缔结合作协议为标志。这些框架性的协议虽确定了互惠协作的基本方向和运行机制，但又多停留于纲领性、原则性的阶段，缺乏"实质履行"的内容基础。这可以从协议文本所用词语的宣示性、修饰性特征方面得到印证，大量的模糊性概念和条款的运用使得协议内容欠缺具体履行的基础。当然，实质性的协作是以充足的人财物资源为前提保障的，额外审判资源的匮乏从根本上制约了跨区域司法协作迈向深水区的步伐。

其三，协作目标的模糊性。在治理参与型区域协作中，服务和保障区域发展战略其实只是司法协作的政策导向，并非其功能目标。地方法院的根本角色是司法机关，核心功能是通过纠纷治理实现法治，服务保障地方发展的协同治理功能也必须经由审判职能的发挥实现。但是，在既有协作模式中，"合同目的"并未得到清晰界定和显现，协作内容结构的设定、协作机制的运行方式等也未围绕裁判规则统一、司法能力提升等应然目标展开。

（二）跨域司法协作中的"竞争冲动"及其表现

法院的传统角色是纠纷裁判者，追寻的是通过中立、公正地裁决纠纷以实现社会秩序。随着公共治理模式和理念的转变，多主体的协同治理成为趋势，法院和司法也随之被赋予服务提供者的新角色，并不可避免地参与到社会治理

---

① 张小波，肖明明. 由竞争走向合作：中国地方法院区域协作的实践与改革 [J]. 法律适用，2021（2）：148-154.

② 梁平. 京津冀司法协同治理的模式转型 [J]. 河北法学，2019，37（11）：62-71.

结构之中①。就此而言，法院之间寻求跨区域的司法合作，也是这种角色和治理功能转变的实践体现。前述司法治理型的地方法院区域协作就是合作协议主体主动参与和融入区域经济社会发展和区域治理法治化过程的一种典型方式。通过对实证资料的整理可以发现，近十年来，法院跨区域司法协作的核心动机主要为两类：一是参与和落实国家重要的区域发展战略；二是针对特定类型案件的专门化审判展开协作，且这些案件多与当下紧迫的公共治理政策目标密切相关，如流域生态环境资源类、知识产权保护类等案件。

从法院系统内部的角度来看，参与跨区域司法协作的地方法院之间签订协议建立合作关系的行为，一定程度上也可视为是合作各方各自竞争的结果，也是政策改革压力下进行自我调适的最优选择。不论是基于回应上级法院司法政策的考量，还是意在强化自身在地方治理体系中的地位，开展区域司法协作都将构成地方法院的一项制度创新，从而赢得在法院系统竞争和本地治理系统竞争中的好成绩②。在此意义上，区域发展和协同治理框架下发生的跨域司法协作现象呈现出了较为突出的"协作式竞争"的意味。

然而，公共选择理论已经证明，处于科层体系中的政治主体和个人也是存在利益计算和考量的理性人。公共部门及其组成人员的竞争或合作行为都需要纳入制度的监督约束范围，否则将损害公共权威和公众利益。就地方法院而言，受竞争冲动影响而竞相开展跨区域司法协作，容易产生为合作而合作的形式化趋向，造成司法的区域地方化和行政化，销蚀司法的中立性、权威性。

四、以跨域法官联席会议机制推动区域司法协作实质化

地方法院在扮演跨区域协作的司法合作者的角色过程中，仍必须坚持以司法的中立、公正等价值目标为旨归，抑制协作行为时的竞争冲动和形式化趋向，寻求一条以审判职能优化和司法能力提升为中心的实质化演进道路。这并不是否定地方法院参与地缘社会治理和服务保障地方发展的功能，而是意在强调这些治理功能的发挥和实现应当以纠纷的诉讼治理作为主要方式，通过跨区域司法合作提升地方法院的司法能力和水平，进而精进其参与区域协同治理的能力。因此，实质化的区域司法协作应回归司法理性，克制过度的竞争化、服务化倾向，重新树立以司法公正、司法效益和诉权保障为目标导向的评价标准。就此而言，以司法协作创新促进跨区域间类案裁判方法与尺度的统一，应

① 唐玉富. 论协同治理与诉讼合作主义的同质性 [J]. 西南政法大学学报, 2016, 18 (4): 10-17.

② 高翔. 中国地方法院竞争的实践与逻辑 [J]. 法制与社会发展, 2015, 21 (1): 80-94.

当成为成渝两地自贸区法院展开协作的重点与核心。

人民法院是裁判机关，通过解释适用法律实现定纷止争，进而促进法治实现和稳定社会秩序。在法治原则下，法律适用的统一性是法律的基本外在道德条件，也是法官裁判行为的基本约束。当前形势下，"同案同判"在司法实践中面临着"地方性"的侵蚀①，而区域司法协作能够提供司法裁判知识和规则的交流和统一的良好通道机制，尤其对于类案法律适用规则的标准化、要件化，通过区域内的法院协作制度还可形成具有效力约束性的指导规则。裁判统一是司法公正的必然要求，也是实现区域法治的基本条件。在跨域司法协作框架下，类案法律适用统一可以通过探索建立联席法官会议机制予以实现。

（一）功能定位与组织构成

跨域专业法官联席会议应定位为审判咨询和法律研讨机构，功能在于向合议庭、独任法官等审判组织提供有关法律适用分歧的咨询意见。《最高人民法院关于完善人民法院司法责任制的若干意见》将专业法官会议的功能确定为"为合议庭正确理解和适用法律提供咨询意见"，各地法院在实践中也基本都建立了专业法官会议机制。尽管其设立动机常被解读为系对审判独立后的"法官自由办案能力的担心"②，但不可否认其实际作用效果主要仍在于解决和消除法律适用分歧，维护司法公信力。2020年9月，最高人民法院发布《关于完善统一法律适用标准工作机制的意见》，强调了审判组织在统一法律适用标准中的基础作用，并要求发挥专业法官会议对类案裁判分歧解决的咨询功能③。因此，以协作法院各自现有机制平台为基础，建立专业法官联席会议机制具有正当性与可行性，且不违反现行法律和司法政策。

专业法官联席会议所讨论的事项应限于类案裁判方法和法律适用标准问题，以实现区域内司法中的"同案同判"④，但不能就个案裁判提供咨询意见。这也是其与审委会以及法院内部专业法官会议在咨询功能上的主要差异。并且，作为讨论范围的"类案"应当是能够进行要件化描述的"同类案件"，而

① 陈焘，刘宇琼. "同案同判"的涵摄与超越：兼论区域法律统一适用与司法协同治理 [J]. 山东社会科学，2020（3）：184-188.

② 高一飞，梅俊广. 专业法官会议制度实施情况的实证研究 [J]. 四川理工学院学报（社会科学版），2017，32（5）：23-41.

③ 孙航. 统一法律适用标准 避免"类案不同判"：最高人民法院发布《关于完善统一法律适用标准工作机制的意见》[J]. 人民司法，2020（28）：2.

④ 实际上，并非所有的类型化法律适用问题都应当在区域内实现统一化、标准化，例如，就夫妻共同债务认定规则而言，日常家事代理行为的认定标准一定程度上要取决于不同地区的经济社会发展水平，标准统一后反而会不利于司法实体公正。

不是简单地将个案的具体事实删减后的抽象法律适用问题，否则将产生名为类案咨询实为个案合议的不当结果。

在组织方式上，专业法官联席会议并非常设性机构，而是临时性咨询组织，故可以协作法院既有的审判执行条线专业法官会议的组织架构和人员为基础，确定联席会议的人数规模、人员构成和咨询频次等具体规则。以条线为基础建立联席会议机制的好处在于，一方面，当前人民法院内设机构的设置通常以案件类型为标准划分，同一条线成立专业法官会议更利于"类案"裁判规则的讨论和分析；另一方面，"平行"设立的多个专业法官联席会议的人数规模较小，也有利于降低因"机构臃肿"所可能导致的效率损抑，同时也能避免专业法官会议实践中普遍存在的"人员构成行政化"倾向①。

（二）运行机制与议事规则

在具体运行规则上，跨域专业法官联席会议机制要与审判权运行机制改革要求相契合和衔接，明确其与各自地方法院内部的全庭法官会议、专业法官会议以及审委会等组织间的相互关系。由于专业法官联席会议的功能预设为统一跨自贸区内类型化案件的法律适用标准，且组织性质为咨询研讨机构，故在运行程序和逻辑顺序上，应先由各协作法院的全庭法官会议、专业法官会议就拟讨论的法律问题形成初步裁判观点，提交联席会议研讨并统一意见。联席会议就该问题得出的裁判标准，应提交各自法院的审委会讨论通过，最后以跨域专业法官联席会议纪要等形式形成书面记录和文本。这是协作法院内部统一类案裁判标准的运作机制，而相应的裁判规则发生约束效力则还需经过下文所讨论的审核程序。

专业法官联席会议可以设定期会议和临时会议两种召集形式，定期会议频率不宜过密，通常以半年为周期即可。而临时会议的召开则可以动议协商的方式启动，尤其针对重大裁判规则转变、新型典型类案处理等情形，以灵活便捷的方式由召集人组织和推进。为发挥法官联席会议的功能实效，还应建立有效的法律问题收集与反馈机制，以及时发现有待解决的标准分歧问题，并将其确定为会议的议题。对此，可以借鉴实务专家所提出的"专业法官会诊模式"，

---

① 王忆哲. 专业法官会议的功能厘定及规则再造：以全国 35 家法院改革实践为实证分析[C] //. 司法体制综合配套改革与刑事审判问题研究：全国法院第 30 届学术讨论会获奖论文集（上），2019：358-374.

建立动态化的法律适用问题咨询的"供需流程"，并辅以技术支持和考核激励机制①。

在议事规则上，专业法官联席会议应遵循民主集中制下的多数决原则。民主集中制是党和国家机构的根本组织原则，《中华人民共和国人民法院组织法》也规定审判委员会实行民主集中制。因此，作为区域法律适用统一机制载体的跨域法官联席会议的运行也应以民主集中制为基本组织原则。不过，毕竟法官联席会议的基本职能是统一类案裁判规则，兼具审委会的部分功能特色，故在讨论案件的职能层面，应当以多数决作为表决规则。在发言规则上，建议参照审委会议事规则，由提议方代表首先发言，再按照法官等级由低到高顺序发表意见。如会议成员包括院庭长的，还应设置以行政等级由低至高顺序发言的规则，以防止"多数意见演化为行政命令"的悖谬②，例如，院长或其授权的副院长担任主持人的，应最后发言。

（三）决议形式与效力生成

专业法官联席会议应当形成书面记录，对所讨论问题形成一致意见的，可以会议纪要、裁判指引或典型案例等形式作为决议文本（以下简称"决议文本"）。不能形成一致意见的，应按照程序提交各级审委会讨论后报请上级法院提供咨询指导。这其实也是落实最高人民法院关于法律适用标准统一机制建设要求的一种有益举措。此外，对于暂不能够形成统一意见或者联席会议讨论未获通过的法律适用问题，还可通过争取最大公约数的方式，将能够反映基本裁判共识的规则以典型案例的形式予以联合发布，但拟公布的具有裁判指引功能的典型案例及其规则仍需通过法官联席会议的讨论。

专业法官联席会议的决议文本对协作法院处理同类案件发生约束效力之前，还需经过其各自上级法院的"合法性"审查。我们认为，在现行审级制度和上下级法院关系框架下，决议文本经由协议法院各自的高级人民法院审核通过即可。根据《最高人民法院关于完善统一法律适用标准工作机制的意见》第八条、第九条的规定，高级人民法院应当建立本辖区内的法律适用分歧解决机制，以切实解决不同地区法律适用、办案标准的不合理差异问题。因此，同类案件的裁判尺度和方法在同一高级人民法院辖区内得到统一，即已具有一定程度的正当性和可操作性，故参与协作的自贸区基层法院之间通过专业法官联

---

① 时芸芸. 从"专业法官会议"到"专业法官会诊"：论审判咨询机制之突破完善 [C] //. 司法体制综合配套改革与刑事审判问题研究：全国法院第30届学术讨论会获奖论文集（上），2019：347-357.

② 梁桂平. 论专业法官会议的功能定位及运行模式 [J]. 法律适用，2016（8）：95-100.

席会议作出的决议文本，经由各自高级人民法院确认后即应对相应的协作主体具有约束力。

在具体程序上，高级人民法院可参照《最高人民法院关于建立法律适用分歧解决机制的实施办法》建立本辖区内的法律适用分歧解决机制，并通过此机制审核、研讨决议文本中所涉及的具体类案法律适用标准问题①。具体而言，高级人民法院各条线业务部门首先通过专业法官会议的形式讨论和初核决议文本所涉法律适用分歧问题及其解决方案的合法性、适当性，并区分情况予以处理：

（1）相关问题确实有待统一裁判尺度的类案标准问题且不违反法律、司法解释和最高人民法院类案规则的，将决议文本提交审委会讨论，或者将该决议文本所涉裁判标准问题以办案指导文件、参考性案例等形式转化为类案裁判指引后提交讨论并发布。

（2）决议文本的内容与有关类案规则相矛盾或存在不妥当性的，提出针对性的法律适用分歧解决意见，并由审管办研究复核后提交审委会讨论。

（3）对决议文本所涉类案裁判分歧问题难以统一的，则可依照《最高人民法院关于完善统一法律适用标准工作机制的意见》规定报送最高人民法院研究解决。如上，跨自贸区法院间的审判咨询机制协作无疑将极大助益于区域内乃至全国范围内有关类型化案件法律适用标准的统一化。

经前述内外部程序核准后的决议文本具有约束各协作法院及其审执人员的效力，在处理同类型案件时应当参照适用。当然，这里的约束效力是有限制条件的，如类案裁判观点与《最高人民法院关于统一法律适用加强类案检索的指导意见（试行）》规定的类案检索顺序所得结果相左的，应当优先适用效力层级更高的类案所确定的裁判规则。这主要是指最高人民法院发布的典型案例、裁判生效的案件以及指导性案例。由于决议文本系经高级人民法院审核确认②，故即使与高级人民法院或中级人民法院先前作出的同类案件裁判标准不同的，也应具有参照适用效力。此时，协作主体的上级法院即应适时修正其先前发布的典型案例或参考性案例，或者发布有关该类案法律适用标准的业务指导意见，以及时消除认识分歧。

---

① 曹士兵，韩玚.《关于建立法律适用分歧解决机制的实施办法》的理解与适用 [J]. 人民司法，2020（1）：34-38.

② 刘树德，胡继先.《关于统一法律适用加强类案检索的指导意见（试行）》的理解与适用 [J]. 人民司法，2020（25）：38-41.

五、结语

京津冀、长三角等地区的跨域司法协作实践既提供了有益的实践经验，也表现出诸如趋于形式化等局限和不足。成渝跨自贸区司法协作创新机制构建，既应在吸取已有实践模式的经验教训的基础上确定司法协作的主要着力点，也要充分重视自贸区法治建设对能动司法的客观需求。跨域专业法官联席会议机制以协作法院已有的审判咨询机制为切入点，以审判执行条线为单元设立专业法官联席会议，就有关类型化案件的法律适用标准问题统一裁判认识。法官联席会议的决议文本在协作法院内部需经审委会讨论通过，在外部则需层报至相应高级人民法院审查确认。符合规定程序要求的决议文本对协作法院审理同类型案件具有参照适用的约束效力。除此之外，成渝跨自贸区司法协作还必须以服务保障成渝地区双城经济圈建设为出发点，推动川渝自贸区法治规则体系完善和法律适用标准化建设，以优化自贸区内法治化营商环境。

附件：成渝跨自贸区专业法官联席会议规程（建议稿）

为充分发挥跨域专业法官联席会议的审判咨询和法律研讨作用，统一成渝跨自贸区法律适用标准和裁判尺度，落实《川渝自贸区法院合作共建协议》，深化两地法院司法协作体系建设，根据《最高人民法院关于完善人民法院司法责任制的若干意见》《最高人民法院关于完善统一法律适用标准工作机制的意见》等有关规定，结合成渝两地自贸区法院审判工作实际，制定本规程。

第一条　成渝跨自贸区专业法官联席会议（以下简称跨域专业法官联席会议）是在确保人民法院和合议庭依法独立行使审判权的前提下建立的，旨在发挥资深法官业务专长，统一涉自贸区内类案法律适用标准，为合议庭正确理解和适用法律提供审判业务咨询和法律研讨的工作机制。

第二条　根据工作需要，可分别设立商事、涉外民事、知识产权和执行业务领域的跨域专业法官联席会议。

各条线专业法官联席会议讨论跨专业领域的法律适用问题的，可以邀请相应业务领域的专业法官联席会议成员参加。

第三条　跨域专业法官联席会议的主要职能包括：

（一）讨论类型化案件的法律适用标准；

（二）讨论新类型案件的裁判方法和法律适用标准；

（三）拟定类型化案件法律适用问题的裁判指引；

（四）讨论、编写和发布典型案例、审判业务白皮书等；

（五）符合跨域专业法官联席会议职责的其他事项。

跨域专业法官联席会议不得就个案的事实认定和法律适用问题进行讨论。

第四条　协作法院分别建立类案法律适用标准分歧问题动态发现机制，设立专项台账，及时收集、记录和梳理类型化案件法律适用中的分歧问题。

拟提交跨域专业法官联席会议讨论的法律适用问题，应先由协作法院内部对应条线的专业法官会议讨论，并形成倾向性意见。

第五条　跨域专业法官联席会议由协作法院相应专业领域内具有业务专长，审执经验丰富，品行操守好、职业素养高的法官组成。

对应业务条线的庭长（局长）、副庭长（副局长）原则上应为跨域专业法官联席会议成员。

跨域专业法官联席会议成员应为单数，人数不超过 5~7 人。协作法院应当拟定各条线专业法官联席会议人员名单，并根据工作安排指定每次联席会议的参会人员。

第六条　跨域专业法官联席会议的主持人由协作法院各自业务条线的庭长（局长）轮流担任。庭长（局长）均不能参会的，由副庭长（副局长）按相同规则担任主持人。

主管副院长（局长）参加跨域专业法官联席会议的，由其担任会议主持人。2 名以上主管副院长（局长）参会的，协商确定主持人。

第七条　跨域专业法官联席会议定期会议每年度召开 2 次，由依照第六条确定的主持人召集。

第八条　存在下列情形之一的，由召集人提起召开临时会议的动议：

（一）因新法制定、法律修改或重大司法政策变化，需要及时调整或统一有关法律适用标准的；

（二）集中出现有较大社会影响的新类型案件，需要及时统一法律适用标准的；

（三）存在其他需要通过跨域专业法官联席会议讨论的重要问题的。

第九条　跨域专业法官联席会议坚持少数服从多数原则，讨论事项经参会人员过半数通过。

跨域专业法官联席会议的讨论过程应当形成书面记录，对讨论通过的事项应形成会议纪要、典型案例等文本。

第十条　跨域专业法官联席会议讨论事项，按照以下程序进行：

（一）由主持人介绍讨论议题，提出需要咨询或讨论的法律适用标准分歧及问题；

（二）参会人员就有关问题进行询问；

（三）参会人员按照法官等级由低至高顺序依次发表意见，副院长（局长）参会的，应当最后发表意见；

（四）主持人视情况组织后续轮次的讨论；

（五）主持人总结归纳讨论情况，形成讨论意见。

第十一条　跨域专业法官联席会议形成的讨论意见，在提交协作法院审委会讨论通过后，逐级报请各自高级人民法院备案审核。经高级人民法院审核同意后，由协作法院予以联合发布。

经前款程序发布的法律适用标准意见，协作法院在处理同类型案件时应当予以参照适用。

第十二条　依照本规程第十条、第十一条规定形成法律适用意见后，与最高人民法院新发布的指导性案例、公报案例、典型案例或者所属高级人民法院新发布的参考性案例、类案裁判指引等相冲突的，不再予以适用。

第十三条　跨域专业法官联席会议不能就有关法律适用分歧形成统一意见的，应当逐级报请所属高级人民法院依照《最高人民法院关于完善统一法律适用标准机制的意见》等规定作出裁判指导。

第十四条　参会人员应当严格遵守保密工作纪律，不得泄露会议中出现的审判秘密。

第十五条　本规程自发布之日起实施。

成渝地区产业功能区
高质量发展的司法保障
——以天府新区法院的实践为例

纪福和①

内容摘要：服务保障产业功能区发展正逐渐成为成渝经济高质量发展的新战场与先手棋，而产业功能区战略定位高、发展起步晚的特点使其对辖区内营商环境提出了更高标准的要求。同时，作为当前营商环境工作重点，优化营商环境法治保障共同体建设为人民法院服务保障产业功能区发展厘清了方向。本文以天府新区法院为分析样本，在其优化产业功能区营商环境法治保障共同体建设工作中，探索了联动推进"1+1"组团保障模式创新、打造多元解纷体系、提升专业办案效果、建立交流反馈渠道等。但就实施情况的微观表现来看，仍存在与政府部门、司法机关、辖区企业、其他机构等联动不足的问题。究其原因，既包括缺乏正确角色认知、内生主动意识等主观因素，也包括出台制度能级不高、细化不足等客观因素。基于此，为进一步完善司法参与优化营商环境法治保障共同体建设体系，一是需要强化目标利益趋同、权益配置合理、功能信息耦合三项理念；二是需要优化府院联动、司法联动、院企联动、与其他机构联动四项机制；三是需要深化相应配套措施供给。

关键词：成渝地区；产业功能区；营商环境；法治保障共同体；法院

为全面提升产业基础高级化、产业链现代化水平②，2021 年 8 月 3 日，重

---

① 纪福和，四川天府新区人民法院（四川自由贸易试验区人民法院）审管办（研究室）法官助理，法学硕士。

② 两江姐妹.一次产业的重大决策部署：两江新区建设产业功能区实施"链长制"［EB/OL］.（2021-08-04）［2021-08-20］.https://m.thepaper.cn/baijiahao_13895596.

庆两江新区建设产业功能区实施"链长制"工作部署会召开①，按照会议部署，重庆两江新区将重点建设汽车、电子信息、装备制造、生物医药等"10+1"的产业功能区，做强做精主导产业，培育产业新样态。而早在 2017 年 7月，为进一步优化产业布局，强化体制机制创新，成都市就提出在全市范围谋划布局 66 个产业功能区，力图突破制约产业体系现代化发展的薄弱环节②。截至 2021 年 8 月 24 日，全市共确定 58 个产业功能区，战略留白 8 个名额③。可以看到，服务保障产业功能区发展正逐渐成为成渝经济高质量发展的新战场与先手棋。

与同为国家级新区的四川天府新区④进行对比，其辖区内产业功能区（目前天府新区共配置 3 个产业功能区，名称、主导产业等见表 1）发展呈现以下两大特点：一方面，产业功能区定位于"推进城市动能转换、经济提质增效的空间载体"，着力打造优质创新企业汇集区、重大项目承载地，承担着转变城市和经济发展方式的重大使命；另一方面，相较于传统开发区、高新区、工业园区等，产业功能区发展阶段较短，基础较为薄弱，仍需围绕"一平方公里核心起步区"⑤ 等率先发力，确保成效尽早呈现。而战略定位高、发展起步晚的现状促使产业功能区对区域内法治化营商环境产生更高标准、更为迫切的现实需求。

在此背景下，无论是作为营商环境一级指标的牵头者⑥，还是参与社会治理的推动者，司法机关如何更好发挥审判职能，优化产业功能区营商环境，切实服务产业功能区高质量发展，已成为新时期人民法院服务中心大局工作的现实课题。

---

① 中国发展网. 两江新区建设产业功能区实施"链长制"引起热烈反响［EB/OL］.（2021-08-05）［2021-08-20］.http://baijiahao.baidu.com/s？id=1707239039991011105.

② 谢瑞武. 产业功能区如何推动城市高质量发展［J］. 开放导报，2019（6）：77-80.

③ 成都发布. 重磅！2021 成都市产业生态圈和产业功能区名录来了！［EB/OL］.（2021-08-19）［2021-08-20］.https://mp.weixin.qq.com/s/bOMU6DqxY5ScteejcMEPwA.

④ 天府新区为 19 个国家级新区之一，设立党工委、管委会机构规格为正厅级。

⑤ 参见成都市《2020 年产业生态圈和产业功能区建设工作计划》。

⑥ 从官方的职责分工来看，法院是"执行合同""办理破产""保护中小投资者"三项一级指标的牵头单位，四川省、成都市、天府新区关于相关指标的职责分工与其保持一致。参考国家发展和改革委员会. 中国营商环境报告 2020［M］. 北京：中国地图出版社，2020.

表 1　天府新区产业功能区分布基本情况统计表

名称	面积/平方千米	主导产业	代表企业或项目
成都科学城	76.4	航空动力科学与技术、反应堆物理及核动力、碳中和、光电与集成电路技术等	引进紫光集团、海康威视、商汤科技等重点企业 100 余个，汇聚上下游企业 3 600 余家
天府总部商务区	29.1	法务服务、会展博览、总部经济	引进招商局集团、正大集团、新希望集团等企业，签约产业项目 69 个，总投资 2 562 亿元，成功举办西博会、糖酒会等近 200 个重要展会和活动
天府文创城	32.5	网络视听、创意设计	签约落地天府影都、天府国际旅游度假区等龙头项目，总投资近千亿元

一、优化营商环境法治保障共同体建设的实践现状

（一）优化营商环境法治保障共同体的提出

2019 年 4 月，为解决营商环境建设工作中跨地区、跨部门、跨领域等体制机制问题，上海发起建立全国首个优化营商环境法治保障共同体①。随后，各地相继成立涉不同层级、区域、成员的法治保障共同体，而凝聚法治化营商环境建设过程中的"工作合力"也逐渐成为各地优化营商环境工作的重点任务（见表 2）。

表 2　典型优化营商环境法治保障共同体基本情况统计表

序号	名称	发起单位	成立时间	层级	区域	成员
1	上海市优化营商环境法治保障共同体	中共上海市委全面依法治市委员会办公室	2019.4.22	省级	上海市	人大、政协、政府部门、司法机关、行业组织等
2	西安市优化营商环境法治保障共同体	西安市委依法治市办	2020.9.7	市级	西安市	政府部门、市场、高校、企业等

---

① 中国日报网. 上海发起建立全国首个优化营商环境法治保障共同体[EB/OL]. (2019-04-23) [2021-08-20]. https://baijiahao.baidu.com/s? id=1631565753156828883&wfr=spider&for=pc.

表2（续）

序号	名称	发起单位	成立时间	层级	区域	成员
3	长三角优化营商环境法治保障共同体	无	2020.9.22	省级	沪苏浙皖四省	司法行政部门
4	淮海经济区司法行政合作共建框架协议	徐州市司法局	2020.12.29	省级	淮海经济区10市	司法行政部门
5	黄埔区、广州开发区优化营商环境法治保障共同体	黄埔区委依法治区办、广州开发区全面优化营商环境领导小组办公室	2021.5.10	区级	黄埔区、广州开发区	人大专门委员会、区政协专门委员会和有关政府部门、司法机关、高等院校、人民团体、协会、商会以及其他相关机构

从结构特点上看，优化营商环境法治保障共同体具有跨区域、跨部门、跨层级三大属性。从理论起源上看，共同体理论是马克思思想体系的重要组成部分，具有深刻的哲学意涵①。涂尔干将共同体理解为一种"有机团结"，构成部分依据社会分工的不同形成更紧密的联系，彼此之间的依赖性也更为显著②。而共同体理论的核心范畴则是共同利益③，从其中可抽象出共同体建设的三项重要元素：彼此的依存、共同的行动、相互的情感④（见图1）。其中，"彼此的依存"是指法治化营商环境保障共同体面临相同的社会背景⑤；"共同的行动"是指法治化营商环境保障共同体开展工作的主要方式，这是由营商

---

① 马克思，恩格斯. 马克思恩格斯选集：第1卷 [M]. 北京：人民出版社，1995.
② 涂尔干. 社会分工论 [M]. 北京：三联书店，2000.
③ 钱杭. 共同体理论视野下的湘湖水利集团：兼论"库域型"水利社会 [J]. 中国社会科学，2008（2）：167-185，208.
④ 王亚婷，孔繁斌. 用共同体理论重构社会治理话语体系 [J]. 河南社会科学，2019，27（3）：36-42.
⑤ 优化营商环境是党中央、国务院根据新形势新发展新要求作出的重大决策部署，是增强微观主体活力、释放全社会创新创业创造动能的重要举措，也是推进国家治理体系和治理能力现代化的重要内容。

环境作为一种特殊的公共产品、制度集合体以及公共治理活动的产物共同决定的[①];"相互的情感"是指法治化营商环境保障共同体共同追寻的价值目标，即不断解放发展社会生产力，加快建设现代化经济体系，推动高质量发展[②]。优化营商环境法治保障共同体建设与服务保障产业功能区高质量发展逻辑关系见图2。

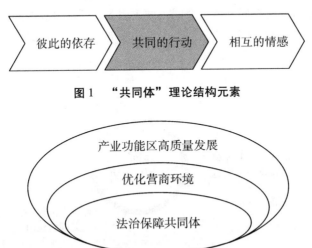

图1 "共同体"理论结构元素

图2 优化营商环境法治保障共同体建设与服务保障产业功能区高质量发展逻辑关系

以天府新区为例，为进一步优化产业功能区法治化营商环境，相关单位始终将建设法治保障共同体作为工作开展的根本遵循。如政府部门连续向社会发布项目清单、机会清单，制定招商引资专项政策，按季度前往各一级指标牵头部门开展走访座谈，与纪委机关开展重大项目建设联合督察，与科技公司共同开发"人工智能+政务服务"等。与此同时，天府新区法院也探索开展了一系列优化营商环境法治保障共同体建设工作，服务保障辖区内产业功能区高质量发展，下文将做简要介绍。

（二）联动推进"1+1"组团保障模式创新

天府新区法院结合成都市中级人民法院"构建体系化全覆盖保障格局"的工作要求，积极推动人民法庭更名，挂牌成立成都科学城人民法庭、天府总

---

① 陈华平，樊艳丽.协同治理视阈下的营商环境建设：内在治理逻辑及优化路径 [J].南宁师范大学学报（哲学社会科学版），2020，41（2）：61-67.
② 《优化营商环境条例》第一条以及戚建刚.优化营商环境与知识产权保护法研究 [J].理论探索，2021（2）：108-119.

部商务区人民法庭、天府文创城人民法庭。在此基础上，按照"1 个法庭+1个机关庭"模式①，组建天府科创、天府总部商务、天府文创三大保障团，集中要素资源提升协同配套水平，"矩阵式"深入保障产业功能区发展（见图3）。同时，根据产业功能区在发展基础、产业特性等方面的差异，调整部门分案规则，由成都科学城人民法庭专审知识产权、金融案件，由天府总部商务区人民法庭专审广告合同、展览合同、旅店服务合同纠纷等案件，由天府文创城人民法庭专审旅游合同、演出纠纷、娱乐服务合同纠纷等案件。

图 3　天府新区法院"1+1"组团保障模式

（三）联动打造多元解纷体系

2019 年，天府新区法院基于本地商事主体较多、商事活动活跃的现状，与"一带一路"国际商事调解中心、四川天府商事调解中心等调解组织合作，推动建立商事调解中心（商事 ADR 中心），构建"双轨并进 统合运行"调解规则（见图4），建立"市场化为主、公益为辅"的调解费用保障机制。同时，在天府中央法务区②挂牌成立司法确认中心，与专业律师事务所合作，配套开展律师调解试点工作。与天府中央法务区将推动建设的非诉纠纷调解中心有机衔接，依托"和合智解"e 调解平台打造"前端诉调案件化解、后端在线司法

---

① 天府新区法院第一审判庭专审涉外涉港澳台地区传统民事纠纷、建设工程合同纠纷繁案以及其他偏民事繁案；第二审判庭专审涉外涉港澳台地区商事纠纷（知识产权案件除外）、破产案件、与公司有关的纠纷、买卖合同纠纷繁案以及其他偏商事繁案；第三审判庭专审刑事、行政、环资类繁案。

② 天府中央法务区于 2021 年 2 月 5 日正式启动运行，是全国首个省级层面推动建设的现代法务集聚区，与天府总部商务区一体规划运营，与总部经济、会展经济、科学城、文创城等协同联动，探索打造提供全业态全生命周期服务的商务综合体。

确认"的纠纷治理闭环,实现司法确认案件"一站申请、分级办理"。到目前为止,已将 11 家专业特邀调解组织和 116 名特邀调解员纳入调解名册,通过市场化调解化解案件 698 件,涉案总标的额 10.72 亿元,调处成功金额 5.22 亿元,收取调解费 84.18 万元。

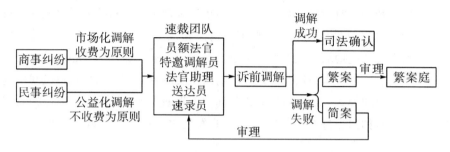

图 4 "双轨并进 统合运行"司法确认模式

(四) 联动提升专业办案效果

2020 年年底,天府新区法院推动建立了破产案件府院联动机制,成员单位包括天府新区政法委、检察院、国际合作局、财政金融局等。与四川新网银行、平安银行建立需求解决机制,通过数据对接模式实现金融借款纠纷案件批量起诉。与成都市律政公证处签署合作协议,建立"知识产权司法审判辅助事务中心",与天府新区市场监管局共同印发《关于共建知识产权司法审判与行政执法联动保护机制的实施办法》,在第 104 届全国糖酒商品交易会期间,联合中国(四川)知识产权保护中心等多家单位,在展会现场设立知识产权一站式服务中心,发放宣传手册 180 余份,接受咨询 30 余次,对知识产权纠纷现场调解、保全、立案。

(五) 联动建立交流反馈渠道

天府新区法院先后 4 次与各产业功能区管委会及相关部门召开专题联席会议,走访了产业功能区内 28 家行业组织、企业等。同时,以产业功能区企业涉诉案件为分析对象,从案件类型、分布区域、审理周期、解纷难度等角度剖析了司法现状,向相关部门发送专题报告,供决策参考。另外,与重庆两江新区(自贸区)法院联合发布了《货物买卖合同纠纷诉讼指引》《知识产权纠纷当事人行为保全申请指引》《市场主体投资风险典型案例》《川渝自贸区知识产权司法保护典型案例》等文件,更新编制《天府新区企业法律风险防范提示 110 条》,引导企业依法开展投资活动和内部治理。

二、优化营商环境法治保障共同体建设的短板

（一）与政府部门联动不足

第一，对产业功能区需求对接的精准度不足。首先，从联席会议效果看，走访平均次数低，时间跨度长，参与部门少，未确定专门对接人员（见表3）；其次，专项报告数量少，司法白皮书、司法建议等主题聚焦不足（见表4）。最终导致人民法庭地域特色不彰，无法及时回应产业功能区的核心诉求、衍生服务。以天府文创城人民法庭为例，目前其主要改革工作方向是打造民间借贷案件要素式审理模式，加大对民间借贷涉"套路贷""虚假诉讼"案件的甄别审查等，而对如何更好服务保障文创产业发展关注度不足，改革成果识别性不高。

表3　2019 年以来与产业功能区召开联席会议统计表

序号	时间	产业功能区	参与部门
1	2019.12.12	天府文创城	天府文创城管委会、法院
2	2020.12.8	天府文创城	天府文创城管委会、两委办、法院
3	2021.2.20	天府总部商务区	天府总部商务区管委会、法院
4	2021.3.31	天府文创城	天府文创城管委会、法院

表4　2020 年以来产业功能区法庭发送司法建议统计表

序号	发送主体	发送对象	数量	主题
1	成都科学城法庭	四川银行协会等	6	金融借款
2	总部商务区法庭	自然资源和规划局	1	商品房买卖
3	文创城法庭	财政金融局	2	民间借贷、养老行业

第二，专业化审判模式深化不足。如破产案件府院联动机制建立后，尚未常态化召开联席会议，破产困难案件经费援助机制也仍处于论证阶段，影响产业功能区市场活力①的进一步激发；又如与金融监管部门联动不足，处理涉外

---

① 截至 2021 年 7 月，三大功能区内企业总数为 7 042 家，其中成都科学城企业 6 628 家、天府总部商务区企业 219 家、天府文创城企业 195 家，市场活动较为活跃。

融资租赁、涉外保险、跨境投融资、跨境支付结算、信用证、独立保函等案件经验不足。

第三，专业性联调平台搭建数量不足。目前天府新区法院仅搭建了涉道路交通、劳动争议、金融借贷联调等平台，距离市中院要求十二个类型联调平台①的目标仍有差距，也在一定程度上降低了诉前调解的效果，而从新收诉前调案件占一审立案数的比重来看，两个产业功能区法庭也均未达标（见表5)②。

表5　2021年1—6月诉前调案件占比统计表

部门	新收诉前调案件数	一审立案数	新收诉前调案件占一审立案数的比重	是否达标
总部商务区法庭	519	1 298	39.98%	否
文创城法庭	450	2 368	19.00%	否

（二）与司法机关联动不足

第一，与检察机关的联动不足。首先，从制度层面看，天府新区法院先后出台过三次营商环境建设专门性文件，其中仅1次提及加强与检察机关的协作，且无单独条文详述③。其次，从实践层面看，目前与检察机关的业务联动主要围绕在知识产权普法宣传方面，在涉企刑事犯罪法律政策及预防策略、认罪认罚从宽制度、虚假诉讼监督等关乎产业功能区企业发展的重点领域尚未产生更多有效互动。

第二，与上级法院的联动不足。从联动方式上看，书面汇报居多（主要包括专项报告、企业名录报表等），针对性的业务互动有待完善。如"执转破"案件衔接机制不畅，依据市中院《优化执行案件移送破产审查、审理工作的意见》等文件规定，"执转破"案件的移送规则是由基层执行局报至中院执行局，再在中院内部进行分配，而当前尚无明确对接细则，导致天府新区法

---

① 具体包括涉劳动争议、金融借贷、房地产、物业、医疗、消费者权益保障等。
② 按照院内分工，成都科学城法庭属于繁案庭，未纳入该项考核范围，而新收诉前调案件占一审立案数的比重目标值为40%。另外，2019年以来，在涉及产业功能区企业的191件诉前调案件中，仅调解成功32件，调成比例16.75%，案件调解成功率较低。
③ 天府新区法院先后出台过三次营商环境建设的专门文件，时间分别为2019年3月25日、2020年6月28日、2020年12月16日，涉及的相关条文为"加强与公安、检察及省证监局等部门的联动力度，加大对新区范围内非法活动的查处力度"。

院尚未实现相关案件零的突破。又如知识产权刑事案件等重点案件的裁判标准未完全统一，导致二审改发率较高①。

第三，开展跨区域司法协作不足。"建设成渝地区双城经济圈"是产业功能区企业扩展市场空间，优化和稳定产业链供应链的现实需要②，但就目前情况看，司法协作供给尚显薄弱。首先，高效便利化诉讼服务尚未形成，涉及立案、信息查询等远程跨区域操作仍有区域壁垒；其次，高度协调的裁判标准体系尚未建立，对于有争议的司法事项裁判尺度常态化交流不足；最后，快速联动的执行协作效应尚未凸显，异地财产查控、执行委托沟通成本高。

（三）与辖区企业联动不足

第一，未形成常态化联络机制。首先，走访企业时间具有特定性，基本与四川法院年度性重点工作"司法大拜年"重合，集中在年初1—3月份（见图5），而其他时间的拜访次数较少，且往往采取调研座谈的方式，针对性较低；其次，服务企业专员机制未落实，尽管先后建立了三个"法官工作室"，但囿于职能定位、人员配置及地理方位等因素，联系企业随时性特点并未展现。

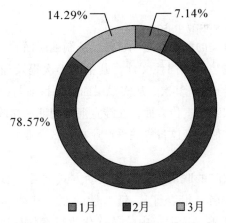

14.29%　　　7.14%

78.57%

■1月　■2月　□3月

图5　2021年天府新区法院"司法大拜年"期间拜访企业时间

第二，联动形式多样性不足。以巡回审判为例，审判地点主要集中在街道、社区，未主动接近企业内部，同时审判内容较为分散，不乏传统民事纠

① 根据最高院、省高院批复，天府新区法院管辖辖区内诉讼标的额在人民币500万元以下的一审一般知识产权民事案件（专利、植物新品种、集成电路布图设计、技术秘密、计算机软件、垄断纠纷案件和涉及驰名商标认定的纠纷案件除外）。

② 何东，林娜，周伦理，等.加快建设产业功能区域经济高质量发展：成都市产业功能区建设笔谈 [J].西部经济管理论坛（原四川经济管理学院院报），2020，31（1）：1-12.

纷，与各产业功能区主导产业关联性不强（见表6）。另外，专项清积行动开展次数少，服务聚焦不足。

表6　2021年天府新区法院巡回审判信息统计表

序号	时间	部门	地点	内容
1	2021.4.21	成都科学城法庭	中国（四川）知识产权保护中心	委托创作合同纠纷
2	2021.4.25	成都科学城法庭	中国（四川）知识产权保护中心	侵害商标权纠纷
3	2021.4.28	成都科学城法庭	正兴街道龙回社区	保险人代位求偿权纠纷
4	2021.5.20	总部商务区法庭	华阳街道通济桥社区	广告合同纠纷
5	2021.5.24	文创城法庭	永兴街道明水村	民间借贷纠纷
6	2021.5.24	成都科学城法庭	兴隆街道兴隆湖社区	责任保险合同纠纷
7	2021.5.28	文创城法庭	籍田街道回江社区	民间借贷纠纷
8	2021.5.28	成都科学城法庭	华阳街道锦江社区	侵害商标权及不正当竞争纠纷
9	2021.6.23	总部商务区法庭	天府新区万安街道和韵社区	商品房预约合同纠纷

第三，部分急切难题仍未得到解决。从前期开展"司法大拜年"走访活动的反馈情况看，如部分金融企业希望法院进一步加大对涉案财物的处理力度，降低金融机构的不良指标，部分外贸企业希望法院加大对恶意诉讼、恶意给企业制造诉累、利用诉讼制度损害企业合法权益被告的惩治力度等。但就目前落实情况看，天府新区法院在加大恶意诉讼调研，发布金融审判白皮书方面仍未取得显著阶段性成效，需求匹配任务的考核机制缺失。

（四）与其他机构的联动不足

第一，与行业组织的联动不足。主要体现在与当地商会的联动不足，从活动形式上看，多为出席揭牌仪式，协调会议安排等，在共建多元解纷平台、打造执行联动机制方面缺少深入配合，未充分体现商会组织的桥梁纽带作用。

第二，与高等院校的联动不足。从签约数量上看，成立三年以来，天府新区法院已先后与8所高等院校、研究机构签署合作协议（见表7），并依托建立了研究基地（如中国—东盟法律研究中心天府研究基地等），但签约院校类型多集中在政法、财经等传统社科方面，与综合类、理工类院校签约较少，导致服务保障科技型企业技术转移、研发等工作力不从心，尤其是推进知识产权司法保护实质化，助力产业功能区打造创新策源地、做精做强主导产业存在智库支撑不足的机理障碍。同时，就目前已签约院校的工作开展情况看，依然存在落地质量不足的问题，如签约院校的专家通常只担任典型案例评选点评人，在业务培训、案件咨询方面参与不足。同时，双方人员互派交流培训少，且多为实习学生单向分配，尚未开展横向课题合作等。

表7　天府新区法院与高等院校、研究机构签约情况统计表

序号	高等院校	院校类型	签约时间
1	西南财经大学	财经	2019.7.12
2	四川司法警官职业学院	政法	2019.9.18
3	四川大学	综合	2019.11.1
4	西南民族大学	民族	2020.1.8
5	四川省社科院	综合	2020.3.9
6	成都大学	综合	2020.6.3
7	四川师范大学	师范	2020.11.27
8	西南政法大学	政法	2021.4.26

三、优化营商环境法治保障共同体建设不足的成因解读

（一）主观方面

第一，法院缺乏参与法治保障共同体建设的正确角色认知。首先，未能深刻理解司法保障对于法治化营商环境建设的极端重要性。在法治中国的语境下，法治的内涵包括权力机关科学立法、依法监督，行政机关为民服务、依法行政，司法机关公正司法、高效司法等①。其一，从维护营商主体权益的角度看，司法裁判具有终局性和权威性，是解决其在营商过程中遇到各种纠纷的最后途径，从而保障营商环境的基石稳固；其二，从规范营商主体行为的角度看，司法活动有效规制了不正当竞争与垄断等行为，有利于守护营商环境的边界，同时，涉诉风险及解纷成本往往是营商主体衡量运营成本的重要因素；其

---

① 张文显. 全面推进法制改革，加快法治中国建设：十八届三中全会精神的法学解读 [J]. 法制与社会发展，2014，20（1）：5-20.

三，在世界银行营商环境评价体系中，存在"执行合同""办理破产""保护中小投资者"等与司法活动紧密相关的指标①。因此，法治化营商环境建设需要司法机关的坚强保障。

其次，未能正确对待保持中立、被动法官形象与主动服务中心大局工作的关系。从中立性要求上看，为确保司法权威，需要法官做到培养职业行为，避免干扰，追求法律真实，平等对待案件等②，但其更深层次的人性基础是人的理性和善性③，因此应归属于实现道德教化、调整裁判思维的范畴。从被动性要求上看，为避免过度集权（或称"超职权主义"④）、排除庭前预断，法官往往试图打造克制的司法空间，但此观点目前正面临动摇：考虑到诉讼结构的畸形状态、诉讼主体的能力差异依然存在，法官无法扮演"理想"消极的诉讼角色，"克制基础上的能动"⑤成为更优选择。由此观之，中立性、被动性的传统要求与法院主动服务中心大局工作、参与法治保障共同体建设并不是同一层面的问题或已具有理论融洽性，因此两者并不相悖。以中立性为例，反而是服务中心大局工作的必要条件，如《最高人民法院关于为改善营商环境提供司法保障的若干意见》开宗明义，将平等保护原则作为发挥司法职能的首要要求，即不偏不倚保护不同所有制、地区、行业的市场主体的合法权益，做到中立平等。

第二，法院缺乏深度参与法治保障共同体建设的内生主动意识。首先，营商环境法治保障共同体要求法院保持与行政机关、司法机关、辖区企业等的广泛、常态协作关系，提供针对性司法产品，而巨大的办案压力使得此项工作更多停留在框架搭建、初步探索的起始阶段。以天府新区法院为例，2021年1—6月，总部商务区法庭、文创城法庭的法官人均结案量已超过400件⑥，案

---

① 魏涛. 司法是优化营商环境的有力保障 [N]. 人民法院报，2020-08-13. 以《成都市全面深化国际化营商环境建设实施方案（3.0版）》为例，在"登记财产""加强劳动力市场监管""知识产权创造、保护和运用""市场监管"等一级指标中，也将人民法院列为责任部门。

② 吕永波，姜琳炜. 法官中立性思维方式与行为准则构建 [N]. 人民法院报，2019-09-06 (6).

③ 刘元璋，张淑碧. 法官中立的人性论根据探析 [J]. 郑州大学学报（哲学社会科学版），2011, 44 (3): 55-58.

④ 龙宗智. 徘徊于传统与现代之间：中国刑事诉讼案再修改研究 [M]. 北京：法律出版社，2005.

⑤ 李章仙. 绝对的消极被动抑或适度的积极主动：对刑事法官庭审职权的探讨 [J]. 证据科学，2017, 25 (5): 536-546.

⑥ 2020年，天府新区法院法官人均结案806.62件，2021年1—6月，法官人均结案370.84件，连续两年高居全省第一。

多人少矛盾十分突出（见表8）。其次，从目前的考核体系看，无论是在年度重点工作、司法改革工作还是营商环境建设工作专项考核中，均未有系统的法治保障共同体建设工作考核，更多为碎片式的工作集合，导致相应主体缺乏持续性、创造性开展法治保障共同体建设的动力，在完成办案主业外对共同体建设的探索不足。

表8 天府新区法院法官和辅助人员办理案件情况统计表

部门	2021年1—6月					
	部门总计		法官		审辅人员	
	收案数	结案数	收案数	结案数	收案数	结案数
科学城法庭	69.70	44.60	232.33	148.67	99.57	63.71
总部商务区法庭	103.80	80.67	519.00	403.33	129.75	100.83
文创城法庭	174.07	129.29	609.25	452.50	243.70	181.00

（二）客观方面

第一，未推动出台高能级制度文件，站位不足。首先，从前文列举的典型优化营商环境法治保障共同体基本情况看，牵头（发起）单位多为依法治市（区）办公室，从级别关系上看，依法治市（区）办公室多设在当地党委政法委或司法行政部门，接受市（区）委全面依法治市委员会（委员会主任为党委主要领导）的直接领导①。从职能区分上看，依法治市（区）办公室负责研究全面依法治市（区）重大事项、重大问题，统筹推进科学立法、严格执法、公正司法、全民守法、督促指导部门和行业依法治理工作措施落实等。而天府新区全面依法治区委员会办公室设在党委政法委，在优化营商环境法治保障共同体建设方面，其目前尚未出台统一规范性文件，参与营商环境建设的主要方式为牵头纠纷多元化解工作（如建立劳动纠纷"一站式"多元化解中心）等具体任务。其次，从《天府新区建设稳定公平可及营商环境实施方案》规定来看，天府新区国际化营商环境建设工作领导小组承担全面深化国际化营商环境建设职责，具体履行牵头统筹、组织协调、督导落实等责任。而作为营商环境牵头部门，天府新区行政审批局（国际化营商环境建设工作领导小组办公室）对推动营商环境法治保障共同体建设工作也存在关注不足的问题，目前尚未出台相应制度文件为建设优化营商环境法治保障共同体提供政策支撑。综

---

① 如中共上海市委全面依法治市委员会办公室设在上海市司法局，西安市委依法治市办公室设在西安市司法局，黄埔区委依法治区委员会办公室设在广州市黄埔区委政法委。

上，在牵头建设优化营商环境法治保障共同体方面，全面依法治区委员会办公室、国际化营商环境建设工作领导小组办公室存在职责划分不清和配合错位等现象，导致高能级制度迟迟无法出台，法治保障共同体建设更多依靠为各部门、单位的工作自觉，在工作成效方面缺乏有力保障。

第二，已出台制度文件框架性明显，细化不足。首先，从与政府部门的联动情况看，2020年年底，天府新区法院牵头推动出台了《四川天府新区企业破产府院联动机制实施方案》，对府院联动机制的主要职能、工作目标、组织保障等进行了规定，但运行至今已接近一年，在建立破产困难案件经费援助机制方面，由于缺乏财政、税务部门职责的明确划分，仅靠法院一家难以支撑建立；在"僵尸企业"信息共享方面，尚未明确评估、通报的主体、渠道等，缺乏共同调研平台，而行政职责过于分散、府院目标存在差异、政府目标多元化共同弱化了破产程序的强制性①，框架性制度最终无法有效协调部门之间、政策之间的矛盾与冲突。其次，从与司法机关的联动情况看，2020年以来，天府新区法院与重庆两江新区（自贸区）法院陆续签署了《川渝自贸区法院合作共建协议》《川渝自贸区法院执行协作框架协议》等，但在推进两地司法裁判尺度统一等方面，规定仍显简略，如对于跨行政区域的涉众型犯罪、征地拆迁、食药品安全、水资源保护等疑难重大案件，目前仍无切实高效的落地机制②。最后，从与其他机构的联动情况看，以高等院校为例，在开展人员交流方面，交流频次、形式等均未明确，在模拟法庭、庭审观摩方面，往往只是完成"规定动作"需要，在开展横向课题合作方面，没有明确对接部门或具体研究中心（所），一方面导致课题完成质量不高，尤其是理论阐释缺乏深度，另一方面不利于司法人员业务能力整体提升。

四、优化营商环境法治保障共同体建设的路径选择

（一）强化基本理念

第一，做到目标利益趋同。一方面，尽管从最终目标上看，优化营商环境要求不断解放和发展社会生产力，加快建设现代化经济体系，推动高质量发展③，但并不代表不同参与主体的阶段性目标必然一致，极有可能出现某些指

---

① 郭娅丽. 破产处置"僵尸企业"中府院联动机制建设的经济法分析［J］. 经济法研究，2018，20（1）：24-38.

② 郭彦. 成渝地区双城经济圈法治保障体系的构建价值与发展路径［C］//. 全面推进依法治国的地方实践（2020卷）.［出版者不详］，2021：46-53.

③ 参见《优化营商环境条例》第一条.

标、部门专注"弥补短板",其他力争"国际一流"的情况,为确保建设效能最大化,各主体需要通过对比标杆城市,梳理营商环境测评工作等方式,寻找各自阶段性目标的"最大公约数",在此基础上,通过共同调研、联合发文等形式将共同目标精神融入各自条线的工作文件中。另一方面,不同参与主体的性质决定其追求的利益本质不同,如政府部门追求管理秩序,企业追求获取利润等。司法机关可借鉴营销领域的"利益一致性框架"理论①,兼顾不同主体合理利益以及与整体利益的一致性,尊重不同利益形式,提炼共同的利益诉求,化整为零,以此引导不同主体强化工作导向,确保司法保障具有整体性,妥善处理所涉利益分配等问题②。

第二,做到权益配置合理。一方面,在权力分配上,从参与主体的角色认知角度看,在政府职能转变、司法体制改革的大背景下,政府部门以及司法机关居于营商环境建设的主导地位,企业、其他机构则处于配合地位,司法机关应当摆脱"等靠要"的被动心态,在职责范围内积极争取、调配人力、物力资源,充分发挥职能,结合审判业务实际,牵头推动相关领域合作,主动扩大"朋友圈",确保不同主体在各自领域的参与权及话语权。另一方面,在利益分配上,从职能构成的角度看,作为公共利益的代表,司法机关的重要职能是权威性地分配社会利益,这也是激发参与主体(主要是指专业机构等非公经济组织,如特邀调解组织等)工作积极性的内生激励要素,司法机关应当做好工作指派与指导,结合利益诉求,在综合考量不同主体所代表的社会发展方向、掌握的社会资源等因素的基础上合理分配公共利益③。在利益分配方式的选择上,可借鉴多阶段动态利益分配模型,在法治保障共同体建设的探索阶段、中试阶段、成熟阶段设计三段分配方式④;也可基于激励保障的目的设计固定支付方式、产出分享方式及混合方式等多种分配方式⑤;还可在考量双边道德风险的基础上,针对参与主体研发效率、协同创造能力两大核心要素确定

---

① 张跃先,吴美芝,马钦海.免费赠品会让顾客欣喜吗?:利益一致性框架下的观点[J].东北大学学报(社会科学版),2021,23(2):38-47.

② 石佑启,陈可翔.法治化营商环境建设的司法进路[J].中外法学,2020,32(3):697-719.

③ 黄仁宗.利益分配:政府的基本职能[J].山东社会科学,2012(4):133-137.

④ 李林,范方方,刘绍鹤.协同创新项目多阶段动态利益分配模型研究[J].科技进步与对策,2017,34(3):14-19.

⑤ 黄波,孟卫东,李宇雨.基于双边激励的产学研合作最优利益分配方式[J].管理科学学报,2011,14(7):31-42.

最优线性分配比例①。

第三，做到功能信息耦合。一方面，从系统论角度看，功能耦合是指作为多元素结合构成的相互独立却互有关联的子系统，在不同子系统进行功能互补时，可以形成更加稳定高效的系统，同时也可推动内部结构进一步优化②。司法机关应当结合产业功能区的发展阶段、产业特性等，有效分析整合政府部门的组织优势、高等院校的专业优势、合作机构的科技优势，同时有效激发辖区企业等主体的社会责任，在充分尊重功能差异性的基础上完成功能互补，实现产业功能区重点产业链健康发展，完善供需适配机制。另一方面，大数据时代背景下，信息流得到了与传统物流、资金流同等重要的地位，从职能作用的角度看，低成本、高效率的信息流能够为主体提供工作政策的精准引导，成为流程化工作的处理中枢③。同时，借鉴风险共同体结构的分析框架可知（见图6），信息流也是共同体成员间维持信任关系、准确认知风险的重要变量④。司法机关应当严肃对待信息共享过程全面、及时、低成本的现实要求，在信息共享机制构建中引入信息供应链概念⑤，明确电子政务信息的多维性、交互性、保密性特点，固定各部门需求与信息流向，避免资源内部减损与消耗，从而形成优化营商环境法治保障共同体信息共享的信息供应链框架模型，确保不同主体的行动方向一致。

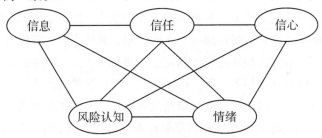

图6　风险共同体结构分析框架

①　代建生，范波.基于纳什谈判的合作研发利益分配模型［J］.研究与发展管理，2015，27（1）：35-43.

②　张君弟.系统建构、功能耦合与国家治理体系优化：一个复杂性框架［J］.学术研究，2018（9）：61-65.

③　薛冬辉.大数据时代下的物流、信息流、资金流融合：基于商业银行视角［J］.物流技术，2014，33（1）：16-19，30.

④　王俊秀，周迎楠，刘晓柳.信息、信任与信心：风险共同体的建构机制［J］.社会学研究，2020，35（4）：25-45，241-242.

⑤　邓璐芗，陆旸，许鑫.信息供应链框架视角下的电子政务信息共享［J］.现代情报，2010，30（12）：141-144.

（二）优化联动机制

第一，优化府院联动机制。与行政权相比，司法权需要秉持法律规则维护利益平等的判断特性，导致其承载能力有限，需要行政权予以配合补充①。首先，坚持体系性原则，健全党委领导，各方协同的领导机制以及集约高效，系统融合的政府责任体制，精准把握各产业功能区主导产业发展趋势与要求，为企业生命全周期提供配套法律服务，全面铺开专业联调平台建设工作，做强产业功能区常见纠纷化解工作，在加强知识产权行政、司法双重保护，金融监管与审判全链保护等方面达成更多合作。其次，坚持实体化原则。具体包括实施方案实体化、机构设置实体化、联络机制实体化等，如确定法治保障共同体建设专门协调部门，牵头起草相关领域合作细则，阶段性召开工作调度会议；又如依托法官工作室或调解组织，协调当地社区街道资源，争取设立矛盾纠纷化解中心并实际入驻工作人员；再如形成破产困难案件台账，积极推进破产案件府院联席会议常态化召开等。最后，坚持数字化原则。加强数字信息共享，通过签署合作备忘录、升级信息共享平台等形式，强化与公安、人社、工商等多部门的数字平台搭建，构建个人、企业全息视图平台，确保及时准确查阅个人、企业的纳税参保、涉事涉法、资质资产等情况②。

第二，优化司法联动机制。首先，关于与检察机关的联动。需要建立法检两院营商环境联席会议机制，签署联动工作办法③，在此基础上，联合走访辖区企业，明确敲诈勒索、强迫交易、合同诈骗、制假售假、寻衅滋事、侵犯知识产权等破坏市场经济秩序犯罪的认定、处理标准④，确定涉企案件适用认罪认罚从宽制度的具体细则等。其次，关于与上级司法机关的联动。一是做好制度对接，及时结合上级法院营商环境建设方案出台本院工作细则，在标准设定上采取"就高不就低"的原则；二是做好业务对接，制定涉知识产权、"执转破"等重点对接领域的案件清单，全面梳理上级法院相关法官会议纪要等规范性文件，做好重点案件的汇报请示，同时，在参加国家、省、市各级营商环境测评工作时，切实加强信息共享；三是做好人员对接，建议细化"执行合同""办理破产""保护中小投资者""知识产权创造、利用与保护"等重点

---

① 陆晓燕."府院联动"的建构与边界：围绕后疫情时代市场化破产中的政府定位展开[J].法律适用，2020（17）：89-99.

② 王波.构建社会治理大格局 完善府院联动机制[N].人民法院报，2021-05-19.

③ 呼伦贝尔检察.法检两院召开优化营商环境座谈会 助力呼伦贝尔市法治化营商环境建设[EB/OL].[2021-03-29].https://www.sohu.com/a/457813195_137775.

④ 那可.为优化营商新环境贡献检察力量[N].黑龙江日报，2018-12-01.

指标的对接人员，做好各指标进展月度梳理、先进经验总结等工作。最后，关于与跨区域司法机关的联动。建议进一步细化区域合作方案，由各部门牵头完善工作计划，一是加强专业化审理机制合作，重点针对与投资、贸易、知识产权保护相关纠纷，联合推出裁判规则指引或典型案例；二是做好"智慧法院"协同建设，为跨区域诉讼服务、案件庭审、电子送达、执行协作等工作提供强大数据支撑。

第三，优化院企联动机制。首先，落实常态化联动模式，重点做好企业服务专员的选拔、培训、考核工作，充分发挥其接近一线的先天优势；其次，丰富联动形式，结合各产业功能区主导产业、多发纠纷类型等因素，确定巡回审判内容，常态化推进"巡回审判进企业"活动，定期发布保障民营企业营商环境典型案例，利用司法建议做好涉企风险预警与防范；最后，同步做好后期跟进措施，确保企业反馈的迫切需求得到切实落地。

第四，优化与其他机构联动机制。首先，关于与商会组织的联动，重点建立"法院+商会"执行联动机制，充分借助商会组织在提供销售渠道、加大融资支持、引入战略投资等方面的优势，共同进行执行和解，向危困企业开展政策引导，适时更新辖区企业名录及开展普法宣传等①。其次，关于与高等院校的联动，一方面，尽快与已签约高校确定落实细则，重点包括具体合作研究机构（中心）、对接人员、课题清单、培训方案等，并通过多平台促进调研成果转化；另一方面，充分考察其他院校学科优势与产业功能区发展的匹配度，提升院校合作精准性与持续性。

（三）深化配套措施供给

第一，积极推动出台高能级制度文件。进一步理顺全面依法治区委员会办公室、国际化营商环境建设工作领导小组办公室工作职责，建议采取依法治区办指导、营商办牵头的架构模式，综合考虑前期已形成的局部合作协议、重点指标任务推进需要、先进地区建设现状，坚持择优匹配、动态调整、评估优化的原则，纳入人大机关、政协机关、相关政府部门、司法机关、法学院校和研究机构、学会协会、仲裁机构、律师事务所等专业机构，尽快确定本地区法治保障共同体建设小组成员，联合签署合作协议，出台高能级制度文件。

第二，优化调整办案、考核体系。一方面优化办案机制。继续提升司法办案质效，发挥多元解纷实效，深化"司法供应链"② 建设，缓解严峻办案态

① 刘满元. 为有价值的危困企业提供"破局"契机［N］. 广州日报，2021-07-27.
② "司法供应链"为四川省成都市中级人民法院借鉴企业以客户为中心的供应链管理理念创新的办案管理新模式，包括办案质效管理中心、办案服务保障中心和内外沟通协调中心。

势，减轻业务部门"后顾之忧"。另一方面调整考核规则。一是关于考核主体，充分发挥法治保障共同体建设工作牵头单位主体作用，形成权威目标导向；二是关于考核内容，建议将本项工作纳入法院年度重点工作、司法改革工作、营商环境建设工作"三重"考核范畴，从而最大化集聚资源获取力、政策执行力；三是关于考核方式，综合运用过程考核与结果考核、个人考核与部门考核结合等方式，全面反映工作进展情况，激发内生动力①。

五、结论

服务保障产业功能区发展正逐渐成为成渝经济高质量发展的新战场与先手棋，而产业功能区战略定位高、发展起步晚的特点使其对辖区内营商环境提出了更高标准的要求。同时，作为当前营商环境工作重点，优化营商环境法治保障共同体建设为人民法院服务保障产业功能区发展厘清了方向。以天府新区法院为分析样本，在其优化产业功能区营商环境法治保障共同体建设工作中，探索了联动推进"1+1"组团保障模式创新，打造多元解纷体系，提升专业办案效果，建立交流反馈渠道等成果。但就实施情况的微观表现看，仍存在与政府部门、司法机关、辖区企业、其他机构等联动不足的问题。究其原因，既包括缺乏正确角色认知、内生主动意识等主观因素，也包括出台制度能级不高、细化不足等客观因素。基于此，为进一步完善司法参与优化营商环境法治保障共同体建设体系：一是需要强化目标利益趋同、权益配置合理、功能信息耦合三项理念；二是需要优化府院联动、司法联动、院企联动、与其他机构联动四项机制；三是需要深化相应配套措施供给。

---

① 丁煌，李新阁. 干部考核作用下基层政府政策执行力的动力机制及其优化：以 A 省 B 市生态环保政策执行与考核为例 [J]. 行政论坛，2019，26（5）：109-118.

成渝经济圈劳务代偿
生态环境修复责任机制

薛清蓝①

内容摘要： 劳务代偿是近年来新兴的生态环境修复责任承担方式，相应法律规范少，各地进行了积极探索，其中以长三角地区为最，成渝地区也有相关讨论，但相对薄弱。环境公益劳动是劳务代偿的主要内容，二者密切关联但又有所区别。本文以各地适用劳务代偿或者环境公益劳动的案件为样本进行实证考察，从适用地区、劳务形式、执行监督机构、代偿属性四个方面总结出显著特点，并针对其暗含的影响司法公正的风险问题，从责任主体、劳动形式、监督机构三个方面提出建议，以期为构建符合成渝地区生态环境保护现状的劳务代偿机制提供有益思路。

关键词： 劳务代偿；环境公益劳动；替代性修复

随着生态文明建设进入新阶段，恢复性司法理念被确立为我国环境资源审判的价值导向和行动指南②。建立完善生态环境修复责任承担方式日益成为当前生态文明建设的重要任务。目前国内对生态修复责任的规定大多数较为笼统，停留在理论、倡导层面，缺少具体规定。因此全国各地都在进行积极探索，除恢复原状的直接修复方式外，还出现了诸如异地补植、劳务代偿等替代性修复方式③。劳务代偿是以环境侵权责任人承担环境公益劳动的方式替代履

---

① 薛清蓝，四川省广汉市人民法院法官助理。

② 丹尼尔，王莉. 全球视野下的恢复性司法 [J]. 南京大学学报（哲学. 人文科学. 社会科学版），2005（4）：130-136.

③ 吕忠梅，窦海阳. 修复生态环境责任的实证解析 [J]. 法学研究，2017，39（3）：125-142.

行生态环境修复责任①，一方面缓解了环境侵权责任人赔偿能力不足的现状，另一方面强化了对责任人和社会公众的环保教育。劳务代偿理念由江苏省连云港市首次引入司法审判实践，在长三角地区得到了较多的应用并出现了一些成功案例。而成渝地区对劳务代偿方式的探索、运用还较为薄弱。为助推成渝地区生态文明建设，为成渝地区绿色发展提供法治保障，本文试图厘清劳务代偿与环境公益劳动的内涵，以全国适用劳务代偿或者环境公益劳动的案件为样本进行实证考察，并对考察情况深入剖析，提出下一步探索方向及建议，以此为成渝地区生态修复制度构建提供有益思路。

一、劳务代偿的法律留白以及与环境公益劳动的厘清

（一）劳务代偿的实务探索与法律留白

2014 年 9 月 9 日，江苏省连云港市中级人民法院开庭审理连云港市赣榆区环境保护协会诉王某环境污染损害赔偿公益诉讼一案。经审理查明，王某在经营石英石加工厂期间，未依法在环境保护部门办理排污许可证，购买工业废盐酸清洗石英石，将酸洗过程中产生的 100 余吨含酸废水通过渗坑排放至赣榆区龙北干渠，导致龙北干渠及芦沟河受到严重污染，其环境损害酌情认定为 7.5万元。被告王某对事实无异议，愿意赔偿，但主张其经济困难，愿意在经济能力不足以全面赔偿的情况下，通过做一些公益事业来弥补其对环境造成的损害。连云港市中院采纳了其意见，连云港市赣榆区环境保护局亦同意对王某提供的劳务进行监管。据此，法院判决：被告王某于一定期限内提供总计 960 小时的环境公益劳动，以弥补其环境损害赔偿金的不足部分，该项劳务执行由赣榆区环境保护局负责监督和管理②。类似的判决也出现在同日该院审理的连云港市赣榆区环境保护协会诉顾某环境污染损害赔偿公益诉讼一案中。这是"劳务代偿"理念和环境公益劳动方式在环保案件中的首次运用，其创新性得到了最高人民法院的认可③。

2016 年、2017 年最高人民法院先后发布了《关于充分发挥审判职能作用为推进生态文明建设与绿色发展提供司法服务和保障的意见》（以下简称《意

---

① 朱晓勤. 生态环境修复责任制度探析 [J]. 吉林大学社会科学学报，2017，57 (5)：171-181，208.

② 最高人民法院公报案例：《连云港市赣榆区环境保护协会诉王升杰环境污染损害赔偿公益诉讼案》[EB/OL].［2021-12-5］.http://gongbao.court.gov.cn/Details/34f7692210e44c6a856e4ec8a2a066.html.

③ 巩固，陈瑶. 以禁令制度弥补环境公益诉讼民事责任之不足：美国经验的启示与借鉴 [J]. 河南财经政法大学学报，2017，32 (4)：46-56.

见》）和《关于审理环境公益诉讼案件的工作规范（试行）》，都提到了"劳务代偿"的替代性修复方式①。其中《意见》提出，要"遵循恢复性司法要求，积极探索限期履行、劳务代偿、第三方治理等生态环境修复责任承担方式"。这是对我们探索"劳务代偿"的法律支撑，同时也是法律留白，有助于激励全国各地进行探索②。那么从首起案件出现至今已经七年了，全国各地的探索情况如何，能够为成渝地区提供哪些启示呢？为此，我们要把目光放在全国现有案例中去寻找答案。但在此之前，我们需要重新认识劳务代偿与环境公益劳动这对概念。

（二）劳务代偿与环境公益劳动的厘清

"劳务代偿"与"环境公益劳动"这对概念，经常同时出现在生态环境损害赔偿案件的裁判中，二者密切关联，但又有所区别。从审判实践看来，有的地区适用上存在混乱，为此我们需要对二者的内涵进行明晰。

"劳务代偿"，一度也称作"劳役代偿"。2016年全国"两会"期间有全国人大代表提出用"劳务代偿"的表述更为妥当，此后通常称作"劳务代偿"③。虽然近年来"劳务代偿"一词频繁出现于生态环境保护相关的规范性文件中，但现行法律规范与学术理论以及司法实践，均未对劳务代偿的概念进行界定。从文理解释，广义的劳务代偿指责任人以劳动活动的方式替代履行其赔偿责任。劳务代偿并非近年来首次提出，《唐律》中早有劳役代偿的规定。《唐律》对"负债违契不偿"者，允许债权人令债务人及其户内男口，以劳役代偿债务，即"役身折酬"④。至清朝，"役身折酬"制度才被禁止。作为一种生态环境修复责任的承担方式，劳务代偿通常是指当责任人没有能力直接修复或没有经济能力支付修复赔偿金时，通过有益于生态环境的劳务活动来抵付环境损害赔偿费，以此来实现替代性修复目的。

关于环境公益劳动的概念，理论界与实务界亦未作界定。有观点认为，环境公益劳动是指在环境民事公益诉讼中，环境侵权责任人以提供亲身劳务的形式参与到以保护环境公益为目的的劳动活动中，促使其树立正确的环境保护理

① 巩固，陈瑶. 以禁令制度弥补环境公益诉讼民事责任之不足：美国经验的启示与借鉴 [J]. 河南财经政法大学学报，2017，32（4）：46-56.
② 卢君，王明辉. 论环境犯罪惩治的恢复性司法模式 [J]. 人民司法（应用），2017（1）：59-63.
③ 罗书臻. 稳妥有序推进改革试点 依法审理检察机关提起公益诉讼案件 [N]. 人民法院报，2016-4-9（1）.
④ 桑本谦. 民间借贷的风险控制：一个制度变迁的视角 [J]. 中外法学，2021，33（6）：1464-1483.

念，弥补环境公益损害，并达到环境保护目的的侵权责任承担方式①。笔者认为，此观点将环境公益劳动与作为生态环境修复责任承担方式的劳务代偿的概念不当地混同了。在环境公益诉讼中，环境公益劳动通常与劳务代偿的责任承担方式同时出现，但并不等同。劳务代偿通常是以环境侵权责任人承担环境公益劳动的方式替代履行生态环境修复责任。但环境公益劳动并不总是具有替代性修复方式的属性，有时仅是作为对行为人的惩戒、教育措施，同时起到一般预防的作用。

二、实证考察：劳务代偿适用实践的客观成像

笔者在中国裁判文书网以"劳务代偿""劳役代偿""环境公益劳动""环保公益劳动"四个关键词分别检索，排除无关案件，共检索出40件提出劳务代偿或环境公益劳动的案件，其中35件为最终决定适用的案件②。下文以35件案件为样本，从适用地区、执行监督机构、劳动形式、代偿属性四个方面简要分析现行司法实践中适用劳务代偿或环境公益劳动的主要特点。

（一）适用地区

通过以行政区划图中各省、直辖市的颜色深浅反映案件数量，可明显观察到样本案件集中在长江流域和东部沿海的部分省份，尤以长三角地区为最，总计25件，且数量排名前三的省份均为长三角地区省份。全国首例适用劳务代偿的生态环境损失赔偿的案件就是出自长三角地区中的江苏省，这一创新举措获得最高人民法院认可后，逐步在长三角地区得到广泛适用，反映了长三角地区在生态文明建设方面的有效合作。这也在一定程度上反映了长三角地区近年来在生态环境资源保护方面的努力，其中浙江省更是通过了生态环境部组织的国家生态省建设试点验收，建成中国首个生态省③。相比之下，四川、重庆生态资源丰富，却仅各适用1件，探索力度和研究深度还相当不足。样本地域分布如表1所示。

表1　样本地域分布表

地域分布省（市）	案件数
安徽省	11

---

① 方锦龙. 环境公益劳动制度研究［D］. 重庆：西南政法大学，2016.
② 检索日期为2021年5月1日。
③ 朱海洋. 浙江建成全国首个生态省［N］. 农民日报，2020-5-12（1）.

地域分布省（市）	案件数
江苏省	8
浙江省	6
山东省	3
湖北省	2
云南省	1
河北省	1
四川省	1
江西省	1
重庆市	1

（二）执行监督机构

劳务代偿的替代性修复方式不能只由一纸判决书或协议载明了事，还应当明确执行方式和监督机构。样本案例中大部分并未在判决书中明确劳务执行方式，有的是由当事人协议或调解书约定。在江苏省连云港市连云区人民检察院诉被告人孙某刑事附带民事公益诉讼案中，法院判处孙某于两年禁渔期内提供环境公益劳务，以抵偿其应支付的环境损害修复费用①。该判决书在尾部附录了劳务代偿实施方案，方案详细载明了劳务方式、内容、时间，组织验收程序以及未履行应承担的法律责任，内容清晰明确。这种裁判文书附录劳务代偿实施方案的做法值得借鉴。样本中还有20件案件明确了至少1个执行监督机构，超过一半的案件都以基层自治组织为监督机构，其他多为相关行业领域的主管部门。在非法捕捞水产品案件中，通常由渔业主管部门监督劳务代偿。相对其他机构来说，基层自治组织具有与劳务人、周边环境联系紧密的特点，作为监督机构有一定优势。而且从样本判处的公益劳动形式看，基本都是简单、重复劳动，缺少专业技术活动，村居民委员会具备相应的监督管理能力。但同时也要看到，由于村居民委员会具有与劳务人联系紧密的特点，实践中可能存在放松监管的问题，需要予以规制。样本执行监督机构分类如表2所示。

———————————

① 卢志坚，马萌，孟婧. 连云港连云：以劳务代偿方式修复生态诉讼请求获法院支持［N］. 检察日报，2021-2-8（2）.

表2　样本执行监督机构分类表

执行监督机构类别	适用案件数
环境保护局	2
基层自治组织	12
人民检察院	1
渔业主管部门	7
国有林场	1
环保协会	1
基层地方政府	1
林业主管部门	1

（三）环境公益劳动形式

样本中一半以上的案件裁判文书并未明确行为人具体应进行哪些环境公益劳动，有16件案件在行为人提供的公益劳动形式上有较为详细的要求，主要包括巡逻巡护、环保宣传、环境清洁三个方面。比如在重庆市渝北区人民检察院诉周某、谭某刑事附带民事公益诉讼一案中，法院判处被告周某、谭某按照3天/周、5小时/天的频次向重庆市潼南区龙形镇池坝村烂泥沟河河长报到，参与巡河、环境整治和开展禁止非法捕捞宣传，提供环境公益劳动时间共计230小时①。样本采取的劳动形式都较为简单，以巡逻巡护等简单、重复劳动为主，缺少专业性、技术性的内容，劳动价值较低，其劳动形式的惩戒功能更为明显。极少数案例在普遍劳动的基础上兼顾了技术性。比如在浙江省缙云县人民检察院与被告丁某侵权责任纠纷民事公益诉讼一案中，法院判决被告丁某编创以森林防火为主题的普法宣传节目，于约定时间在农村村晚等场合完成演出14场（节目演员人数不得少于六人）、2021年清明期间担任森林防火宣传员（时长不得少188小时）②。法院判决的亮点在于要求侵权责任人亲自编创环保宣传节目，并广泛表演，不仅通过亲身劳动，更通过亲身思考，达到教育侵权责任人和社会公众的目的。样本环境公益劳动形式分类如表3所示。

---

① （2020）渝0112刑初1190号刑事附带民事判决书。

② （2020）浙11民初147号民事判决书。

表 3　样本环境公益劳动形式分类表

环境公益劳动形式	适用案件数
环保宣传	7
巡逻巡护	13
环境清洁、整治	5
防汛	1

（四）代偿属性

如前文所述，劳务代偿虽通常与环境公益劳动同时出现，但并不等同，有的环境公益劳动不具有抵偿环境损害赔偿费用的性质。样本中有 6 起案件，是责任人在全额承担了环境修复费用后，仍被判决或经调解同意参与环境公益劳动的情形（见表 4）。此处的环境公益劳动更突出其惩罚、教育功能，本身不具备替代修复生态环境的性质。随着时间的迁移，环境公益劳动的运用方式在发生变化，体现了司法实践在环境法治制度上的积极探索，值得肯定。但也要看到，这种方式涉嫌突破法律规定，创设新的处罚手段，需要法律和实务共同明晰①。

表 4　非代偿性质的环境公益劳动案件简况表

案号	裁判年份	案件名称	具体内容
（2016）云 0103 刑初 3 号	2016	昆明市盘龙区人民检察院诉陈某犯污染环境罪案	被告人陈某交纳了 10 万元生态修复费，并因污染环境罪被判处刑罚，此外法院还判处陈某在一个月内从事不少于 24 小时的环境公益劳动
（2020）川 0681 刑初 97 号	2020	广汉市人民检察院诉赵某等刑事附带民事公益诉讼	在审理过程中，公益诉讼起诉人与二被告人自愿达成了调解协议，二被告人共同赔偿生态资源经济损失 1 200 元，并义务履行 10 天广汉市湔江（俗称"鸭子河"）巡护队工作

---

① 有观点认为，环境公益劳动应当成为环境民事公益诉讼侵权责任承担的一种独立形式，而非赔偿损失的替代方式。只有这样才能避免环境公益劳动成为逃避赔偿损失责任的一种手段。参见方锦龙. 环境公益劳动制度研究 ［D］. 重庆：西南政法大学，2016.

案号	裁判年份	案件名称	具体内容
（2020）鲁 0523 刑初 177 号	2020	广饶县人民检察院诉韩某刑事附带民事公益诉讼	法院判处韩某赔偿生态资源损失费、评估鉴定费共计 29 200 元。此外，采取张贴宣传标语（一月一次）作为替代性方式修复生态环境，服务期为一年
（2020）鲁 0523 刑初 178 号	2020	广饶县人民检察院诉韩某江刑事附带民事公益诉讼	法院判处韩某赔偿生态资源损失费、评估鉴定费共计 76 300 元。此外，采取张贴宣传标语（一月一次）作为替代性方式修复生态环境，服务期为两年
（2020）苏 1302 刑初 61 号	2020	徐州铁路运输检察院诉被告人臧某等人犯非法收购、运输、出售珍贵、濒危野生动物罪	经调解，公益诉讼起诉人与三被告人达到如下调解方案：①在省级媒体赔礼道歉；②被告人臧某、马某共同赔偿收购、运输、出售两只太阳锥尾鹦鹉造成的生态资源损害费用 1 万元，被告人臧某、郭某赔偿收购、运输、出售 1 只和尚鹦鹉造成的生态资源费用 5 000 元；③被告人臧某、郭某为保护生物多样性、修复生态环境分别额外自愿交纳生态修复费用 5 000 元、2 万元。④被告人臧某、郭某在判决生效后从事环保公益劳动，接受司法机关监督
（2021）鲁 0304 刑初 145 号	2021	淄博市博山区人民检察院诉被告人刘某刑事附带民事公益诉讼案	被告人刘某于庭前已赔偿所有国家资源损失（价值160元），法院令判处其以劳务代偿方式参加林业部门组织的巡查护林、巡查非法猎捕行为等活动，并张贴宣传标语、义务讲解等公益宣传活动，服务期为三个月

三、路径指引：主体、形式、监督机构的三重规制

以上特点基本展现了劳务代偿适用实践的客观成像。由于理论界鲜有人论及劳务代偿，法律存在一定空白，上述特点暗含了一系列可能影响司法公正的风险和问题。笔者认为，有关劳务代偿的探索还处在初级阶段，为了探索出符合我国生态环境保护现状的修复责任承担方式，法律规范不宜给予过多限制。但为避免劳务代偿成为责任人逃避生态环境修复责任的手段，同时使劳务代偿更好地起到惩罚、教育功能，笔者从责任主体、劳动形式、监督机构三个方面

提出建议，以期为成渝地区构建符合地区生态环境保护现状的劳务代偿机制提供有益思路。

（一）劳务代偿的责任主体应限于自然人

劳务代偿的适用主体应当仅限于自然人，不适用于法人或非法人组织。首先，劳务代偿的责任承担方式是当环境侵权责任人没有能力直接修复或没有经济能力支付修复赔偿金时，通过有益于生态环境的劳务活动来抵付环境损害赔偿费。劳务代偿必须以侵权责任人亲身参与环境公益劳动为前提。因此劳务代偿具有人身性和专属性。法人和非法人组织两者本质上都是社会组织，没有自然状态下的生命，没法通过亲身的方式进行环境公益劳动。

其次，要求责任人亲身参与环境公益劳动，也有利于发挥环境公益劳动的惩罚和教育功能。责任主体必须具有主观意识，才能通过承担劳务得到惩教，以达到保护环境的目的。对于社会组织，其不具有主观意识，因而环境公益劳动不适用于法人和非法人组织①。

最后，凡劳动必然最终还是由自然人执行。如若社会组织作为环境侵权的责任人竞聘人开展环境公益劳动，那就不具有采取替代性修复措施的必要，该笔资金应作为环境修复费用直接缴纳为宜。在江苏省无锡市人民检察院与被告江阴市海隆汽车销售服务有限公司的环境民事公益诉讼案中，海隆公司非法焚烧废机油 8 000 余升，造成周边环境严重污染，法院判处其赔偿环境修复费用和专家咨询费共计 71 万余元，同时判决：如海隆公司二年内能够通过技术改造提高烤漆房利用效率、降低废机油产出量，举办或参与环境污染预防类社会公益活动，明显降低环境风险且二年内没有因环境违法行为受到处罚，可将企业的技术改造费用、环境公益活动主办费用抵扣前述赔偿金②。被告公司若具备经济能力举办环境公益活动，应当将资金直接用于赔偿环境修复费用，而非采取其他替代性修复措施。此外，企业进行技术改造，虽客观上有利于周边生态环境，但主要受益方还是企业自身，不能将其技术改造费用用于折抵其应当赔偿的环境修复费用。该判决颇为不妥，应予纠正。

（二）环境公益劳动形式应坚持多元化和专业化

发挥环境公益劳动的功能，离不开多元化、专业化的劳动形式。现有环境公益劳动还存在着内容形式单一的问题，主要包括巡逻巡护、环保宣传等相对

---

① 方锦龙. 环境公益劳动制度研究 [D]. 重庆：西南政法大学，2016.

② (2019) 苏 02 民初 281 号民事判决书。

简单的劳务活动形式①。这些内容形式往往停留在环境保护的简单、重复层面，缺乏深层次的环保教育指导、环保技术应用，不能充分发挥环境公益劳动的功能。因此还需要相关环保部门在内容形式上进行一定的创新②。可以结合生态环境损害的不同类型与环境侵权人的职业、身份等特性，努力实现环境公益劳动内容形式的多元化，也可以在原有环境公益劳动形式上进行专业化，使其脱离简单重复的劳务③。比如安排环境侵权责任人参与环保执法，一方面起到惩罚教育作用，另一方面也使其更加理解环保部门的工作，对环境保护有更深的认识④。再如环保宣传的公益劳动方面，可以要求环境侵权责任人认真学习环保法律法规，面向公众进行普法宣讲，而非简单的发传单了事。此举更着重环境公益劳动的教育意义，一方面使侵权责任人更深刻地认识到生态环境保护法律法规的重要意义和内容，而非停留在"我被处罚了"的消极接受层面，另一方面以身释法更有利于向公众传播环境保护理念和具体的环保法规。唯有将环境公益劳动的具体形式用深用活，才能更好地实现环境公益劳动的独特功能，实现环境保护的最终目的⑤。

（三）执行监督机构的选择应秉持公正客观和有效监督原则

环境公益劳动的功能能否实现，能否达到替代修复的效果，最终还是由劳动的执行效果决定的。如果执行不到位，再好的修复方案都是一纸空文，甚至可能使劳务代偿成为侵权责任人逃避环境侵权责任的方式。司法实践中的劳务代偿，一般具有间歇性和长期性的特征，劳务总时长较长，分散在各个时期使前后历时更长，执行效果如何，极度依赖执行过程中的监督。因此执行监督机构的选择至关重要，应当秉持公正客观、有效监督原则。

环境公益劳动由谁进行监督，各地的司法实践不尽相同，主要集中在当地村居民委员会等基层自治组织和受损生态资源的环境保护主管部门。当地村居民委员会等基层自治组织监督侵权责任人参与环境公益劳动具有一定的优势，

---

① 江苏省连云港市连云区人民检察院课题组，肖楠. 劳务代偿在民事检察公益诉讼中的适用：以非法捕捞水产品案为例 [J]. 中国检察官，2021（22）：56-58.

② 叶肖华，刘延炀. 论我国环境民事公益诉讼的实践难题：基于法治浙江的调研 [J]. 环境保护，2018，46（2）：63-67.

③ 徐军，李方玲. 生态环境修复责任在刑事附带环境民事公益诉讼中的司法适用研究：以397份裁判文书为样本 [J]. 四川环境，2021，40（4）：238-243；方锦龙. 环境公益劳动制度研究 [D]. 重庆：西南政法大学，2016.

④ 陈祎琬. 生态文明视域中的环境教育制度探析 [J]. 淮阴师范学院学报（自然科学版），2021，20（2）：156-159.

⑤ 方锦龙. 环境公益劳动制度研究 [D]. 重庆：西南政法大学，2016.

主要在于其对当地生态环境和侵权责任人都相对较为熟悉，可以有效监督执行。特别是对巡逻巡护这类劳务，由于基层自治组织就在当地，熟悉情况，也方便进行监督。且从目前各地司法实践看，判处的环境公益劳动形式都较为简单，缺乏专业性和技术性的内容，基层自治组织具备担任执行监督机构的能力。

但也正是由于基层自治组织与侵权责任人相对熟悉，实践中可能存在包庇的现象，使执行效果大打折扣。环境保护主管部门是履行环境监管职责的主要职能部门，由其监督环境公益劳动的执行是履行环境监管职责的应有之义。环境保护主管部门还具有更强的专业性和技术性①，能够有效监督多种形式的公益劳动，其相对基层自治组织也更为客观公正。但也正是由于其专业性和技术性，由环境保护主管部门派员监督个别侵权责任人参与公益劳动，可能存在人力资源的极大浪费。一些地方采取环境保护主管部门和基层自治组织双重监督的方式值得借鉴。可结合两者的特点，由村居民委员会等基层自治组织利用其就近、便利的特点进行日常监督，达到有效监督的目的。由环境保护主管部门利用其相对公正、专业的特点进行随机抽查式监督，弥补基层自治组织公正性不足的劣势。

四、结论

随着我国生态文明建设的持续推进，如何使生态环境功能得到修复，各地都在积极地进行探索，国家也出台了一些法律规范和政策文件来指导司法实践。劳务代偿作为一种新兴的生态环境修复责任承担方式应运而生，环境公益劳动作为劳务代偿的主要内容也在审判实践中逐渐得到运用②。对此，长三角地区的实践经验最为丰富，成渝地区的探索运用还较为薄弱。劳务代偿作为一种新兴的生态环境修复责任承担方式有其积极意义，但在具体适用中还有许多问题需要一一解决。成渝地区应当借鉴全国适用劳务代偿的实践经验，弥补相关方面的不足，坚持问题导向，积极探索，不断完善创新，建立健全符合成渝地区生态环境保护现状的新机制。

---

① 方锦龙. 环境公益劳动制度研究 [D]. 重庆：西南政法大学，2016.

② 张小雪，苑占伟. 生态环境修复责任承担方式的司法适用：基于347篇裁判文书的样本分析 [J]. 山东法官培训学院学报，2020，36（3）：33-45.

附录:《适用劳务代偿或环境公益劳动的案件简况表》

序号	案号	地区	裁判时间	案件名称
1	（2014）连环公民初字第00001号	江苏	2014	连云港市赣榆区环境保护协会诉被告顾某环境污染损害赔偿公益诉讼案
2	（2014）连环公民初字第00002号	江苏	2014	连云港市赣榆区环境保护协会诉被告王某环境污染损害赔偿公益诉讼案
3	（2016）浙0127刑初345号	浙江	2016	淳安县人民检察院诉毕某等人犯盗窃罪（盗窃树木）案
4	（2016）云0103刑初3号	云南	2016	昆明市盘龙区人民检察院诉陈某犯污染环境罪案
5	（2018）浙11民初104号	浙江	2018	缙云县人民检察院与被告傅某环境污染责任纠纷民事公益诉讼案
6	（2018）浙1122刑初345号	浙江	2018	缙云县人民检察院诉李某刑事附带民事公益诉讼案
7	（2019）苏0981刑初98号	江苏	2019	东台市人民检察院诉被告人施某刑事附带民事公益诉讼案
8	（2019）皖05民初376号	安徽	2019	马鞍山市人民检察院与被告吴某环境公益诉讼侵权责任纠纷案
9	（2019）苏02民初281号	江苏	2020	江苏省无锡市人民检察院与被告江阴市海隆汽车销售服务有限公司环境民事公益诉讼案
10	（2020）冀0802刑初126号	河北	2020	承德市双桥区人民检察院诉陈某刑事附带民事公益诉讼案
11	（2020）浙11民初147号	浙江	2020	浙江省缙云县人民检察院与被告丁某侵权责任纠纷民事公益诉讼案
12	（2020）皖1723刑初201号	安徽	2020	青阳县人民检察院诉姜某刑事附带民事公益诉讼案
13	（2020）川0681刑初97号	四川	2020	广汉市人民检察院诉赵某等刑事附带民事公益诉讼案
14	（2020）鲁0523刑初177号	山东	2020	广饶县人民检察院诉韩某刑事附带民事公益诉讼案
15	（2020）鲁0523刑初178号	山东	2020	广饶县人民检察院诉韩某刑事附带民事公益诉讼案

表（续）

序号	案号	地区	裁判时间	案件名称
16	（2019）苏02民初282号	江苏	2020	江苏省无锡市人民检察院与被告江阴星现汽车销售服务有限公司环境民事公益诉讼案
17	（2020）皖0521刑初216号	安徽	2020	当涂县人民检察院诉李某刑事附带民事公益诉讼案
18	（2020）皖1126刑初117号	安徽	2020	安徽省凤阳县人民检察院诉李某刑事附带民事公益诉讼案
19	（2020）皖05民初231号	安徽	2020	马鞍山市人民检察院与被告刘某环境民事公益诉讼侵权责任纠纷案
20	（2020）浙06民初356号	浙江	2020	绍兴市人民检察院与被告陈某等侵权责任纠纷公益诉讼案
21	（2020）鄂1002刑初408号	湖北	2020	荆州市沙市区人民检察院诉被告人石某犯非法捕捞水产品罪案
22	（2020）皖0521刑初240号	安徽	2020	当涂县人民检察院诉被告人王某刑事附带民事公益诉讼案
23	（2020）鄂1002刑初386号	湖北	2020	荆州市沙市区人民检察院诉被告人王某犯非法捕捞水产品罪案
24	（2020）皖0521刑初238号	安徽	2020	当涂县人民检察院诉被告人王某刑事附带民事公益诉讼案
25	（2020）苏0981刑初527号	江苏	2020	盐城市盐都区人民检察院诉被告人颜某、赵某、吴某、邰某刑事附带民事公益诉讼案
26	（2020）苏1302刑初61号	江苏	2020	徐州铁路运输检察院诉被告人臧某等人犯非法收购、运输、出售珍贵、濒危野生动物罪案
27	（2020）赣0423刑初149号	江西	2020	江西省武宁县人民检察院诉被告人张某刑事附带民事公益诉讼案
28	（2020）皖0503刑初322号	安徽	2020	马鞍山市花山区人民检察院诉被告人张某刑事附带民事公益诉讼案
29	（2020）浙0922刑初50号	浙江	2020	嵊泗县人民检察院诉被告人周某、张某、何某等刑事附带民事公益诉讼案
30	（2020）渝0112刑初1190号	重庆	2020	重庆市渝北区人民检察院诉周某、谭某刑事附带民事公益诉讼案

序号	案号	地区	裁判时间	案件名称
31	（2021）皖 1723 刑初 31 号	安徽	2021	青阳县人民检察院诉被告人胡某刑事附带民事公益诉讼案
32	（2021）皖 0521 刑初 17 号	安徽	2021	当涂县人民检察院诉黄某刑事附带民事公益诉讼案
33	（2021）鲁 0304 刑初 145 号	山东	2021	淄博市博山区人民检察院诉被告人刘某刑事附带民事公益诉讼案
34	（2021）皖 0521 刑初 16 号	安徽	2021	当涂县人民检察院诉被告人张某刑事附带民事公益诉讼案
35	（2021）苏 0724 刑初 114 号	江苏	2021	江苏省连云港市连云区人民检察院诉被告人孙某刑事附带民事公益诉讼案

成渝地区双城经济圈背景下
人民法庭参与基层治理的路径

内容摘要： 2020 年，党中央出台关于成渝地区双城经济圈建设的规划，人民法院赓即出台司法服务与保障工作意见，在此背景下，处于司法"排头兵""桥头堡"的人民法庭如何通过积极参与基层治理推进乡村振兴从而推动成渝地区双城经济圈建设值得思考。在我们以往的实践探索中，基层法庭在克服案多人少的困境下采取了种种措施主动融入地方事务，厚植了法治沃土，取得了一些成效，获得了一些经验，但是从近年来案件数量不断上升的现实可以看出，如果从纠纷发生率来评价治理成效的话，近几年的探索收效是有限的。笔者以此出发，旨在通过对治理现状和问题的分析，探讨人民法庭参与基层社会治理的路径优化方案。本文就人民法庭职能定位、参与治理的实践探索方面进行了分析，找出目前人民法庭参与治理的困境和制约治理成效的原因，并从厘清法庭司法职能、完善前端解纷渠道和探索法庭独立的考核评价体系三个方面提出了路径完善建议。

关键词： 人民法庭；基层治理；路径选择

随着经济的发展和信息化时代的到来，过去相对的"城乡"二元结构早已被悄然打破。"城"与"乡"的界限不再是一条鸿沟，一体化、融合化发展成为时代潮流、大势所趋。在 2020 年审议出台的《成渝地区双城经济圈建设规划纲要》中，党中央从国家战略层面对成都、重庆及其辐射的西南地区经济和社会发展作出了重要规划和安排。党的十九届五中全会通过国民经济和社会发展第十四个五年规划建议稿，将推进成渝双城经济圈建设定调为推进新型城镇化的重要内容之一。在此背景下，推进成渝地区农村发展、实现乡村振兴

---

① 梁微，四川省夹江县人民法院审管办（研究室）副主任。

成渝地区双城经济圈背景下人民法庭参与基层治理的路径 145

被注入新的内涵和使命①。人民法庭特别是乡村法庭立足最基层，是中国司法的"桥头堡"，既承担着定分止争、维稳、护航发展的第一线职能，也承担着推进法治中国、法治乡村建设第一线任务②。特别是在护航成渝地区双城经济圈建设的征途中，承担着深入参与基层治理、服务保障乡村振兴、促进社会公平正义的使命担当③。本文主要探讨了发挥人民法庭职能作用、有效发挥法治保障作用的路径和方式。

一、人民法庭的机构设置及职能定位

（一）人民法庭建设的历史沿革

中华人民共和国成立以来，人民法庭经历了从零到有、由弱变强的曲折历程④。1954 年人民法院组织法出台，在正式的立法文件中，首次出现了"人民法庭"的提法。20 世纪 50 年代的法院组织法规定地方可以根据地域、人情、案情合理设置法庭，此项规定一直沿用至今。截至 2021 年 6 月，现实际运行的法庭有 10 145 个，其中，乡村法庭 6 201 个、城市法庭 1 234 个、城乡接合部法庭 2 710 个⑤。在发展和改革的历程中，人民法庭的机构职能也逐步发生了变化。

（二）新时期人民法庭职能变化

人民法庭制度是一项具有中国特色的司法制度⑥。依据 1963 年法庭工作试行办法，在 20 世纪六七十年代初期，法庭机构主要职能为审理简单的民、刑案件，并承担宣传、接访和指导人民调解任务。但是由于当时诉讼案件较少，法庭主要工作相对集中于处理非诉事务。"马锡五"审判方式是当时法庭工作形式的缩影⑦。随着经济体制和社会结构的深刻变革，进入新世纪前的1999 年，最高人民法院出台规定，对法庭职能做了一定的调整，扩大了法庭受理案件范围，基层法庭不再审执分离，同时也不用承担法制宣传和信访接待

---

① 龚浩鸣. 乡村振兴战略背景下人民法庭参与社会治理的路径完善 [J]. 法律适用，2018 (23)：89-96.
② 冯兆蕙，梁平. 新时代国家治理视野中的人民法庭及其功能塑造 [J]. 法学评论，2022，40 (1)：131-141.
③ 周强. 坚持以人民为中心 更加注重强基导向 不断提升人民法庭建设水平和基层司法能力 [J]. 法律适用，2021 (8)：3-11.
④ 邵俊武. 人民法庭存废之争 [J]. 现代法学，2001 (5)：146-151.
⑤ 李秀萍. 加强人民法庭建设 切实服务乡村振兴 [N]. 农民日报，2021-07-29 (7).
⑥ 周强. 认真学习贯彻习近平法治思想 全面推动新时代人民法庭工作实现新发展 [J]. 法律适用，2021 (1)：3-8.
⑦ 张卫平. 回归"马锡五"的思考 [J]. 现代法学，2009，31 (5)：139-156.

等事务，审执工作成为法庭的核心。进入 2000 年后，人民法庭职能在司法改革的步伐中逐步在"完善基础配置—健全工作机制—融入地方实际—优化布局结构"中丰满。由其演变过程也可以看出新时期对人民法庭工作提出了新的任务要求，特别是在成渝地区双城经济圈建设的当下①。人民法庭发展历程及变化如表 1 所示：

表 1 人民法庭发展历程及变化

历程	变化
五年改革纲要 （1999—2003）	①事理设置人民法庭；②人民法庭至少配备 3 名法官，1 名书记员；有条件的地方可以配备法警；③在经济发达，道路交通状况较好的地区，应当有计划地撤并部分法庭，建立或者重组具有一定规模的人民法庭；④2000 年年底前，撤销城市市辖区内的人民法庭
二五改革纲要 （2004—2008）	改革和完善人民法庭工作机制，落实人民法庭直接受理案件、进行诉讼调解、适用简易程序、执行简单案件等方面的制度，密切人民法庭与社会的联系，加强人民法庭的管理和物质保障，提高人民法庭的司法水平
三五改革纲要 （2009—2013）	①适当提高基层人民法庭法官职级；②推行基层人民法院及人民法庭聘请乡村、社区一些德高望重、热心服务、能力较强的人民群众担任司法调解员，或邀请人民调解员、司法行政部门、行业组织等协助化解社会矛盾纠纷
四五改革纲要 （2014—2018）	①积极推进以中心法庭为主、社区法庭和巡回审判点为辅的法庭布局形式；②根据辖区实际情况，完善人民法庭便民立案机制；③优化人民法庭人员构成
五五改革纲要 （2019—2023）	①优化城乡人民法庭布局，充分发挥人民法庭优势，依法促进基层社会治理；②规范人民法庭领导职数设置，保障人民法庭人员和经费；③坚持和完善人民法庭巡回审判制度

（三）新时期人民法庭工作的新要求

《成渝地区双城经济圈建设规划纲要》出台后，最高人民法院紧跟党中央"指挥棒"，随即出台了《最高人民法院关于为成渝地区双城经济圈建设提供司法服务和保障的意见》（以下简称《意见》），《意见》共三个部分、十四条，从司法审判执行各个环节明确了服务保障措施，指导意见中，明确提出基层人民法庭的部分很少，但是依然从案件执行、民商事审判、诉讼服务等方面提出了新的要求。

一是要发挥基层人民法庭促就业、维稳定的作用。《意见》要求要加强人

---

① 胡夏冰，陈春梅. 我国人民法庭制度的发展历程 [J]. 法学杂志，2011，32（2）：82-85.

民法院对成渝地区双城经济圈建设过程中产生的涉建工、就业、劳动争议等民生领域案件的审理，基层人民法庭作为直接面向农民工群体的审判机关，应该责无旁贷地当好社会"稳定器"、民生"保护神"。

二是要发挥基层人民法庭化纠纷、促和谐的作用。《意见》指出要强化诉源治理，将"非诉"解纷方式挺在前面，发扬新时代的"枫桥经验"。农村群众观念落后，对"打官司"存在强烈的抵触情绪，在"熟人社会"乡村民风影响下，"扯破脸""伤面子"会使其对诉讼产生强烈的消极情绪[1]。且农村群众法治素养不高，日常行为接触和纠纷处理过程中的证据意识和举证能力不足，加之诉讼一般需要一定的时间成本和经济成本，使其在诉讼中处于明显的弱势地位。他们需要更加"接地气"的法律指导和导诉服务，更容易接受"非诉解纷方式"，以使其"道德无亏"[2]。

三是对基层人民法庭补短板、行法治提出了新要求。《意见》指出法院要积极参与党委主导的多部门协商机制，加强同基层政法单位的协作配合，切实增强工作合力。法治中国短板在农村，基层人民法庭特别是农村人民法庭，长年扎根于群众中间，与辖区各个单位、社区和居民密切接触，能够直面群众需求，能更好掌握本辖区社会动态，有利于妥善化解纠纷，通过司法裁判和诉讼服务提供鲜明的法律导向[3]。

党的十九大报告强调，"提高保障和改善民生水平，加强和创新社会治理"。综上所述，基层人民法庭作为司法的"第一线"，积极参与辖区社会治理是顺应新时代发展的必然选择，也是成渝地区双城经济圈建设背景下的必然要求。

二、人民法庭参与基层社会治理的实践探索

所谓治理是指"统治"和"管理"，社会治理的本质是政府通过行使职能充分调和各种社会利益关系和冲突，逐步构建起基层社会生活秩序，实现公共利益的最大化。基层社会治理涉及社会生活的方方面面，关系着人民群众的民生福祉和社会保障，如何通过参与基层治理推进社会和谐有序发展，是时代赋

---

[1] 张丽丽. 新时代人民法庭参与乡村治理的理论逻辑与反思 [J]. 西北大学学报（哲学社会科学版），2019，49（2）：46-53.

[2] 王海龙. 人民法庭参与乡村治理的路径探索 [J]. 法制与社会，2020（1）：167-168.

[3] 赵风暴. 准确把握人民法庭的职能定位 [J]. 理论视野，2018（12）：40-43.

予我们的新命题①。面对新的使命，近几年人民法庭在参与基层治理上有了一些实践探索，通过资料收集、走访调研，笔者总结出人民法庭参与治理的方式主要是以下几种：

（一）推进诉源治理和多元解纷

随着城乡一体化发展，各种利益在城乡交织，农村矛盾纠纷呈现出多样化趋势，传统概念中农村"鸡毛蒜皮"的小事，如简单的邻里、家事纠纷在基层各类矛盾中的比重下降，各类经济、合同、建工等社会经济发展中表现突出的矛盾取代了"东家长西家短"，在基层法庭受理案件中份额增加，农村群众的司法诉求和需求日趋多元。在这种情况下，人民法院为满足日趋多元和复杂的司法需求，实现司法资源的优化配置。在 2019 年年初，推行两个"一站式"建设，后又根据实际改为推进一站式多元解纷和诉讼服务体系建设。此后两年间，各级人民法院根据辖区实际传承"枫桥经验"开展了积极探索，新时代"枫桥经验"焕发出了新的生命②。到 2021 年，人民法院一站式多元解纷和诉讼服务体系基本建成。各地基层法院也在实践中积累了工作经验并开创了新的工作模式，成渝地区诸如沙坪坝、合川、眉山、成都等地推进有力，结合自身实际，创造总结出了可推广借鉴的丰富经验，受到了最高人民法院的表彰。

（二）法治宣传和强化联动形成合力

在人民法庭参与基层治理的各类信息报道中，几乎都有提及"法治宣传"，当然形式是多种多样的，笔者在"百度搜索"中输入"人民法庭助力社会治理""人民法庭基层治理"等关键词，从搜索结果中随机抽取了 15 条新闻报道，有 13 条法庭参与治理的措施中都有法治宣传项。人民群众遵法、守法、懂法、用法才是社会治理的根本大法成为共识。

人民法庭要着眼长远，机械办案模式不再适应新时代新要求，依靠党委"指挥棒"核心力量，充分调动基层司法所、派出所、村（居）委会等力量，通过法律指导，提升基层干部、特别是村社干部的法治意识和调解能力，逐步形成工作合力，引导基层干群用法治思维解决矛盾纠纷，在法治化建设中逐步将基层社会事务纳入依法治理的轨道，实现法院终局裁判。在基层实践中，基层法庭形成了"联席会议"制度、"联络专刊"制度、"联调化解"制度，取得了较好的成效。

---

① 龚浩鸣.乡村振兴战略背景下人民法庭参与社会治理的路径完善 [J].法律适用，2018（23）：89-96.

② 汪世荣."枫桥经验"视野下的基层社会治理制度供给研究 [J].中国法学，2018（6）：5-22.

（三）创建工作品牌与设立巡回审判点

有些在实践探索中已经形成较为成熟的经验制度的基层法院逐步有了自己的工作品牌，旨在通过品牌效应推进基层治理效能，诸如"渔家法庭"（连云港市赣榆区法院）、"法润乡土"（南京市浦口区人民法院南永宁人民法庭普法品牌）等。创建品牌有利于在群众中形成口碑，口碑效应的作用毋庸多言。

结合行政区划改革，一些法庭的收案地域范围扩大，基层干部机构和力量减弱，这无形中造成了大量纠纷无法就地化解，矛盾逐渐上交，群众诉求无法得到及时解决的情况。为此，有的法庭通过"主动上门"的方式，在社区便民服务中心、相关行业协会或者群众活动中心，设立"巡回审判点""法官工作室""法律服务点"等站点，通过主动延伸司法服务，提升纠纷前端化解的实效，既便利了群众"起诉"，又减轻了后端司法审判的压力。以 LS 法院为例，在乡镇设立了巡回审判点、法律服务点等 60 个。2021 年 8 月，全省法院设置诉讼服务站（点）3 190 个。

三、人民法庭参与基层社会治理的现实困境

综上，人民法庭在推进社会基层治理中占有重要地位、发挥着强有力的作用，然而，显然可见的是，因为种种原因，基层法庭参与社会治理，依旧有着种种阻碍，面临着各种困境。

（一）参与治理渠道受到人员力量的限制

人是一切工作的立足点，随着经济的高速发展，立案登记制改革的推进，各类纠纷"井喷式"涌入法院，特别是近两年，由于疫情影响，基层法院诉讼案件爆发式增长，截至 2021 年 8 月 17 日下午 4 点，四川全省法院新收案件 1 035 523 件，同比增加 37.68%，人民法庭承担了占比约四分之一的民事案件，基层法庭"人案矛盾"尤为突出。

1. 法庭人员配置难以适应新要求。多年来，法庭收案数量不断增长，但人员配置却无法跟上，按照最高人民法院规定，人民法庭应该配备"3 审 1 书"，但是现实情况是多数人民法庭达不到规定要求，四川法院共设置法庭 823 个，配置在编干警 2 163 人，平均每个法庭仅 2.6 人。人民法庭参与基层治理要处理非常繁杂的日常事务，而在案件数量激增情况下，1 审 1 书只能勉强完成全年办案任务。且由于聘用制书记员稳定性无法保障，部分基层法庭还出现了人员流动频繁的问题，也对法庭正常的审理秩序造成了影响。

2. 干警素能无法提升。受制于"一个萝卜一个坑"的人员配置，部分基层法庭无法组织干警参加培训，一旦开始培训，意味着法庭工作的缺位。但是

时代在不断进步，法治观念在不停更新，法律法规在不断完善，不接触新的知识养分，难以适应日益复杂的社会矛盾纠纷，从而直接影响到法庭人员办案的质量和效率①。

3. 法庭安保存在隐患。一般法庭只有一名法警，部分法庭甚至没有配备法警，安保力量严重不足，缺乏威慑力。在纠纷处理时，一旦当事人诉求没有得到支持，容易出现转嫁怒火、伤害法官以求发泄的悲痛事件。

（二）多重事务导致角色混乱

社会治理涉及基层管理事务的方方面面，人民法庭作为法治体系的"末梢神经"参与地方党委、政府交办的工作及宣传法律政策，社会综合治理等工作，多种角色在人民法庭重叠，容易让人忽视法庭的主要职能应该是审判，造成法庭规则的异化。

1. 角色偏离。依照改革初衷，员额制法官应该专司审判，然而基层人民法庭作为一个"微缩型"法院，除了审执工作之外，法庭工作人员还承担了很多事务性工作，法庭的法官要扮演行政、外联、调解、宣传等多重角色，受到环境和刚性任务限制，有的长期对口联系当事人、贫困户，另外法庭法官还需要充当导诉员身份，对一些群众容易形成"弱势"刻板印象，在后期审判和诉讼中出现倾向性的考量，影响案件实质公正。

2. 格局失衡。审判作为社会矛盾化解的"守门员"，在纠纷化解的过程中应当处于"终局裁判"的位置，然而人民法庭为主动参与治理将审判工作前移，且基层人民调解力量减弱、参与化解纠纷的积极性不高，加之群众法治意识提升，依赖法院司法权威，人民调解、行业调解、行政调解等前端过滤器失效，大量纠纷涌入法院，法院"终局裁判"格局无法形成。

3. 规则异化。一方面人民法庭扎根基层，审判和调解在基层合二为一，在同一个法官的主持下调而不成则判，这样的模式具有一揽子解纷的优势，但是万事万物均有其两面性。面对逐年增长的案件数量和逐年加压的质效考核压力，为完成相关质效考核指标，法官会灵活运用规则处理案件，一些案件无法做到实质性化解，一些案件实事层面得到化解，却忽视了规则的正确适用。

（三）参与治理实效性和积极性欠佳

1. 参与治理实效性欠佳。上文中，笔者对近几年人民法院参与基层社会治理的实践举措进行了概括，但是一些举措在实际运行过程中实效性欠佳。比

---

① 高其才，黄宇宁，赵小蜂. 人民法庭法官的司法过程与司法技术：全国 32 个先进人民法庭的实证分析 [J]. 法制与社会发展，2007（2）：3-13.

如，人民法庭在参与治理时，为了方便群众，满足群众更加多元的司法诉求，设置了法官工作站、调解室、法律服务点等，但有限的司法资源无法满足站点的实质化运行，挂牌无人现象突出，空心化问题严重，参与治理实效欠佳。又如，一些法院将创建参与治理"品牌"作为硬性指标任务下达法庭，在没有形成成熟经验的地方，品牌成了"花架子"，不仅叫不响，还增加了基层负担。

2. 参与治理积极性不高。人民法庭在职能上，除了办公地点和受理案件范围不同外，本质上和法院机关内设审判庭室一样，采用统一绩效考核标准，人民法庭法官为完成和达到较好的考核指标，不得不将工作重心转向与法院本部法官相同的审判工作。加之，人民法院对人民法庭参与基层社会治理未提出量化要求，亦未纳入法官业绩评估体系，人民法庭法官参与基层社会治理动力不足。

四、人民法庭参与基层社会治理的路径选择

在成渝地区双城经济圈背景下人民法庭参与基层社会治理职能逐渐强化，变迁中的基层法庭探索出了完善多元解纷、深入开展法治宣传、强化"府庭联动"等参与治理的方法①，在此过程中同样也不可避免地显露出了一些问题。在此，笔者就如何完善人民法庭参与基层社会治理的路径进行了必要分析。

（一）厘清人民法庭的职能定位

有的法庭没有正确认识到司法改革"去地方化"与人民法庭参与地方"基层治理"，偏颇地认为参与地方基层治理不属于法院和法官的职能范围，是改革的退化，将参与治理视作附加任务。事实上，我们要正确清晰地认识到，人民法庭参与社会治理是通过与地方党委政府及其民间群众性组织的合作，通过"自治、德治、法治"三治融合，化解民间矛盾，达到社会共治的目的②。

（二）扩宽前端解纷渠道

前文中已提及一方面城乡一体化的快速发展和乡镇区划改革致使基层纠纷增长、解纷力量减弱，另一方面人民群众法治意识提升，出于挂"专家号"的心态，更多直接选择司法调解，导致近几年人民法院案件数量激增。为缓解

---

① 顾培东. 人民法庭地位与功能的重构 [J]. 法学研究, 2014, 36 (1): 29-42.

② 冯兆蕙, 梁平. 新时代国家治理视野中的人民法庭及其功能塑造 [J]. 法学评论, 2022, 40 (1): 131-141.

基层法庭案多人少的问题，笔者认为应该扩宽前端解纷力量。

1. 着力开展人民调解员调解技能培训。基层人民调解员多为村社、居民小组长或地方"乡贤""能人"，他们熟悉地情人情，知晓乡风民俗，具有良好的群众基础，具备调解优势，但是这部分调解员法治意识和法治素养不高，在调解过程中难以形成具有效力的调解协议。列举一个真实事例，某天 A 和 B 因为债务问题发生纠纷，在当地小有名气的乡贤家中进行调解，并在 C 全然不知情的情况下达成调解协议，此笔债务由 C 负责偿还，A 和 B 在调解协议上签字，乡贤作为见证人签字捺印，并将此协议送至法庭请求司法确认。强化基层人民调解员法治素能和调解能力培训，从源头将一些纠纷化解在萌芽阶段，做到矛盾不上交，有利于缓解法庭"案多人少"压力，推动法庭参与基层治理。

2. 激发延伸站点的活力。为深度参与基层治理，人民法庭通过设立法官工作室、诉讼服务点、巡回审判点等方式主动延伸了诉讼服务，但是基层法庭"人员困境"使这些措施形同虚设，运行空心化。受制于法官员额数、法院编制数、经费预算等因素，笔者下面两个方面进行了路径完善规划：

一是充分利用智慧法院建设成果。随着司法配套改革的深入推进，智慧法院建设成效逐渐显现，特别是近两年，通过在线诉讼服务取得了疫情防控和保障区域经济高质量发展的双重胜利，笔者认为，可以在具备条件的情况下，在现在设立的便民站点架构起在线诉讼服务网络，通过在线接访、在线解纷、在线普法讲台，降低纠纷化解的时间、金钱和人力成本，推动人民法庭参与治理走深走实。

二是充分发挥人民陪审员、特邀调解员的优势。人民陪审员、特邀调解员作为法院"编外"人员，既有长期参与司法诉讼事务积累的法律基本常识，又不受法院日常考核等事务性工作牵制，在一些基础设施落后、留守老人儿童较多、无法熟练使用科技设备的乡村地区，可以通过设置诉讼服务点，并聘请 2~3 名人民陪审员、特邀调解员作为调解顾问，在家门口化解群众纠纷，并通过陪审员经费、大调解经费等方式解决调解顾问的收入和补贴，推进法律服务站点的常态化运行。

（三）探索建立合理的考核评价体系

基层人民法庭除了是法院的一个审判庭室之外，还要担任辖区诉讼服务、综合联络等角色，从工作量和工作范围来说，与法院普通审判庭室具有显著区别，但是适用同一套考核体系，一方面，考核指标无法科学衡量法庭工作量；另一方面，也不利于提升法庭参与社会治理的积极性。

1. 将部分综合性事务纳入法庭绩效考核范围。诸如是否与辖区党委建立联席机制、有无制度文件等，是否及时向党委政府通报重大案件审理进展、地方发展态势分析等，有无积极服务农村集体经济、重大项目建设，通过一系列指标可衡量法庭工作量，倒逼法庭主动强化与地方党委的联系，为地方社会事务管理提供司法助力。

2. 探索人民法庭调判分离。在人民法庭严格按照规范配备"三审一书"的条件下，可以探索在人民法庭设置专门的诉前调解岗位，由1名法官专司调解和司法确认，避免因调解阶段同双方当事人的深入接触留下的"弱者印象"和"惯性思维"影响庭审和判决阶段的公正。

3. 将诉源治理指标纳入法庭考核项。其实，现有考核体系已经有将"万人起诉率"等指标纳入，但是没有对人民法庭进行单独考核，对促进人民法庭强化纠纷源头治理作用欠佳。

五、结论

在成渝地区双城经济圈建设一体化发展的大背景下，人民法庭立足自身职能，把握机遇、应对挑战，积极参与基层治理，虽然面临重重阻碍，遭遇诸多困难，但是可以从社会变革和法律实践中汲取更多的养分，丰富"枫桥经验"内涵，使人民法庭成为纠纷化解、服务群众的第一阵地，也成为群众感受公平正义的第一印象，不断满足群众日益丰富的司法需求，推进社会法治踏步前行。

成渝地区社会稳定风险评估
机制的实践探索与法治路径
——以C市Z区为考察样本

李佳林①

内容摘要： 成渝地区双城经济圈建设，在构建以国内大循环为主体、国际国内双循环相互促进的新发展格局中具有重要意义。成渝地区双城经济圈既是国内大循环的回旋空间，也是国内国际双循环的节点枢纽。自习近平总书记主持中共中央政治局会议审议《成渝地区双城经济圈建设规划纲要》以来，成都、重庆聚焦"一极两中心两地"战略定位，深入推动成渝地区双城经济圈建设，实现良好开局。在此背景下，成渝地区政府部门提出了要完善社会稳定风险评估和研判机制的要求，力争避免或减少因决策失误或时机不成熟给社会稳定带来的冲击和负面影响，从而加快推动成渝地区高质量发展。因此，在对C市Z区进行实地调研的基础上，本文总结了目前成渝地区社会稳定风险评估机制建立的迫切性和面临的现实困境，力图防范化解影响社会稳定和谐的风险，唱好"双城记"，为成渝经济高质量发展保驾护航。

关键词： 成渝地区；社会稳定；风险评估

一、我国社会稳定风险评估机制的演变轨迹与现实需求

（一）我国社会稳定风险评估机制的演变轨迹

社会稳定风险评估是指在制定出台重大决策、重大改革措施或组织实施重大工程建设项目、与社会公共秩序相关的重大活动等之前，对可能影响社会稳

---

① 李佳林，法学硕士，成都市新都区人民检察院第三检察部检察官助理。

定的因素开展系统的调查、分析和评估①。总体而言，我国的社会稳定风险评估机制经历了从"地方实践创新"到"中央推广"，再到"地方试点"，最终走向"制度化"的发展历程。

四川省遂宁市响应中央号召，于2005年年初针对"群体性事件"在全国范围内率先出台《重大工程建设项目稳定风险预测评估制度》，并随着发展中社会矛盾冲突形式的变化和不稳定事件诱发因素的演变，进一步拓展了社会稳定风险评估范围，为我国建立社会稳定风险评估机制提供了宝贵的经验②。

江苏省淮安市于2006年开始探索重大决策社会稳定风险评估机制，先后出台了《淮安市重大事项社会稳定风险预测评估化解制度（试行）》《淮安市施行重大事项社会稳定风险预测评估化解制度考评办法》等文件，最终建成了"淮安模式"③。"淮安模式"创新了五步工作法，打造了"专业"和"专家"两支队伍，研发出了稳评信息化管理系统软件，该系统具备稳评工作网上督察、网上报备、网上研判等功能，以达到促进稳评工作规范化、便捷化以及提高效率的良好效应④。"淮安模式"还建立了多维度联结机制，对维稳办工作人员进行专题教育培训，并提供相应的人力资源。

2012年1月，中共中央办公厅、国务院办公厅联合发布《关于建立健全重大决策社会稳定风险评估机制的指导意见（试行）》（中办发〔2012〕2号），明确了社会稳定风险评估工作的指导思想和基本要求，确立了评估范围、评估主体、评估程序、风险等级认定、评估结果运用等基本内容，提出了加强组织领导、综合保障、责任追究等具体要求，成为中国社会稳定风险评估迈入制度化轨道的标志性文件⑤。

目前，社会稳定风险评估在全国中心城市及省级行政区域快速开展，各地陆续制定出台了一批强有力的推进措施，逐步建成体系化制度框架。在大数据

---

① 赵曦，严红，成卓. 深入推进西部大开发战略的制度与机制设计 [J]. 天府新论，2012（2）：64-70；卢超，马原. 社会稳定风险评估机制的基层实践及其功能异化：以西北某省H镇的风险评估为例 [J]. 行政法论丛，2016，018（1）：389-403.

② 张小明. 我国社会稳定风险评估的经验、问题与对策 [J]. 行政管理改革，2014（6）：65-70；刘泽照，朱正威. 掣肘与矫正：中国社会稳定风险评估制度十年发展省思 [J]. 政治学研究，2015（4）：118-128.

③ 陆杰华，刘芹. 转型期重大决策社会稳定风险评估体制机制探究 [J]. 中国特色社会主义研究，2019（3）：88-94.

④ 张小明. 我国社会稳定风险评估的经验、问题与对策 [J]. 行政管理改革，2014（6）：65-70.

⑤ 刘泽照，朱正威. 掣肘与矫正：中国社会稳定风险评估制度十年发展省思 [J]. 政治学研究，2015（4）：118-128.

的时代背景下，不少地方利用信息化手段开展社会稳定风险评估。例如哈尔滨市南岗区利用维稳综治工作信息化管理平台将全区按照"网格化"管理模式，在社区实施计算机地域化管理，从而及时接收社区内突发事件和安全工作排查处置情况，直观地展示网格内流动人口、重点人员、突发事件等相关信息①。山东汶上政法委利用综治维稳信息处理系统，将信息收集、分析、研判、传递环节前置，把科学处理情报信息作为做好各项工作的重要前提，整合维稳资源和创新工作机制，实现信息掌握在前，资源整合到位，提高动态环境下维护社会稳定的实践能力，发挥社会稳定的预报功能。

（二）成渝地区社会稳定风险评估机制建立的迫切性

社会稳定风险评估机制历经十余年的发展，"稳评"机制在风险治理领域成效显著，但由于运行环境、设计理念等因素的影响，该机制在评估主体与评估人员构成、评估内容与范围、评估方法等层面仍有需要进一步完善的空间②。

第一，评估主体同一化。评估决策主体与评估实施主体的同一性可能导致"稳评"效果浮于表面。实地调研中发现，成渝地区多地的评估主体按照"属地管理"和"谁主管、谁评估"的原则确定③。以 C 市 Z 区为例，该地的评估主体主要包括重大决策事项提出部门、政策起草部门、改革牵头部门、项目申报审批部门、工作实施部门等。涉及多部门、职能交叉而难以界定评估直接责任部门的重大事项，由重大事项社会稳定风险评估领导小组指定评估责任部门。但是在实际操作中，该地是由党委、政府"指定"评估责任主体。这样一来，导致"稳评"决策主体与评估实施主体实际上重合了，使得"稳评"效果不佳④。C 市 Z 区存在的这一问题从侧面反映出成渝地区社会稳定风险评估主体同一化的弊病。

第二，评估范围模糊化。评估范围的不断扩大可能导致重点不清，无法切实关涉人民群众切身利益。以遂宁市为例，2006 年遂宁市出台的《重大事项

---

① 南岗区维稳综治启动信息化管理. [EB/OL]. [2010-11-04]. http://e-gov.org.cn/article-112596.html.

② 朱正威, 胡向南, 石佳. 社会稳定风险评估机制的实践进展、现实问题与完善策略: 基于社会稳定风险评估报告的内容分析 [J]. 南京社会科学, 2019 (11): 72-80.

③ 付翠莲. 重大决策社会稳定风险评估主体存在的若干问题及其优化策略 [J]. 郑州轻工业学院学报 (社会科学版), 2018, 19 (3): 53-60.

④ 张小明. 我国社会稳定风险评估的经验、问题与对策 [J]. 行政管理改革, 2014 (6): 65-70; 中共浙江省委政法委员会课题组. 重大事项社会稳定风险评估机制的实践探索与研究 [J]. 公安学刊 (浙江警察学院学报), 2010 (1): 22-25.

社会稳定风险评估化解制度》将评估范围拓展至工程、立项、决策和改革等多个领域①，但是并非所有政府工程、立项、决策和改革都适合社会稳定风险评估，只有社会关注度高、风险系数大、群众反响强烈的重大立项、重要政策变动与重大建设工程才能归入评估范畴②。从中可以看出，界限的不明确导致评估范围较为模糊，无法切实保障人民群众的合法权益。

第三，民意调查形式化。目前通常采取公示、问卷调查、实地走访、召开听证会等多种方式调查民意，但在实践中仍存在"闭门会议"和"象征性走访"等问题。以C市Z区垃圾焚烧项目为例，C市Z区垃圾焚烧项目在经C市规划局的项目选址批准并开始建设后，发生了数百名业主发起签名反对建设垃圾焚烧发电厂的抗议活动。省情调研中心发布的民调数据显示，94.4%的受访者不赞成垃圾焚烧厂建立的原因是"因垃圾发电厂建设与民生息息相关，政府有关部门在决策过程中未能广泛征求民意"。该项目于2004年确定选址、2006年通过选址审批，其间未向公众进行情况通报、征求公众意见，近千名市民手举"反对垃圾焚烧"等标语在C市政府前要求停建垃圾焚烧发电厂，引发了群体性事件，造成社会不稳定的后果③。

二、成渝地区社会稳定风险评估机制面临的现实困境

（一）社会稳定风险评估工作实施细则不完善

1. 重大事项的评估范围不够明确。经考察，成渝大多数地区重大事项社会稳定风险评估工作往往通过概括性列举的方式划定重大事项的评估范围，较为抽象，没有明确界定重大事项的评估范围，导致了各决策部门对需要进行社会稳定风险评估的重大事项认定标准不一致，有较大的裁量权，容易出现"应评未评"的现象，存在"选择性评估"的问题④。比如，C市Z区教育局反映不能笼统地将所有事情都纳入风险评估当中，否则工作无法开展，希望评

① 丁东铭，魏永艳. 新时期社会风险评估机制建设进程中的失范问题及其对策 [J]. 长白学刊，2017 (4)：58-65.

② 朱正威，胡向南，石佳. 社会稳定风险评估机制的实践进展、现实问题与完善策略：基于社会稳定风险评估报告的内容分析 [J]. 南京社会科学，2019 (11)：72-80；丁东铭，魏永艳. 新时期社会风险评估机制建设进程中的失范问题及其对策 [J]. 长白学刊，2017 (4)：58-65.

③ 李开孟. 我国开展社会稳定风险评估的现状及存在问题 (三) [J]. 中国工程咨询，2013 (4)：73-76；揭国宝. 地方政府社会管理职能实现途径研究 [D]. 南宁：广西大学，2014；黄泰文. 我国环境项目选址政策调整时间变迁的内在逻辑：基于倡导联盟框架 (ACF) 的视角 [J]. 福建行政学院学报，2013 (5)：22-29.

④ 王超锋. 重大环境决策社会风险评估的立法规制探究：以相关规范性文件的分析为视角 [J]. 西部法学评论，2015 (5)：108-122.

估范围更加具体和对各个职能部门更具有针对性。当地司法局反映目前风险评估范围的划分不清晰，实践中对于评估事项主要依靠自己主观判断，甚至出现很难判断的情形。

2. 社会稳定风险评估报告的内容和形式在制度上尚未有统一明确的规定。经过调研发现，成渝大多数地区的社会稳定风险评估机制要求风险评估应当形成社会稳定风险分析评估报告，但未对风险评估报告的内容作出进一步细化规定，不利于规范风险评估工作，从制度上形成统一的风险评估报告。比如，C市Z区住建局反映在政策出台前很少会进行专门性的风险评估，即使预判到可能存在风险，也只是通过内部讨论或者征求律师的意见等方式对风险进行预判，而没有形成完整的风险评估报告。

3. 社会稳定风险评估等级未明确划分。风险评估等级是判断重大决策实施后影响社会稳定大小的重要依据，一般分为重大风险、较大风险、一般风险、低风险四个等级[①]。目前成渝大部分地区并未对风险等级进行划分，不利于决策机关对社会风险进行预判，也不利于决策机关制定重大决策的风险防范措施。

（二）社会稳定风险评估缺少再评估机制

1. 稳评效果难保证。经调研发现，成渝大多数地区对于某些重大项目、重大决策已经开展了社会稳定风险评估工作，并且在稳评工作中也会邀请第三方专家参与。但对于社会风险评估工作所形成的工作成果究竟起到了多大作用，稳评的效果如何，尚缺乏相关的专家进行再评估。因此，第三方评估机构不仅仅要参与社会稳定风险评估，更需要对稳评成果和稳评效果进行再评估。

2. 稳评内容不明确。正如上面所提到的，第三方评估机构不仅仅要进行社会稳定风险评估，更需要对稳评成果和稳评效果进行再评估，但再评估的具体内容在成渝地区现行社会稳定风险评估制度中还没有明确的规定。

3. 主体责任未规定。目前，成渝大多数地区社会稳定风险评估办法中关于第三方评估主体的责任未进行明确规定，不利于对第三方评估主体进行监督，也不利于其形成科学公正的评估报告。

（三）社会稳定风险评估中各部门协同不足

政府各部门间在开展社会稳定风险评估中的合作和交流不足，存在信息壁垒，使得各部门掌握的大量隐患数据和作出的风险评估结果不能互通共享。在

---

① 蔡先凤，刘娜. 重大环境行政决策的法定程序［J］. 宁波大学学报（人文科学版），2015，28（2）：99-105.

实地调研中，C市Z区住建局反映由于建筑拆除问题复杂，涉及多方利益，部门职责有交叉或有空白地带，一定程度上影响了矛盾纠纷的化解和群体性事件的稳控，如果在办理相关业务时能够与其他部门信息共享，则会大大降低双方决策实施的风险。C市Z区政务中心反映目前隐患类的信息是分类采集的，各个部门只对分拨到自己部门的隐患风险进行处理，在作出风险评估结果后也没有与其他部门进行信息共享，风险评估存在封闭化和单一化的情况。

（四）重大决策制定前群众参与度不高

通过在C市Z区发放1 000份群众问卷调查发现，47%的群众认为政府在出台重大决策前的公开程度不足，此数据说明了Z区在重大决策制定前未能确保公共权力行使的公开透明，不利于提高群众科学认知水平和政策接受度。重大决策制定前群众参与度，如图1所示。

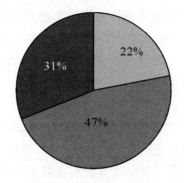

■及时性不足　　■公开程度不足
■未采取听证会等形式听取群众意见

图1　重大决策制定前群众参与度

群众问卷调查的数据显示，在政府做出重大决策时，89%的人民群众未参与过政府在出台重大决策、重大项目等事项时的公众征求意见工作，说明了C市Z区在重大决策制定前未能广泛深入及时地听取群众意见，不利于全面预判社会风险。重大决策制定前群众参与情况见图2。

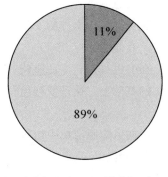

图2 重大决策制定前群众参与情况

三、完善成渝地区社会稳定风险评估机制的法治路径

（一）明确重大决策社会稳定风险评估范围

社会稳定风险评估范围的扩大，使得社会稳定风险评估的范围不仅包括社会民生、机构改革、生态环境等方面，还包括财政预算的编制和重大调整、涉邻项目、涉及广大人民群众健康权益的重大决策和重大改革等范围，从而最大限度地预防和避免社会稳定风险的发生。要求各职能部门结合本部门法定职能和工作实际，在每年第一季度制定并公布年度重大决策目录（含听证事项目录），从而督促责任主体开展社会稳定风险评估，找准涉稳风险点，有针对性地做好不稳定因素的提前化解工作，切实做到应评尽评。制定"成渝地区重大决策社会稳定风险评估制度实施细则"，将凡是与人民群众切身利益密切相关且涉及面广、影响深远、容易引发社会稳定问题的重大决策以及其他对社会稳定有较大影响的重大事项纳入风险评估范围，解决"选择性评估"的问题，实现"应评尽评"[1]。

（二）完善重大决策社会稳定风险评估程序

评估程序是评估工作的操作指南，只有严格按照程序进行风险评估，才能真正做好风险评估工作。一般评估程序可以在重点评估程序的基础上进行简化和合并[2]。同时，实施细则应明确规定，采取一般评估程序的重大决策经分析论证认为风险较大的，应当转化为重点评估，从而保证评估结果的科学合理。

---

[1] 王丽媛. 重大政策社会稳定风险评估多元主体参与研究 [D]. 太原：山西大学，2019；刘树枝. 加快建立重大事项社会稳定风险评估机制 [J]. 政策瞭望，2011（5）：16-19.

[2] 李志伟. 信息系统风险评估及风险管理对策研究 [D]. 北京：北京交通大学，2010.

另外，在评估程序中加入开展民意调查等程序，有利于最大限度地收集人民群众的意见，从源头上预防和避免群体性事件的发生。对评估程序中的风险源识别与分析作出更具体的规定。具体为：

一是初步梳理风险源。在专家咨询、专题座谈、抽样调查、实地勘查、公示公告、听证会等调研摸底的基础上，梳理罗列出初步的风险源清单，整理出客观存在的各个风险源①。

二是初步分析风险源。根据风险源清单中初步整理的风险源，分析造成这些风险的原因、条件以及危害程度。

三是筛选风险源。根据风险源初步分析的结论，分辨出重大决策在实施中面临的主要风险源，整理筛选出有直接关联和影响较大的各项风险源，并进一步确定是否有遗漏的风险源②。

四是坚持长效动态的跟踪。及时发现新的风险隐患，调整防范与化解措施，确保社会长期稳定。

五是形成重大决策事项风险源清单。严格按照程序进行风险源识别与分析，特别是重大决策、重大项目的风险源识别与分析，以使重大决策、重大项目顺利开展。

实施细则明确规定社会稳定风险评估报告应当包含以下内容：①重大决策事项的基本概况；②社会稳定风险评估依据和评估方法；③重大决策的法律风险分析，公众影响度、公众认同度、利害相关度、决策保障性以及风险可控性论证；④风险调查及结果分析；⑤重大决策社会稳定风险源识别、分析与评价；⑥风险防范和化解措施；⑦重大决策社会稳定风险等级评定及实施建议；⑧社会稳定风险评估结论和完善重大决策的意见；⑨附件资料等。通过规定评估报告的内容和形式有利于规范风险评估工作，有助于形成完善统一的风险评估报告。

（三）完善重大决策社会稳定风险等级划分

风险等级是社会稳定风险评估结论的重要内容，应当根据利益相关者多少、人员伤亡情况、财产损失程度以及社会支持程度等，将社会稳定风险划分为重大风险、较大风险、一般风险、低风险四个等级③。具体而言，大部分人

---

① 沈鸿翔. 杭州河道建设项目的社会稳定风险评估：现状、问题及改进 [D]. 西安：西北大学，2018.

② 同①。

③ 麻宝斌，杜平. 重大决策社会稳定风险评估的主题、内容与方法 [J]. 哈尔滨工业大学学报（社会科学版），2014，16 (1)：35-40，4.

民群众、利害关系人持反对意见，可能引发 100 人以上的大规模群体性事件的，可能造成 100 人以上重大人员伤亡的，可能造成 100 万元以上重大财产损失的，为重大风险；部分人民群众有意见，可能引发 30 人以上 100 人以下的群体性事件，可能造成 50 人以上人员伤亡的，可能造成 50 万元以上财产损失的，为较大风险；少部分群众持反对意见，实施过程中存在一定的潜在风险，但潜在风险总体可控，不致引发群体性纠纷的，为一般风险；群众广泛支持，不会影响群众特定利益，或虽有少部分群众反对，但能够有效解决矛盾，有效预防和化解不稳定因素的，为低风险。通过划分社会稳定风险等级有利于决策部门强化对评估报告的重视，从而有助于制定风险防范措施。

（四）完善重大决策社会稳定风险评估结果运用

社会稳定风险评估机制是重大决策的"前置程序"和"刚性门槛"，但要最大限度发挥这一制度设计的科学效用，就要严格杜绝决策的随意性、盲目性，切实做到以评促稳①。规定各级各部门将评估结果作为决策的重要依据，根据评估报告确定的风险等级做出相应的处理。具体而言，重大风险的，不能实施；较大风险的，暂缓实施；一般风险的，部分实施；低风险的，可以实施。同时要建立风险评估后的风险跟踪机制。重视重大决策实施所带来的后续风险，建立决策风险跟踪机制，动态检查和评估决策风险的发展状态，及时调整应对风险的对策，确保决策事项顺利推进。完善备案存查机制。实施细则要求对经过社会稳定风险评估的重大决策建立专项档案，并将档案送相关部门备案。

对重大决策社会稳定风险评估过程中涉及的相关资料进行备案，既有利于相关部门掌握稳评工作的总体情况，又有利于事后审查和责任追究，进而促进相关部门和相关人员依法履行职责，依法依规开展稳评工作。建立重新评估制度。重大决策的风险并非一成不变的，而是随着时间和进程不断演变的，人们对于风险的认知也会受到社会、利益、环境等因素的影响，评估过程中收集到的民意诉求、民众行为等信息具有一定的时效性。因此，为避免数据缺乏有效性而造成评估失误，可以规定在准予实施的决策两年内未予实施的，如要继续实施，应当重新进行社会稳定风险评估，根据评估结果再行决定决策是否准许实施。

（五）完善社会稳定风险评估责任追究机制

厘清责任主体是稳评问责的前置条件，同时只有切实落实稳评责任追究制

---

① 孔祥涛. 推进重大决策社会稳定风险评估治理 [J]. 中国党政干部论坛, 2018 (11): 57-61.

度，将稳评纳入各个部门的政绩考核体系和党政领导干部问责体系，才能使社会稳定风险评估真正落到实处。一是要明确责任追究标准。问责机制的有效运行离不开明确的责任追究标准。对因应评未评、稳评程序不规范、数据作假、应当回避而未回避、稳评结论和建议不被采纳、执行中没有按照决策办事导致引发社会风险事件的，应追究有关部门、单位及其主要责任人和直接责任人的责任，构成犯罪的，依法追究刑事责任①。二是建立责任倒查机制。对在重大决策和重大项目立项前已做社会稳定风险评估，但还是引发了社会风险事件的情况，应遵循实事求是、有错必纠、属地管理等原则，从事前、事中到事后进行全面责任倒查，重新审查决策过程和评估程序。

（六）完善稳评专家库、机构库评审机制

一是构建科学的组织体系。采取灵活性和专业性相结合的方式，包括各级维稳部门选聘的专家和由社会稳定风险评估第三方机构选聘的专家两种形式。这种组织形式，既能发挥维稳部门专家的作用，又能引入第三方专家参与，从而实现高效决策、科学决策，提高决策公信力的目的。

二是拓宽专家领域范围。一项重大决策的出台必然会涉及各个方面的问题，牵涉多方的利益，如果仅仅由行政主体内部进行评估，可能会造成评估的片面性，影响评估结果的全面与准确。专家库中包含的专家应当涵盖社会各领域专业人士，以确保评估的顺利进行以及评估结果的质量。具体包括：第一，法律方面的专家学者。专家库必须选聘政府法制部门业务骨干或高校法学教授等学者进行合法性审查。第二，社会管理方面的专家学者。第三，维护稳定应急处突等方面的专家。多元化的专家队伍可以使社会稳定风险评估的信息量更广、覆盖面更大，多方智慧的运用有助于提高决策的科学性。

三是建立第三方评估主体问责机制。社会稳定风险评估中的第三方评估主体日益受到重视，多元主体参评模式正在形成中。因此，应当加强对第三方评估主体的监督和管理，提高第三方评估主体工作的科学公正性，增强风险评估的公信力和有效性。

---

① 孟庆莲. 关于重大决策社会稳定风险评估机制的几点思考 [J]. 法制与社会，2016（21）：50-51.

省级行政边际地区开展
社会治理的实践探索
——川陕边际地区联创共建
"1+1>2"的"朝天模式"

安正永①

内容摘要： 探索行政边际地区社会治理路径，是全面深入推进依法治区工作的新方式。行政边际地区开展社会治理实践，能够有效发挥边际地区的合力作用，更好地保障边际地区和谐稳定，促进边际地区经济建设共建共治共享共融。四川省广元市朝天区立足区位实际，在全面深入推进依法治区工作中，改变观念，创新思路，积极探索行政边际地区治理新方式，总结出符合本地实际且富有成效的"朝天模式"。通过"一创三破"转思路，"两分三多"促落实，"一心四抓"见成效的经验做法，让川陕边际地区联创共建地区，在共强基础提升党建活力、健全机制维护社会稳定、优化服务促进经济发展、加强联动增进群众交流四个方面，显现出"1+1>2"的扩大效应。在探索行政边际地区社会治理实践中，有效改变了川陕边际地区矛盾纠纷频发、维稳形势严峻的现实困境，共同维护了川陕边际地区的和谐、稳定，得到了两地群众的广泛认同和上级的充分肯定，并为探索行政边际地区开展社会治理提供了丰富的经验启示。

关键词： 行政边际地区；社会治理；朝天模式

近年来，四川省广元市朝天区立足区位实际，在全面深入推进依法治区工作中，改变观念，创新思路，积极探索行政边际地区治理新方式，主动加强与相邻县区——陕西省汉中市宁强县的沟通协调，坚持资源共享、环境共治、产

---

① 安正永，中共广元市朝天区委政法委员会。

业共建、平安共创、文化共融，党建、法治、改革等一起抓，基础、产业、环境、文化共建，共同建设和谐平安川陕边际，取得了"1+1>2"的明显成效，形成了颇具地方特色的区域联创共建治理模式，探索出了边际地区社会治理和促进边际地区社会和谐稳定事业快速发展新路子，被相关专家赞誉为"朝天模式"。

一、创建背景

朝天区和宁强县是川、陕两省的接壤地区，均属山区地区、贫困县区、革命老区、汶川地震重灾区、交通枢纽大动脉地区和国家扶贫开发工作重点县区，是典型的省际边际地区。加之边际地带因婚姻家庭、工程建设和土（林）地确权等引发的涉边矛盾纠纷不断，原有的联调模式欠佳、机制不全，边界纠纷化解存在协调难、调处效率不高等问题，严重影响着边际地区群众生产生活，阻碍了经济社会发展。为破解这些难题，及时有效化解两地涉边纠纷，打击违法犯罪，实现边界地区经济社会"共建共治共享共融"，朝天区结合实际、强化沟通、整合资源、发挥优势，不断探索改进边际联合调解机制，以创新边际社会治理为突破口，大力推进平安边际建设，更好地服务和保障了边界地区脱贫攻坚、项目投资和产业发展等经济建设，实现了边界地区和谐稳定和经济健康发展。

二、主要做法

经过多年实践与探索，朝宁（朝天区—宁强县）双方总结出了符合本地实际且富有成效的经验做法："一创三破"转思路，"两分三多"促落实，"一心四抓"见成效。

（一）"一创三破"转思路

朝天区和宁强县虽被一条行政区划线分隔开来，却分割不了两地群众深深的情谊和联系。两地党委政府创新提出"四共"理念，突破思维定式、突破行政区划、突破法律限制（法律没有明确禁止的），把涉边乡（镇）村（社）作为超县级行政管辖的"联合体"，按行业、分层级建立各种联合机构和协调小组，坚持产业共建、环境共治、资源共享，推进文化共融。相继建立涵盖组织、法治、产业、文化等方面联创共建机构28个，签订共建合作协议28份，把联创共建和交流合作定位到更高目标、拓展到更宽领域、提升到更高层次。成立联合党支部，共同协商解决涉边事宜，营造了良性互动共治的良好局面。建立治安联动机制、共同建设旅游精品线等，实现了"多边多赢"。相邻村

（社）成立了边界人民联合调解委员会，引导村民自己解决自己的事，虽然"边界人民联合调解委员会"在《中华人民共和国人民调解法》中没有明确的规定，但依据《中华人民共和国村民委员会组织法》"三个自我""四个民主"的基层自治原则和《中华人民共和国民法》《中华人民共和国民事诉讼法》相关精神，联合调解委员会得到了双方行政和司法机关的支持，取得了明显成效。

（二）"两分三多"促落实

针对具体情况，朝宁双方采取了分层级、分村情、多途径、抓示范、全方位的举措，有条不紊推进落实。"分层级"即分别建立区县、乡镇、村社三级联合协调机构，县区协调机构主要负责重大事项沟通协调，提出指导意见，乡镇一级主要指导村社联合机构开展工作，并参与重大事项的处理，村社一级具体负责处理需要共同处理的事项。"分村情"即针对村社具体情况和重点事项，分别建立不同的联合组织机构，如朝天区中子镇黎明村与宁强县汉源镇七盘关村因涉及的重点工程多，国道、省道、铁道穿两村而过，矛盾较多，且村民隔沟而居，来往频繁，为此两村村民共同推选产生了"体制性"的联合人民调解委员会，主任由两村推选主任轮流主持工作，涉及边际纠纷，共同调解不分彼此；"多途径"即根据事件的性质分别采取自上而下，行政带动；自下而上，自主推动；上下结合，左右联动的方式进行。如涉及治安联防、森林防火、禁毒缉毒、环境保护、行政执法等配合事宜，区乡村各级分别签订合作协议，采取由上到下方式，由政府推动推行；涉及民间纠纷调解，则发挥村民的自治作用，采取由下到上方式，由村民协议自治，成立跨边界调解机构，再逐级上报，区乡相关部门备案认同和大力支持；在农业产业、旅游发展上则采取上下结合、左右联动方式，统筹推进。"抓示范"即重点建立多个党建、产业、联防、联调示范点，按"六规范一统一"（规范机构、规范制度、规范标识、规范阵地、规范标准、规范资料、统一建设）进行试点示范，以示范点建设带动全面推开。"全方位"即除法律有特别规定的外，村社事务全部纳入共建共治内容，全方位、全覆盖推进。

（三）"一心四抓"见成效

紧紧围绕以创建平安和谐边际为中心，以抓党建、综治、产业和文化共治共建为载体，全方位推进边际地区基层治理工作落地生根，见绩见效。

1. 以平安和谐为中心，明确边际社会治理目标。创建平安和谐边际，推动边际地区经济社会健康快速发展，是朝宁双方共识，也是开展联创共建工作的出发点。双方把此目标作为全面落实"四个全面"战略布局的具体实践，写入了党政工作报告，纳入社会发展长远目标，统一干部思想认识。经过多年努力，朝天区被评为"全国平安铁道线"、多次获评"全省平安建设先进县区"。

2. 以联合党建为基础，夯实边际社会治理核心。大力实施"堡垒引领、素质提升、和谐共创、产业富民"四大工程，充分发挥党建的引领作用①。一是跨省建立村级联合党组织。建立毗邻乡镇联合党委 6 个，毗邻 17 个村联合党支部 17 个。并选优配强党委、党组织带头人 34 名，党组织覆盖率达 100%。该模式被评为"全国第四届十大地方新政优秀案例"，得到中央组织部、国务院参事室、中央党校等领导和专家的充分肯定。二是互派和配优干部队伍。共同研究制定涉边乡镇党委班子及村社党组织成员的配备标准，建立信息互通和意见征求渠道，配齐配强干部队伍，组织两地 176 个党政机关组织与 160 个村党支部结对，真正实现了"党课一起上、党日一起过、党务一起亮"。两县区毗邻 12 个乡镇、百余个基层党组织、近千名党员参与跨省联合主题党日活动。加强了两地各领域的交流合作。三是建立边际党建扶贫示范带。共同探索实行"五好一高"党建扶贫示范带，着力建设堡垒引领好、素质提升好、和谐共创好、产业富民好和社会评价高的扶贫示范党组织。两地围绕特色产业开展实用技术培训 22 期、3 000 余人次，组建联合产业协会 32 个，培育新型经营主体 60 余家，共建优质产业示范基地 9 万余亩，建成 6 条跨省产业示范带，"一镇一带""一村一品"产业格局业已形成。四是强化基层基础保障。大力推行"强村行动"，着力建强"村级单元"，每年为每个村预算 9 万元工作经费和公用事业经费，对联合开展工作的进行专项补助，落实村干部"一定三有"激励保障机制，确保涉边村社有人、有钱开展工作②。

3. 以创新治理为手段，强化边际社会治理机制。一是联合开展法治宣传活动，增强边际民众法治意识。提出"订单式""靶向式""互动式"普法新形式，创新"法律七进（7+2）"活动，推进法律进机关、进学校、进乡村、进社区、进企业、进单位、进寺庙、进景区、进工地，提高普法效果。二是创新建立"四联"机制，打造立体化的综治工作体系。连续 15 年与陕西省宁强县开展平安共创共建，创新推出"互联网+平安边际'1144'"模式，建立了信息资源联通共享、矛盾纠纷联调共处、违法犯罪联防联打、突发事件共处联治等协作机制，实现边际地区共享、共治、共建、共融，"互联网+平安边际

---

① 向德孟，刘长金，马继章. 文明花开北大门［N］. 广元日报，2014-9-22（2）.

② 张敏. 朝天：探索省域边际基层治理新路［N］. 广元日报，2021-1-15（3）.

破解省际边界治理难"工作经验入选全国社会治理创新优秀案例和四川省委组织部干部培训"好教材、好课程、好案例"。三是不断深化"三六"群众工作法，切实改善干群关系。聚焦"日常工作、重大决策、突发事件"三个重点，建立"诉求下访、综合研判、民生决策、公开公示、付诸实施、评价反馈"六道决策机制和办理程序，规范基层治理，提高工作效率。四是探索民间矛盾化解新机制，重点关注民生问题。对"体制性"联合调解委员会，落实"111333"工作机制，统一实行"一张网"，促进机构建设网格化；"一线查"，矛盾纠纷排查在一线；"统一分"，调解工作出门一把抓，回来按照类别再分类；"三随调"，矛盾纠纷随手调、随时调、随后访，确保纠纷就近、就时、就地及时化解；"三次调"，调委会每件案子至少调三次；"三级调"，矛盾纠纷通过组、村、乡镇逐级调解，确保矛盾纠纷微事不出组、小事不出村、大事不出乡。对"机制性"联合调解委员会，推行"一统二分三联动"工作模式，矛盾纠纷接边地区调委会统一排查，分类归口，属于人民调解的矛盾纠纷分别按"移送调解""邀请调解""共同调解"的联动方式进行调解。2016年，朝天区承担了四川省大调解中心"省级边际人民调解协作机制"研究课题，组织专家对朝宁边界人民调解的机制和做法进行了专题研究。2016年6月在朝天区召开了川陕甘三省五市边界人民调解工作协作会议，对朝天基层矛盾调解的做法进行了重点推介。五是同步推进法治扶贫工程。扎实开展法治扶贫"六个一"活动，采取1+N模式，为每一个贫困村免费指派一名法律顾问，开展一次法治文艺演出，进行一次"法律体检"，举办一次法治宣讲，建设一个法治阵地，培训一名法律明白人，提高贫困农户的法律意识和维权意识。六是创新设立"家事法庭"，努力做到司法为民司法便民。把化解民间矛盾作为"家事法庭"的重点内容，通过设立亲情会谈室、母婴休息室，根据对象的不同把原告席、被告席变更为丈夫、妻子、父母、邻居席等，强化庭前调解和庭后回访，适度延长调处时限，增加人文关怀，营造温情氛围，以亲情有效化解各类民间矛盾。

4. 以产业共建为纽带，实现边际民众利益共赢。立足区位特点和资源优势，加强与宁强经济联合，着眼大市场、大产业、大协会建设，共同拓展发展空间。一是建设"大市场"。按照"大商贸、大流通、大发展"思路，高标准建设曾家等5个综合农贸市场，水磨沟等7个边贸市场，建成核桃、蔬菜、香菇等批发市场3个，建设七盘关等物流园3个，建设工业园、现代农业园4个，逐步形成川陕甘边际区域性大市场，促进了农产品流通。二是建设"大产业"。加强联合，共同规划，连片发展，增加规模，提升质效。核桃已成为朝宁两地的主导产业，核桃生产和深加工企业分布两地，成为全国核桃生产加工销售集散地，桑蚕养殖成为接边地区的共同产业，食用菌、藤椒、高山蔬菜成为两地农户的重要致富门路。共建优质产业示范基地9万余亩（1亩≈667平方米），建成6条跨省产业示范带，共同打造"剑门蜀道三国文化"旅游精品线路，把两地国家4A级旅游景区作为精品线上的精品景点进行推介。三是建设"大协会"。建设核桃、蔬菜等产业协会5个，两地农户均可入股入社，农业技术培训不分彼此，农产品一视同仁，同质同价。产业共建为涉边贫困村脱贫攻坚贡献率达50%以上，辖区内贫困群众家庭收入大幅超过脱贫标准，60%的贫困户年均人收入达5 000元以上，区域综合实力明显高于全区平均水平①。

5. 以文化交流为常态，丰富边际社会治理内涵。以"川陕甘公共文化服务区域协作百馆联动"为载体，加强两地文化合作交流，推动两地共融，实现边际地区和谐共处。一是文化共融为常态。加强川陕示范走廊建设，先后建成川陕党建示范走廊、川陕法治文化走廊、百里生态文明长廊、七盘关诗词文化长廊等文化阵地，按统一标准建设涉边村社文化活动室、图书阅览室和党员之家，组织两地群众联合成立舞蹈队、腰鼓队、宣传队，经常性开展篮球赛、红歌会、广场舞、文艺演出等联谊活动，持续丰富边际文化内容。二是服务共融为常态。建立乡镇"九办五中心"和村社"两站"（便民服务站和综治工作站），把政务代办代理服务和综治网络、纠纷调解、医疗卫生、文化体育、产业服务等功能延伸到基层，完善基层公共服务体系。"农村基层党建法治示范走廊""强村行动"做法先后被中央组织部《组工通讯》、中央《新华通讯社》和新华社《内部参考》刊载。三是交流合作为常态。采取联席会议、签订协议、"双边会商"、理论研讨、互派干部、共享资源、联合培训等方式，加强合作交流，巩固基层治理成效。

三、初步成效

在探索实践边际社会治理中，朝天区创新提出实施川陕（朝天—宁强）百里联创共建活动，两地结合依法治区（县）工作，各级党组织、相关职能部门在平安建设、维护稳定、促进发展的共同目标下取长补短、互利合作、互勉共进，共同维护了川陕边际地区和谐稳定，得到了两地群众的广泛认同和上级的充分肯定。

---

① 张敏. 朝天：探索省域边际基层治理新路［N］. 广元日报，2021-1-15（3）.

（一）共强基础，提升边际地区党建活力

两地围绕基层服务型党组织建设，探索形成了以"有多元化服务平台、有功能化服务载体、有长效化服务机制，服务基层群众能力强、服务扶贫攻坚能力强、服务和谐稳定能力强"为主要内容的"三有三强"基层服务型党组织建设的做法，推动了党组织战斗堡垒作用的有效发挥，基层组织服务功能明显增强。

（二）健全机制，维护边际地区社会稳定

两地先后建立平安建设、安全生产、震情跟踪、疫情防控等 20 余项沟通合作机制，平安建设、和谐建设深入推进，铁路护路联防等工作取得明显成效。已统筹推进 33 个部门交流合作，建立合作机制 40 余项、共享平台 23 个，联动共治以来，共解决重大事项和疑难问题 600 多个，联合化解较大边界矛盾纠纷 100 余起。刑事治安案件发生率同比下降 35%，群众对社会治安的满意度提高了 20 余个百分点，人民群众的安全感明显提升。朝天区平安建设群众满意度综合测评连续四年保持全市第一、全省前十，多次获评"全省平安建设先进县区"，还被评为"全国法治宣传教育先进县区"①。

（三）优化服务，促进边际地区经济发展

在加强社会治理带动下，两地在产业发展、基础设施建设等方面启动共建合作项目 70 余个，总投资 30 余亿元，基本形成农业产业连片、工业产业共建、旅游产业双赢、物流产业同促的发展新格局。2019 年，全区生产总值达 64.24 亿元，同比增长 8.2%，增速居全市第二；农村居民人均可支配收入达 12 882 元，同比增长 10.9%，增速连续 7 年居全市第一。

（四）加强联动，增进边际地区群众交流

通过开展"联亲互助共富"和"平安家庭"等活动，彻底改变了边际群众"老死不相往来、世代仇视敌对"的局面，边际群众通婚、贸易不断，干群之间的理解和互信不断加深，生产生活环境和商贸流通秩序进一步优化，两地文娱活动场所设施健全、形式丰富多样，形成了和谐共处、互谅互让、互利共荣的良好民风，整洁、清新、平安、文明、畅通的和谐边际不断巩固，边际平安促进了区域平安，最终确保了社会大平安。

四、经验启示

回首历程，和谐边际共建工作感触颇多。朝宁两地联创共建模式显现出了

---

① 张敏. 朝天：探索省域边际基层治理新路 [N]. 广元日报, 2021-1-15 (3).

"1+1>2"的扩大效应，边际地区实现了由矛盾纠纷频发、稳定隐患凸显和维稳形势严峻向安定和谐、繁荣发展的转变。

（一）组织健全是边际地区和谐稳定的保障

朝天区委、区政府把维护边际地区和谐稳定纳入社会治安综合治理和全区平安建设范围，作为重中之重抓紧抓实。建立健全了党委领导、政府负责、综治主抓、部门配合、乡镇实施的边际治理联动机制。明确了党政主要领导是平安边际建设第一责任人，政府分管领导是直接责任人的边际协作共防领导小组，周边乡镇也分别建立了以党委书记任组长的领导机构。区、乡机构组织的建立和健全，为协作共防边际地区违法犯罪、打造平安边界提供了强有力的组织保障。

（二）形成共识是边际地区和谐稳定的前提

针对边际上的诸多问题，朝宁县区、乡镇领导思想统一，把边际稳定、边际发展摆到重要位置共研究、共考虑、共谋划，大胆开拓创新，积极探索、实践加强边际地区社会治理服务的新方法、新途径。在重要节日都到相邻县、乡走访慰问，每年举办大型活动，均邀请邻县领导参加，在结对共建中经常与对方商议，互换意见，达成共识。为进一步加强边界地区合作，推动边界地区人民调解工作，陇南、绵阳、巴中、广元、汉中签订了《川陕甘三省五市司法行政工作区域合作框架协议》，为边际地区有效化解矛盾纠纷和结对共建奠定了更加坚实的基础。

（三）党建外联是边际地区和谐稳定的基础

党的基层组织是党的全部工作和战斗力的基础，也是抓好边际地区各项工作的核心领导力量。朝天区按照"党建互学、党员互管、信息共享、相互支持、相互配合"的原则，与邻县联合，在边际地区积极开展基层组织互学互访、党员干部互帮互学活动。组织区、乡镇、村分层次开展党组织结对共建，每年定期召开一次联席会议，畅通交流渠道、协调相关事宜，推动了基层党组织共建工作制度化、规范化和常态化。每年召开一次结对共建活动经验交流会，在制度建设、党员管理、教育培训等方面互学共享、互通有无，充分发挥了基层党组织共建共管的辐射和带动作用，在党员受教育的同时让群众得到了更多实惠。

（四）发展双赢是边际地区和谐稳定的根本

鉴于近年来发生的边际纠纷多为争夺经济利益所致。该区在共建活动中始终把加快推进边际地区经济发展，带领群众增收致富作为创建平安和谐边际的根本途径。共建双方党委、政府共同制定发展规划，整合各方资源，加强产业对接，拓宽合作渠道，壮大传统、特色产业，加快基础设施建设，推进"1+1>2""抱团"发展。充分发挥各级党组织在带动经济发展、深化共创共享实践中的主导作用，整合职能部门资源，积极探索"提供致富信息、推广致富技术、筹集发展资金"等服务方式，共同为边际地区群众发展致富服务。同时，以"挂、帮、包"活动为载体，发挥党员传、帮、带作用，建立"思想上引、资金上帮、文化上扶、技术上带"的立体帮扶机制，带动边际地区群众共同发展致富。

关于成渝共建西部
金融中心协同立法的建议[①]

高晋康　曹德骏　赖虹宇[②]

内容摘要： 本文在分析成渝共建金融中心协同立法的必要性后，强调了成渝金融中心建设协同立法需要格外关注的几个问题，就成渝共建金融中心协同立法提出了四点建议：①把握政策规划窗口做好立法转化准备；②积极推动区域间立法协同的机制创新；③遵循既有协作机制充分利用地方立法权；④强化框架立法与专项立法的内容协同。

关键词： 成渝共建；西部金融中心；协同立法

2020年6月，川渝地方金融监管局签署"合作备忘录"，成渝共建"西部金融中心"提上议事日程。习近平总书记指出：凡属重大改革都要于法有据。我们认为，双城共建"西部金融中心"的当务之急是两地协同立法。

一、成渝共建金融中心协同立法的必要性

在既往的金融中心建设中，成渝两地缺乏共同谋划，导致了建设层次低、同质竞争、资源浪费等问题的产生。金融特殊的安全性内在地要求成渝地区的金融市场不可割裂，更不可各行其是。当前两地签署"合作备忘录"，昭示着成渝建设金融中心从独立走向合作，必然要求统一谋划，强化金融立法协同。

成渝金融业做大做强需要两地协同立法加以统一监管。当前成渝两地仍然缺乏具有全国及区域影响力的金融市场载体，金融要素市场化配置能力不足，

[①] 本文成稿于2021年4月，后全文刊载于2021年6月18日印发的四川省哲学社会科学《重要成果专报》2021年第5期（总第474期）。

[②] 高晋康，四川省参事室特约研究员、西南财经大学中国金融法研究中心主任、教授/博士生导师；曹德骏，四川省政府原参事、四川省参事室特约研究员、西南财经大学中国金融法研究中心研究员；赖虹宇，西南财经大学中国金融法研究中心研究员，法学博士/经济学博士后。

辐射带动能力不强。金融通过规模获取效益的特性同样内在地要求两地协同立法，在予以有效监管的同时促进其发展，提升两地金融业的战略地位及其对"一带一路"国家的金融影响力与吸引力。

成渝地区在国家区域协调发展中举足轻重，在金融支持实体经济发展的同时防范金融风险，需要两地的金融协同立法加以明确。此外，两地金融在加大对小微企业、乡村振兴等重点任务的支持方面，也需要通过协同立法加以鼓励和规范。

最后，我国与东盟、日韩等签署了《区域全面经济伙伴关系协定》（RCEP），意味着前所未有的金融开放新格局形成。成渝两地金融业亟须通过协同立法来协调立场，共同应对挑战。

二、成渝金融中心建设协同立法需要格外关注的几个问题

首先，共建西部金融中心需要真正转变认识，在"共"字上做足文章。协同立法有助于为区域协调发展提供法治保障，以相对统一的法律规则，破解区域发展中的共性难题，满足区域改革的共性需求。因此，共建金融中心瞄准的是整体性地推动金融业在双城经济高质量发展中扮演更重要的角色，而不是仅对一地的经济发展发挥作用。

其次，协同立法推动金融中心建设需要认真学习国内外的成功经验。从国际经验来看，金融中心有"自然形成型"与"国家建设型"两种建设模式，后者是新兴经济体采用的主流路径。它通过政府主动引导推动金融制度变革，刺激金融市场发展和金融中心形成，立法在其中的作用尤为突出。东京和新加坡正是这一模式的典型代表。从国内经验来看，上海先后通过了《上海市推进国际金融中心建设条例》《上海市地方金融监督管理条例》等多部法案，不仅在金融地方立法上取得突破，也开启了通过制定专法推动金融中心建设的先例，有力地推动了上海国际金融中心的建设。

再次，区域间立法协同的体制机制亟待创新。成渝地区的立法协同具有自身的特殊性：①成渝两地不存在谁主谁辅的问题，因此不同于京津冀为代表的"主辅协同"模式。②成渝地区双城经济圈以"城市"概念为引导，立法权限因行政级别不同而有差异，区别于以"省级"单位为驱动的长三角区域一体化。③成渝地区双城经济圈存在"多中心"雏形，但有别于粤港澳大湾区的多法域"准一体化协同"协同模式。凡此种种，均要求成渝地区大力创新立法协同机制。

此外，充分看到金融事项的地方立法实效性存在不足。当前的立法协同实

践，主要集中于地方立法涵盖的事项，如生态环境保护等。金融立法本属中央事权，但要在地方推动区域金融中心建设，又需要法律因地制宜地提供保障。上海等地的实践表明，这一矛盾可以通过强化制度创新予以化解，但同时要求提高立法的科学性与专业性，以解决部分立法宣示性条文过多、概念弹性过高等法律实效性不足的问题。

最后，成渝地区金融中心差异定位尚待厘清。举例而言，重庆金融中心建设在几年间发生多次定位变化，包括"长江上游区域金融中心""国内重要功能性金融中心""内陆国家金融中心"等。在"共建西部金融中心"的框架下，金融中心功能在成渝地区之间需要进行再分配。但究竟如何差异化定位并形成协同效应，尚待决策厘清，更需立法的确认与保障。

三、推动成渝共建金融中心协同立法的建议

（一）把握政策规划窗口做好立法转化准备

目前，《成渝地区双城经济圈建设规划纲要》尚在审议之中，具体的建设规划还会相继明确，金融主管部门也可能出台诸多配套支持政策。成渝两地宜积极把握政策规划窗口期，将成渝共建西部金融中心的具体细节努力转化为上位的政策内容。同时，全力争取全国人大为成渝西部金融中心作出立法授权，以解决金融法制统一供给和金融中心建设先行先试需求的矛盾。

（二）积极推动区域间立法协同的机制创新

（1）打破行政主体对应性立法思维，形成区域立法新思路。2020年，上海、浙江、江苏分别表决通过《关于促进和保障长三角生态绿色一体化发展示范区建设若干问题的决定》，它创新性地采用"法律询问答复"形式取得了全国人大常委会授权，再开展地方立法协同。同时，两省一市分别授权联合派出机构行使省级项目管理权限。这类"不打破行政隶属，打破行政边界"的做法值得借鉴。

（2）立法机关应积极推动协同立法"清单化管理"，提高立法保障的针对性。当前，成渝地区双城经济圈需要立法协同保障的具体领域不胜枚举。区域内立法机关似应区分"协同起草+协同审议项目清单""个别起草+协同审议项目清单""个别起草+个别审议项目清单"等，区分立法项目的轻重缓急和不同程序，提高立法质量与效率。

（3）积极推动建立健全立法机关的提前介入与协同指导机制。囿于我国部门立法的传统，诸多具体领域立法，通常都由职能部门牵头承办，各职能部门虽然可能建立起各自的协同机制，但由于立法程序涉及不同省份，如果缺乏

立法机关的指引，将加大立法难度，似应提前予以避免。

（三）遵循既有协作机制充分利用地方立法权

（1）发挥地方立法能动性，重要政策文件一旦出台，应及时围绕其中内容，充分消化吸收，推动政策内容有效转化为具体的实践操作。2009 年，上海根据国务院发布的推动上海国际金融中心建设的政策，迅速制定了具体的实施意见，这种方式无疑值得借鉴。

（2）尽管金融立法属于中央事权，但对于中央立法的事项，如果属于区域性、实施性和次级性的实务，地方仍有相应的立法权。对不涉及金融基本制度的内容，应当开展精细化、实施性、操作性的立法动作，抓紧制定条例规范。

（四）强化框架立法与专项立法的内容协同

（1）强化框架立法。"专事专法"是框架立法的核心价值，《上海市促进国际金融中心建设条例》则是典型，它全面、系统地对上海金融中心建设进行了立法设计。成渝共建西部金融中心应当借鉴这一经验，对诸如两地功能分配等核心内容作出框架性安排。

（2）强化专项立法。金融中心的建设与发展，是一个系统工程，出台专项立法有助于对金融中心所需要素提供支撑与保障。建议强化在金融市场体系、金融基础设施、金融科技、金融人才、信用建设、风险防范等具体方面的专项立法，充分发挥完备的法律制度对金融中心建设和发展的保障作用。